Deutsche Akademie
für Städtebau und Landesplanung

Bericht
1999
zur Jahrestagung in Berlin

Herausgegeben im Auftrage des Präsidiums
vom Wissenschlaftlichen Sekretär der
Deutschen Akademie für Städtebau und Landesplanung
Lothar Juckel

Stadt zum Wohnen
Wohnen in der Stadt

EDITION STADTBAUKUNST

Impressum

Stadt zum Wohnen
Wohnen in der Stadt

Bericht
der Deutschen Akademie
für Städtebau und Landesplanung
zur Jahrestagung 1999 in Berlin

Redaktion:
Lothar Juckel, Berlin

Copyright © 1999 by
den Autoren und der
Edition StadtBauKunst, Berlin

Alle Rechte, einschließlich
Fotokopie und Mikrokopie,
vorbehalten.

Layout:
Christian Ahlers, Berlin

Die Abbildungen und Tabellen stellten die Autoren
aus ihren Archiven zur Verfügung.

Titelbild:
Berlin
(Die Schloßbrücke)
um 1855

Herstellung:
Medialis Offsetdruck GmbH
Berlin

Printed in Germany

ISBN 3-927469-20-3

Stadt zum Wohnen - Wohnen in der Stadt

Thesen

Veränderte Rahmenbedingungen - veränderte Planungsziele

Diskrepanz zwischen Bestand und Nachfrage

Wohnungsbestand und Stadtentwicklung

Wiedergründung in ‚kritischer Rekonstruktion'

Neue Stadtquartiere

Trends

Wettbewerbe

Autoren   290

Lothar Juckel

Editorial

Wohnen, eine immerwährende Geschichte ...

‚Stadt zum Wohnen – Wohnen in der Stadt' ist das Thema einer immerwährenden Geschichte. Die Vorstellung jedoch, diese Geschichte etwa hier in einer kurzen Einführung erfassen und darstellen zu wollen, wäre vermessen. Schon der Versuch, die vierzig Jahre nach dem Krieg in ihren wesentlichen Erscheinungsformen des Wohnungsbaus darstellen zu wollen, führte mich vor einigen Jahren zu einem Band mit fast 200 Seiten: ‚Haus Wohnung Stadt' (1). Und der letzte Versuch über ‚100 Jahre Wohnungsbau in Berlin' (2) war nur mühsam auf annähernd 450 Seiten zu begrenzen, selbst im Raum der Ausstellung ist es eben nicht einfach, die vielfältigen Bauformen nur eines Jahrhunderts im Überblick wahrnehmen zu wollen.

Das Thema ist also viel zu komplex, deshalb will ich mich hier darauf beschränken, nur einige Aspekte aufzuzeigen, von denen ich annehme, daß sie über die Zeiten – oder in Intervallen sich wiederholend – uns darauf hinweisen, daß der Ursprung des Wohnens in der zeitlichen Abfolge zwar nicht unbegrenzt, aber doch einigermaßen in der Zeit zu ahnen, wenn auch nicht immer nachzumessen ist. Die Gegenwart ist – wie kann es anders sein – vielfältig, bunt, nicht immer überschaubar, die Zukunft jedoch wird nicht endlos, sondern endlich sein, wenn wir uns vergegenwärtigen, daß diese Erde, auf der wir leben, wohl schon ihren Zenit in der Zeit der Existenz überschritten hat und sich eines Tages mit der Sonne, dem Noch-Lebensspender, vermählen und damit – Atomen gleich – im Weltall verglühen wird ... Aus, vorbei, wer kann sich das heute schon vorstellen?

Die Zeit aber, die uns noch verbleibt, reicht bestimmt dazu, auch für viele andere nach uns, so hoffe ich, sich immer wieder zu fragen, ob wir alles getan haben, um die Erde, wie sie ist, wie sie es uns anbietet und gewissermaßen von uns verlangt, im wirklichen Sinne bewohnbar zu machen: „Die Erde ein gute Wohnung"(3), so formulierte es Bruno Taut schon in den 20er Jahren. Haben wir das verstanden?

So weit Geschichte zurückverfolgbar ist, läßt sich doch immer wieder feststellen, daß die Menschen zwischen ‚irratio' und ‚ratio', zwischen ‚Glauben' und dem Prinzip ‚Hoffnung' hin und her gerissen sind, daß das Wohnen entweder nur Herberge ist: Hürde, Hütte, Höhle o.ä. – und diese in Agglutinaten, also in Ansammlungen (wörtlich ‚Verklebungen') zusammen stehen – etwa in orientalischen oder chinesischen Städten –, sowohl immobil als auch mobil, oder einem jeweiligen rationalen Prinzip folgend sich darstellen als Haus – domus, d.h. Einraumhaus, Mehrraumhaus, Wohnen und Arbeiten unter einem Dach, um einen Hof – etwa in griechischen oder römischen Städten –, auch als Burg, Karawanserei, Palast o.ä., oder eine Mehrzahl davon in der umhegten Stadt, zumeist in gereihten und gerasterten Agglomerationen unterschiedlicher Größenordnung und

Bedeutung. Im Mittelalter mit dem Bild vom ‚himmlischen Jerusalem' als Traum vom Leben in der Endlichkeit und der Einheit von ‚ordo et religio' vor Augen.

Alles drehte sich stets um den einen Punkt, nämlich um die Feuerstelle mit Herdfeuer und Kochplatz, d.h. um Wärme und Essen, erst dann folgten Arbeitsplatz und Schlafstätten. Erinnert sei an die Beispiele von Petrarcas Wohnhaus in den Colli Euganei bei Padua, Goethes Gartenhaus im Ilmpark. Schinkels Pavillon ‚zur linken Hand' im Charlottenburger Schloßpark oder an das Wohnhaus des Malers Kügelgen in der Dresdener Neustadt. In den 20/30er Jahren gab es einige avantgardistische Versuche, z.B. das Haus Schröder von Gerrit Rietveld in Utrecht (1924), die Doppelhäuser am Bauhaus in Dessau von Walter Gropius (1926), das Haus am Rupenhorn von Hans und Wassili Luckhardt (1928), das Haus Tugendhat von Mies von der Rohe (1930), die Villa Savoye von Le Courbusier (1930) oder das Haus Schmincke in Löbau von Hans Scharoun (1933).

Erst die Verbindung dieser Stätten, also das Zusammenwirken täglicher Lebensfunktionen, gibt dem Wohnen die räumliche Gestalt. Diese Wohn- oder Raumgestalt und ihre städtebauliche Synchronisation wandelt sich im Laufe der Jahrhunderte eigentlich nicht grundsätzlich, allenfalls graduell den jeweiligen gesellschaftlichen Ordnungen, wirtschaftlichen Möglichkeiten und geistigen Entwicklungen gemäß. Dafür stehen beispielhaft u.a. die Matrosenhäuser Nyboder in Kopenhagen, das Holländische Viertel in Postdam, das Raster der Berliner Friedrichstadt oder die Großform in der Reihung der Rue de Rivoli in Paris am Beginn des modernen Städtebaus.

Im Laufe des 20. Jahrhunderts folgen dann die Studien und Versuche, die Wohnformen aus den starren Formen des 19. Jahrhunderts zu befreien, die Wohnungsgrundrisse den Lebensbedürfnissen der vielen wohnungssuchenden Menschen anzunähern, innen und außen = Haus und Garten zu verbinden, das Haus in die Landschaft einzugeben, Natur und (Bau-)Kunst sollen eins werden, etwa in der Gartenstadt Hellerau, der Reformsiedlung Siemensstadt, der WUWA 1929 in Breslau oder der Reichsversuchssiedlung in Haselhorst. Die zweite Hälfte unseres Jahrhunderts ist dann geprägt worden einerseits vom Wohnen im real existierenden Sozialismus, d.h. in der ‚Platte', andererseits von Versuchen, neue Wohnformen im Kontext von Geschichte und Ort, d.h. zum ‚genius loci', zu finden – etwa in Scharouns ‚Wohngehöften' in Charlottenburg-Nord, Roland Rainers Puchenau, Otto Steidles ‚Wohnschlange' als begehbares Haus auf der Kasseler Dönche oder mit den IBA-Blöcken in Berlin.

Erkennen wir diese durch die ganze Menschengeschichte verlaufende Entwicklungslinie in Haus-Wohnung-Stadt, vermögen wir Armut und Reichtum, Aufstieg und Fall von Kulturen und ihren Städten, das ewige Auf und Ab des menschlichen und gesellschaftlichen Entwicklungsprozesses richtig einzuschätzen, fällt es uns leichter in Anbetracht der Endlichkeit unseres Erdenlebens zu erkennen, daß in Wirklichkeit die Welt, in der wir leben, unser ‚Garten Eden' ist, den wir nur auf zeit bewohnen, also auch nur auf Zeit bebauen dürfen, daß wir nicht Mauern zum Ruhme von … zu errichten haben, sondern daß unser Bauen nur dem jeweiligen

Aufenthalt in diesem ‚Garten Eden' zu dienen hat, also leicht und transparent, offen und geschlossen, innen und außen zugleich, veränderbar für Aufbau und Abbau sein sollte, und damit auf künstliche – warum nicht künstlerische – Weise dem Leben und Sterben in der Natur folgend.

Dieses erkennend will ich den Anlaß nutzen, um auf die Beiträge des vorliegenden Berichtes hinzuweisen, die weder chronologisch noch umfassend sein können, lediglich dem Versuch dienen, das Wohnen in Stadt und Garten in einigen Aspekten aufzuzeigen, von denen ich ausgehen möchte, daß sie im Zeitlichen wie im Zeitlosen geeignet sind, Anstöße zum Nachdenken, zur Besinnung zu geben, ob wir weiterhin immer massiver, immer größer, immer ‚prächtiger', immer unübersichtlicher und unverständlicher das Wohnen – und den Wohnungsbau – mißbrauchen wollen, um diese Erde in einer unverschämten Weise zu verbauen., statt sie zu pflegen und sie in Bescheidenheit und Beschränkung zu bewohnen.

Und, um es ganz deutlich zu machen, gegen alle unablässig sich gegenseitig hochsteigernden Wunschvorstellungen und vermeintlich nicht nachlassenden Bedürfnissen, mein Plädoyer gilt dem Einfachen, der Beschränkung auf das wirklich Wesentliche und Notwendige des Wohnens, sowohl in der Stadt als auch auf dem Lande: kleine Wohnviertel, dichte Städte, weite Landschaft und sparsamer Umgang mit der Erdoberfläche.

„*Eine Rose ist eine Rose…* " schrieb Gertrude Stein, also ein Haus ist ein Haus. Ein Wohnhaus sollte nicht mehr, nicht größer sein als ein Haus, als die Herberge das Lebens auf Zeit – und im Raum dieses ‚Garten Edens' …

In diesem Sinne hat sich schon in den 20er Jahren die Akademie mit den Fragen der ‚Wohnform', der ‚Rolle des Hochhauses im Städtebau', der ‚Umsiedlung der Großstadtbevölkerung in Kleinstädte' und der ‚Stadtrandsiedlung' befaßt (4), ein Themenkomplex, der weiterbearbeitet noch vor dem Kriegsende 1945 zu Arbeitsergebnissen führte, die in der Schrift über ‚Die gegliederte und aufgelockerte Stadt' von Johannes Göderitz, Roland Rainer und Hubert Hoffmann zusammengefaßt und nach Überarbeitung 1957 veröffentlicht wurden.

Hatte die Akademie sich noch auf ihren Jahrestagungen in der Aufbauphase nach dem Kriege mit wohnungsrelevanten Fragen beschäftigt, so mit der ‚Gliederung der Stadt – Großstadt oder nicht?' (Bremen, 1949) und dem ‚Ersten Wohnungsbaugesetz' (Baden-Baden, 1950), so stand merkwürdigerweise die ‚Wohnungsfrage' seitdem nicht mehr auf der Tagesordnung. Erst nach dem Eintritt bedeutender Veränderungen der Rahmenbedingungen in den 90er Jahren schien es der Deutschen Akademie für Städtebau und Landesplanung ratsam, sich wieder mit der Frage der künftigen Wohnungsversorgung zu befassen, das Zielsystem der Wohnungsversorgung zu überdenken und mögliche Strategien mit ihren Nebenwirkungen zu untersuchen.
Der noch von Hanns Adrian berufene, von Helmut Ahuis aufgebaute Arbeitskreis hat dann unter Federführung von Tassilo Braune zur Vorbereitung der Jahres-

tagung 1999 und zur Diskussion in der Öffentlichkeit seine Arbeitsergebnisse zum Thema ‚Stadt zum Wohnen – Wohnen in der Stadt' (4) vorgelegt. Mit den darin aufgeführten Fragen der künftigen Wohnungsversorgung und den strategischen Ansätzen wird sich die Jahrestagung in Berlin befassen.

Mitglieder und Arbeitsgruppen aller Landesgruppen der Akademie haben sich dieser Thematik ebenfalls angenommen und zahlreiche Fallstudien ‚vor Ort' untersucht. Die Ergebnisse dieser Jahresarbeit werden hiermit, gegliedert in die Kapitel: Thesen, Veränderte Rahmenbedingungen – veränderte Planungsziele, Diskrepanz zwischen Bestand und Nachfrage, Wohnungsbestand und Stadtentwicklung, Wiedergründung in ‚kritischer Rekonstruktion', Trends und Wettbewerbe als Bericht 1999 vorgelegt.

Den Mitgliedern des Arbeitskreises und der Arbeitsgruppen, allen Autoren und den vielen Beteiligten an dieser gemeinsamen wissenschaftlichen Arbeit gilt der ganz besondere Dank der Akademie.

(1) Lothar Juckel (Hrsg.), Haus Wohnung Stadt, Beiträge zum Wohnungs- und Städtebau 1945 – 1985, Hamburg 1986.

(2) Lothar Juckel (Konzept und Redaktion), Wohnen in Berlin, Begleitbuch zur Ausstellung ‚100 Jahre Wohnungsbau in Berlin', 1999.

(3) Bruno Taut, Die Auflösung der Städte oder Die Erde eine gute Wohnung, Hagen, 1920.

(4) Gerd Albers, 75 Jahre Deutsche Akademie für Städtebau und Landesplanung 1922 – 1997, in: Mitteilungen der Akademie vom 28. November 1997.

(5) Zuerst veröffentlicht in den Mitteilungen der Akademie vom 30. Mai 1999.

Stadt zum Wohnen – Wohnen in der Stadt

Die Wohnung und das Wohnen in der Stadt wird auch in Zukunft ein offenes Thema bleiben. Der Grund liegt in der klassischen Doppelgesichtigkeit der Wohnungsfrage als einer zugleich ökonomischen und kulturellen Frage. Zudem: Aus der Überschneidung mit der ökologischen Problematik erwachsen zusätzliche Zielkonflikte (Begrenzung des Flächen- und Ressourcenverbrauchs versus ‚unbegrenzte' Wohnflächennachfrage). Die ökonomischen, kulturellen und ökologischen Rahmenbedingungen zwingen die Gesellschaft, sich immer wieder neu mit diesem Problemfeld auseinanderzusetzen und sich zum Wohnen als Bedürfnis neu zu positionieren.

Die Frage nach der zukünftigen Wohnungsversorgung filtert daher zunächst in einem ersten Schritt (Kapitel 1-3) bedeutsame Veränderungen der Rahmenbedingungen heraus und diskutiert sie. In einem zweiten Schritt (Kapitel 4) wird der Versuch unternommen, das Zielsystem der Wohnungsversorgung und der Wohnungspolitik zu überdenken, bzw. zu ergänzen. In einem dritten Schritt (Kapitel 5) werden mögliche Strategien mit ihren Nebenwirkungen erörtert.

1.
Was bedeutet Wohnen für die Stadt, was bedeutet Stadt für das Wohnen?

Ein elementarer Lebensbereich für den Menschen ist das Wohnen. Unsere Städte existieren auf einer ökonomischen Basis, die durch Handel, Wirtschaft, Industrie und Gewerbe getragen wird. Unsere Städte sind lebenswert durch ein quantitativ und qualitativ ausreichendes Wohnangebot, das zur menschlichen Grundausstattung gehört und Voraussetzung für ein Leben in Freiheit und Würde ist. Die Verknüpfung von Arbeiten und Wohnen macht vorrangig Stadt aus und beides ist damit zugleich Ursache und Wirkung für die Existenz und die Lebensfähigkeit unserer Städte.

In Deutschland leben in 14.626 Gemeinden auf einer Fläche von rund 357.000 Quadratkilometern in rund 32 Millionen Wohnungen (davon rund 20 Millionen Mietwohnungen) rund 82 Millionen Menschen. Um den Bezug des Wohnens zur Stadt und den Einfluß der Stadt auf das Wohnen nachvollziehbar zu beschreiben, wird unterschieden zwischen einer Sicht von Innen (Was bedeutet Wohnen für die Stadt?) und einer von Außen (Was bedeutet Stadt für das Wohnen?). Im Begriff Wohnen überlagern sich dabei alle Vorstellungen und Wünsche, die Einzelpersonen oder Gruppen von der Wohnung einerseits und der Stadt, ihren Stadtteilen und Wohnquartieren andererseits haben.

Vorab müssen jedoch erkennbare Ambivalenzen angesprochen werden, die heute für die Stadt, die Arbeit und das Wohnen von mitentscheidender Bedeutung sind.

- Einerseits sind unsere Städte in ihren räumlichen Grenzen und administrativen Zuständigkeiten oft zu klein, um die anstehenden Aufgaben auch nur annähernd zufriedenstellend lösen zu können. Andererseits sind sie in ihren Organisationseinheiten teilweise zu groß und somit zu schwerfällig, um den kleinen alltäglichen Anforderungen ihrer Einwohner in angemessener Zeit gerecht zu werden.

- Einerseits ist der Traum von der Allzuständigkeit öffentlicher Verwaltung und den segenspendenden Subventionen der öffentlichen Kassen sowohl vom Geber als auch vom Empfänger noch immer nicht ausgeträumt. Andererseits wird aber die Umsetzung von Geboten und Gesetzen als „staatliche Steuerung" und „Übergriff der Verwaltung" gebrandmarkt.

- Einerseits sind für die ökonomische Basis unserer Wirtschaft zunehmend globale Kontakte unerläßlich, um die Absatzmärkte zu vergrößern und damit krisenunanfälliger zu werden. Andererseits wird die kleinräumige Gliederung unserer städtischen Lebensräume zum Vorteil menschlicher Kontakte immer wichtiger. Das alltägliche Leben und Wohnen orientiert sich für viele immer deutlicher auf Stadtteile und Quartiere.

Menschen brauchen identifizierbare räumliche Einheiten, zu denen sie gehören, die sie beschreiben können und in denen ihre Gedanken wohnen. Die Wohnung ist die kleinste Einheit. Ein Ort der Sicherheit, der Ruhe und des Schutzes auch vor den Anforderungen, die die Gesellschaft an jeden Einzelnen stellt. Die Unverletzlichkeit der Wohnung ist deswegen im Grundgesetz garantiert.

Wohnungsbau ist praktizierte Sozialpolitik. Unbestritten ist, daß das gesellschaftliche Ziel „angemessene Wohnverhältnisse" auch die wirtschaftlich schwächeren Wohnungsnachfrager und solche, für die der Markt keine Angebote bereithält, einschließt. Die Besonderheit des Wohnungsmarktes ist seine naturgegebene Immobilität und die relative Langfristigkeit der Wohnungsnutzung. Ob daraus die Berechtigung einer Einflußnahme durch staatliche Planung abgeleitet werden kann, ist eine strittige Frage. Ein Grund dafür könnten die Investitions- und Unterhaltungskosten für die Infrastruktur sein, die nicht in jedem Falle kostendeckend über Gebühren vom einzelnen, sondern von der Gemeinschaft aller Bürger getragen werden.

Ein funktionierender Markt basiert auf Angebot und Nachfrage. Das heißt: für die regionalen Teilmärkte innerhalb einer Stadt, einer Region, eines Landes sind Wohnungsleerstände ein Spiegel des Marktes. Durch die hohe Neubautätigkeit und die qualitative Verbesserung des Bestandes in den alten Ländern sowie durch einen steuerlich angeheizten Wohnungsneubau in den neuen Ländern ist eine Tendenz vom Angebots- zum Nachfragemarkt erkennbar. Ein Indikator dafür sind die deutlich angestiegenen innerstädtischen Umzüge. Dies ist auch unter dem Gesichtspunkt einer nachhaltigen Wohnungsmarktentwicklung wichtig, da hierdurch erkennbar wird, daß sich die Wohnungsansprüche in einzelnen Lebensabschnitten am örtlichen Wohnungsmarkt realisieren lassen. Statistisch gesehen kann bundesweit insgesamt durchaus von einer angemessenen Wohnungsversorgung gesprochen werden, für Teilsegmente der Wohnungsnachfrage – z.B. preisgünstiger Wohnraum für große Familien – sind aber nach wie vor Engpässe vorhanden. Bezogen auf den Bestand von 32 Millionen Wohnungen und einer zunächst noch leicht steigenden, aber dann stagnierenden bis fallenden Bevölkerungszahl wird sich in den nächsten Jahren eine weitere Zunahme der Wohnfläche pro Kopf ergeben.

Unter dem Aspekt der sozialen Funktion des Wohnens werden nicht alle Bedürfnisse durch ‚den‘ Markt befriedigt werden können. Es gilt also – wie auch in der Vergangenheit – denjenigen, die aus ihrer persönlichen Situation heraus nicht oder nur begrenzt marktfähig sind, ihre menschenwürdige Wohnung zu schaffen und zu sichern. Dies dient auch zur Sicherung des sozialen Friedens in unseren Städten und Gemeinden.

Wohnen beschränkt sich nicht allein auf die Wohnung. Im Wohnumfeld, das sich zum Quartier ausweiten kann, kennen sich Bewohner untereinander. Ein Stadtteil – als städtischer Teilbereich, mit dem sich in Großstädten der Bürger am ehesten identifiziert – umschließt mehrere Quartiere. Die Übergänge vom Wohnumfeld zum Quartier und zum Stadtteil sind fließend. Entscheidend ist jedoch, daß die Bewohner sich mit dem Lebensraum identifizieren, in dem sie wohnen. Die polyzentrische Gliederung unserer Städte in Stadtteile und Quartiere mit bedarfsgerechter Versorgung durch Infrastruktur in zumutbarer Entfernung ist die Basis für überschaubare Lebensbereiche. Wenn diese kleinräumliche Ordnung darüber hinaus getragen wird durch eine sozialräumliche Gliederung, in der sich auch Bürger angemessen vertreten fühlen, können sich auch Möglichkeiten zu anderen und neuen Formen des Zusammenlebens und der Selbstverwaltung eröffnen.

Allerdings ist ein Rückzug des Individuums aus dem öffentlichen Raum zu beobachten. Dazu sei Rem Koolhaas zitiert:

„Angesichts der Reduzierung des öffentlichen Raumes auf die schnelle Bewegung im Verkehr und der Ortlosigkeit der verstädterten Regionen erscheint die Dialektik von Privatheit und Öffentlichkeit illusionär. Die Ambivalenz der postindustriellen Dienstleistungsgesellschaft wird baulich sichtbar: der forcierten Individualisierung und Privatisierung korrespondiert eine gewachsene Unsicherheit im öffentlichen Bereich. Privatheit wird zum Bollwerk gegen eine sozial wie baulich amorphe Gesellschaft.“

Es bleibt also die Frage, ob sich eine wünschenswerte Vielfalt der Lebensstile in einer unverwechselbaren Umgebung in Städten mit homogener und undifferenzierter Bevölkerungsstruktur entfalten kann. Stadtplanung hat sich abwägend auch am Schutz für die Schwächeren zu orientieren. Modische Trends und planerische Besonderheiten werden den berechtigten Ansprüchen sozialer und ethnischer Randgruppen in der Regel nicht gerecht. Wir müssen zur Kenntnis nehmen, daß oft in einzelnen Stadtquartieren eine größere sozioökonomische Einheitlichkeit vorhanden ist, als vermutet wird.

Aus städtebaulicher Sicht ist der Wohnungsbau eine der nachhaltigsten Investitionen in einer Stadt. Die Wohnnutzung in den Städten und Gemeinden stellt quantitativ den weit überwiegenden Anteil der baulich genutzten Fläche. Der Veränderungsdruck unserer Wohlstandsentwicklung hat die Randwanderungen in unseren Städten, die Zersiedelung der umgebenden Landschaftsräume begünstigt und in der Folge einen erheblichen Ausbau unserer Verkehrssysteme notwendig gemacht. Die Zielsetzung der Politik für das Wohnen muß deswegen auch siedlungsstrukturelle Belange einschließen.

2.
Wohnungsbedarf und Wohnungsnachfrage

Der Wohnungsmarkt befindet sich gegenwärtig in einer entspannten Phase. Die Entwicklung der Mieten und der Bodenpreise ist in vielen Bereichen der Bundesrepublik Deutschland auf einem hohen Niveau zum Stillstand gekommen.

Angesichts des sich abzeichnenden wirtschaftlichen Strukturwandels, der Veränderungen im Altersaufbau der Bevölkerung, des großen Mangels an Arbeit und der Zunahme der Haushalte, die die Wohnkosten aus eigenem Erwerbseinkommen nicht bezahlen können, ist weiter eine aktive Wohnungspolitik vonnöten.

Bevölkerungsentwicklung

Für die Bevölkerungsentwicklung in Deutschland gibt es Schätzungen, nach denen die Einwohnerzahl von gegenwärtig knapp unter 83 Millionen auf knapp 84 Millionen Einwohner im Jahre 2005 zunehmen wird. Danach werden die Bevölkerungszahlen kontinuierlich zurückgehen. Insgesamt wird der Anteil der deutschen Bevölkerung von gegenwärtig 76 Millionen bis zum Jahr 2050 auf etwa 50 Millionen abnehmen. Obwohl die Bundesrepublik Deutschland in den letzten Jahren mit jährlich 1.600 Zuwanderern auf 100.000 Einwohner das größte Einwandererland der Erde war, ist nicht zu erwarten, daß die Bevölkerungsverluste langfristig durch Zuwanderungen ausgeglichen werden können.

Erfahrungen zeigen, daß Entwicklungszahlen und -trends für Deutschland nur bedingt Rückschlüsse auf lokale Märkte zulassen. Lokale Märkte sind Teilmärkte, die zwar von globalen, europäischen bzw. nationalen Einflüssen nicht unberührt bleiben, aber aufgrund besonderer ökonomischer Einflüsse doch sehr voneinander abweichen.

Wohnungsbedarfsprognosen

Ziel von Wohnungsbedarfsprognosen ist es, eine möglichst konkrete Vorstellung über die Anzahl zu erwartender Haushalte und deren spezifischer Bedarfe zu erhalten.

Arbeitskreis der Akademie

Wohnungsbedarfsprognosen haben normativen Charakter. Sie unterliegen politischen Setzungen. Mit Wohnungsbedarfsprognosen wird das wohnungs- und sozialpolitische Versorgungsziel einer Gesellschaft definiert. Sie unterscheiden sich dadurch stark von Wohnungsnachfrageprognosen, die auf die effektive kaufkraftbewährte Wohnungsnachfrage abzielen.

Bei dem künftigen Wohnungsbedarf muß aus wohnungs- und sozialpolitischen Gründen sicher mit einem 100prozentigen Versorgungsziel plus einer Leerraumreserve von etwa zwei bis drei Prozent ausgegangen werden. Wohnungsbedarfsprognosen, die allein auf die Quantität und nicht auch und gerade auf die Qualität (Lage, Größe, Ausstattung) abheben, sind untauglich und sinnlos.

Für Wohnungsbedarfsprognosen sind vor allem vier Einflußgrößen von entscheidender Bedeutung:

1. Die vorhandene Wohnungsversorgung und der Nachholbedarf durch Ausdifferenzierung von Haushalten (Kinder, Ehescheidungen) kann für die westlichen Bundesländer mit etwa ein Prozent des Bestandes angenommen werden.

2. Der Ersatzbedarf, der durch Umwidmung (Zweckentfremdung), Abriß (Rückbau), Zusammenlegung von Wohnungen o.ä. entsteht; der jährliche Ersatzbedarf wird z.B. für Hessen vom Institut Wohnen und Umwelt (IWU) mit etwa 0,31 Prozent des Bestandes angegeben.

3. Der Neubaubedarf, der sich aus der Entwicklung der Zahl der Haushalte ableitet. Die Entwicklung der Haushaltszahlen ist vor allem abhängig von den soziökonomischen und demographischen Rahmenbedingungen unserer Gesellschaft und von den schwer einzuschätzenden Migrationen.

4. Der Neubaubedarf in regionalen Teilmärkten, der auf neue kaufkräftige Bedürfnisse (z.B. große Wohnungen/Einfamilienhäuser) reagiert, für die es keine adäquaten Angebote im Bestand gibt.

Dominierende Einflußgrößen sind:

• die Zunahme älterer Bevölkerungsgruppen bei gleichzeitigem Rückgang der Zahl der Kinder und der Jugendlichen: der Anteil der über 60jährigen wird von derzeit knapp 25 Prozent auf über 36 Prozent im Jahre 2030 ansteigen, während der Anteil der unter 20jährigen von knapp 20 Prozent auf unter 15 Prozent absinken wird und damit die längere Inanspruchnahme vorhandenen Wohnraumes,

• die Zunahme der Haushalte (trotz stagnierender Bevölkerungsanzahl) durch frühzeitiges selbständiges Wohnen der Kinder, durch zunehmende Ehescheidungen, durch Singularisierung u.a.

- Der zunehmende Wohnflächenanspruch pro Einwohner:
  alte Bundesländer: z.Zt. 36,6 m^2
  neue Bundesländer: z.Zt. 29,0 m^2
  basierend auf der Nachfrage kaufkräftiger Gruppen.

- Der Rückgang der durchschnittlichen Haushaltsgrößen und der Belegungsdichten: In den Großstädten derzeit zum Teil unter 1,9 Personen pro Haushalt.

- Die wachsende Zahl der Eigentümerhaushalte, die inzwischen in den alten Ländern 43 Prozent, in den neuen Ländern 24,4 Prozent erreicht hat.

Prognosezahlen weichen zum Teil beträchtlich voneinander ab:

- Eine Raumordnungsprognose für 2010 der Bundesforschungsanstalt für Landeskunde und Raumordnung – BfLR – (1994 und 1995) ergibt, daß in den westdeutschen Ländern bis 2010 mit einem Zuwachs von 3,7 Millionen Haushalten, in den ostdeutschen Ländern aber nur mit 280.000 zusätzlichen Haushalten zu rechnen ist (dennoch wird in Ostdeutschland die Nachfrage nach Wohnungen in Ein- und Zweifamilienhäusern für die nächsten zehn Jahre mit etwa einer Million prognostiziert). Insgesamt rechnet die BfLR unter ‚Status-Quo-Annahmen‘ bis zum Jahre 2010 mit einer anhaltend hohen Neubauleistung von jährlich 490.000 Wohnungen (bis 2010 insgesamt 6,4 Millionen Wohnungen).

GEWOS rechnet in einer Wohnungsbaustudie ‚Kurz und mittelfristig noch hoher Bedarf‘ von 1996 damit, daß im Jahr 2012 etwa 37,5 Millionen Haushalte mit Wohnungen versorgt sein müssen (gegenwärtig etwa 35,8 Millionen Haushalte). Es sei notwendig bis zum Jahr 2000 jährlich etwa 944.000 Wohnungen, von 2001 bis 2010 jährlich 700.000 Wohnungen und danach 85.000 Wohnungen jährlich neu zu bauen.

Diese beiden Prognosen zeigen eine Bandbreite möglicher Entwicklungen, aber auch eine Erwartungshaltung der 90er Jahre auf. Prognosezahlen dürfen aber nicht als reine Zuwachszahlen gewertet werden.

Viele bestehende Wohnungen – auch solche aus der Zeit nach 1945 – werden zukünftig weder durch Umbau, Modernisierung oder auch nur durch einfache Renovierung einer nachhaltigen Nutzung zugeführt werden können. Auf die besondere Leerstandsproblematik in vielen Bereichen und Regionen in Ostdeutschland muß hingewiesen werden: So wird eingeschätzt, „daß in Sachsen etwa jede vierte Bestandswohnung von Leerstand wegen erschwerter Vermietbarkeit infolge mangelnder Nachfrage bedroht ist. Das sind derzeit insbesondere Wohnungen in Mehrfamilienhäusern, die eine schlechte Ausstattung (z.B. keine Innen-WCs) haben und Wohnungen, die sich in einem schlechten baulichen Zustand befinden" (Institut für ökologische Raumentwicklung, IÖR, Dresden 1998).

Zusammenfassend werden als erkennbare wichtige Trends gesehen:

• Die Haushaltszahlen nehmen in der Bundesrepublik Deutschland bis Mitte des ersten Jahrzehnts nach 2000 noch zu,

• danach ist mit einem kontinuierlichen Rückgang zu rechnen.

• Generelle Trends auf Bundesebene lassen Rückschlüsse für regionale Entwicklungen nur bedingt zu.

• Klarheit über regionale Entwicklungen ist nur über kleinräumige, quantitative und qualitative Prognosen zu erreichen; dabei spielt die regionale Arbeitsmarktentwicklung eine entscheidende Rolle.

Wohnungsgrößen

Die Neigung zur Familiengründung nimmt ab. Bereits 1996 waren in Westdeutschland 69 Prozent und in Ostdeutschland 63 Prozent aller Haushalte kinderlos. Mit dem weiteren Ansteigen der Lebenserwartung gibt es zunehmend mehr alleinstehende ältere Menschen. Der durchschnittliche bessere gesundheitliche Status erlaubt den älteren Menschen eine längere Aufrechterhaltung ihres selbständigen Haushalts.

Singularisierung

Da die Zielgruppe der Alleinstehenden oder Paare – gleich welcher Altersgruppe – wegen der zunehmenden Singularisierung und Alterung in unserer Gesellschaft besonders stark wächst, wird immer wieder betont, daß kleine Wohnungen gebaut werden müssen. Hierbei wird in der öffentlichen Diskussion vielfach übersehen, daß unsere Wohnungsbestände zu einem größeren Teil aus kleinen Wohnungen bestehen. Die Vier-Personen-Wohnung war bis Anfang der sechziger Jahre kaum größer als 60 m². Fast die Hälfte der nach dem Krieg gebauten Wohnungen – und das gilt vor allem für das öffentlich geförderte Segment – entstand zwischen 1945 und etwa 1961. Rechnet man die Zwei- bis Drei-Zimmer-Wohnungen, die seit 1961 gebaut wurden, hinzu – noch heute wird bei überschlägiger Ermittlung von gebauten Wohnflächen von durchschnittlich 65 m² Wohnfläche pro Wohnung ausgegangen – so kann man unterstellen, daß der größte Teil der Wohnungen für Zielgruppen ohne Kinder zahlenmäßig bereits vorhanden ist, er muß hierfür ‚mobilisiert‘ werden (Ausstattung, Infrastruktur), wenn die Lage nachfragemäßig ‚stimmt‘.

Bezahlbarkeit der Wohnung

Die Mietbelastung der Bewohner schwankt – gemessen an den Nettoeinkommen der Haushalte – zwischen durchschnittlich 16 Prozent und knapp 40 Prozent. Sie beträgt im sozialen Wohnungsbau durchschnittlich 25 Prozent. Dabei sind die Haushalte mit höherem Einkommen mit 16 Prozent bis 22 Prozent am niedrigsten, die mit niedrigem und Niedrigsteinkommen mit bis zu 40 Prozent für die Miete am höchsten belastet.

Die Anzahl der Risikohaushalte betrug in 1996 in Westdeutschland 35 Prozent, in Ostdeutschland 21,4 Prozent (Risikohaushalt = weniger als 60 Prozent des Durchschnittseinkommens, 1996 in Westdeutschland 3.753 DM im Monat, in Ostdeutschland 3.058 DM im Monat) mit steigender Tendenz. Nach weitgehender Angleichung der Lebenshaltungskosten zwischen den Teilräumen in den letzten Jahren ist zu vermuten, daß der relative Anteil der Risikohaushalte in Ostdeutschland höher als in Westdeutschland ist. Das ‚schwäbische Gesetz‘ von 1868: „Je ärmer jemand ist, desto größer ist die Summe, welche er im Verhältnis zu seinem Einkommen für die Wohnung verausgaben muß", gilt immer noch bzw. verschärft sich wieder.

Selbst im öffentlich geförderten Segment haben sich die Mieten und Mietnebenkosten in den letzten zehn Jahren fast verdoppelt, während die unteren Realeinkommen kaum gewachsen sind. Dies hat zur Folge, daß die Zahl der Haushalte, die ‚nicht marktfähig‘ sind, ständig zugenommen hat.

Unsere Gesellschaft hat bisher eine ungenügende Wohnungsversorgung für den einkommensschwachen Teil der Bevölkerung nicht hingenommen. Bisher wurden durch unterschiedliche Förderungen die Ungleichgewichte am Markt gemildert. Dies wird auch in Zukunft notwendig sein.

3.
Analyse und Chancen des Wohnungsbestandes

Angesichts des spürbar zurückgehenden Wohnungsneubaus muß die Wohnungsversorgung der ‚breiten Schichten der Bevölkerung‘ in nächster Zukunft fast ausschließlich im vorhandenen Wohnungsbestand erfolgen, der in früheren Epochen für andere Wohnbedürfnisse, oft mit bescheideneren Standards, errichtet wurde.

Die Betrachtung der Bauepochen läßt im übrigen Rückschlüsse auf die unterschiedlichen Qualitäten und Anpassungsmöglichkeiten der jeweiligen Bestände zu:

Baualtersklassen des Mietwohnungsbestandes in größeren deutschen Städten

Vor 1914 Massenwohnungsbau (‚Mietskasernen‘) und bürgerliche Mehrfamilienhäuser:
innerstädtische Lagen,
sehr hohe bauliche Dichte,
oft hoher Bedarf an Anpassungsmodernisierung bezüglich Heizung, Sanitärausstattung, Schall- und Wärmeschutz.

1919–1945 Strenger Siedlungsbau in gut erschlossenen Lagen;
mäßige bauliche Dichte; gute Durchgrünung;
vorwiegend kleine Wohnungen;
i.d.R. gute, bereits modernisierte Ausstattung (Heizung, Sanitär);
meist guter Erhaltungszustand in den alten Bundesländern,
hoher Instandsetzungsbedarf in den neuen Bundesländern

1948-1959 Siedlungsbau im Anschluß an die Wohnsiedlungen der 20/30er
Jahre und auf kriegszerstörten Flächen,
mäßige bauliche Dichte, viel Grün;
vorwiegend kleine Wohnungen,
teilweise bereits modernisiert,
teilweise hoher Bedarf an Instandhaltung (Wärmeschutz,
Sanitärausstattung, Heizung, innerer und äußerer Schallschutz).

1960-1974 Großsiedlungsbau an den damaligen Stadträndern:
häufig unzureichende ÖPNV-Erschließung in den alten Bundesländern,
hohe bauliche Dichte;
Vorherrschen von Großhäusern/Hochhäusern in industrieller Bauweise (,Vorfertigung', ,Platte'), differenziertes Wohnungsgemenge,
große Grünflächen mit oft geringer Aufenthaltsqualität,
Erfordernis hoher technischer Ausrüstung (Aufzüge; Heizung,
Lüftung; Müllschlucker), ursächlich für hohe Betriebskosten;
Anpassungsfähigkeit an Nachfrageänderungen gering;
sozialstrukturelle Probleme durch falsche Belegung,
hoher Managementaufwand für Wohnungsverwaltung,
hoher Aufwand für Instandhaltung und Modernisierung.

1975-1989 In den alten Bundesländern:
Abkehr von den Großsiedlungen;
kleinteiliger Wohnungsbau, in allen Stadtlagen, in innerstädtischen
Sanierungsgebieten
oft in enger Nachbarschaft mit umfassender Erneuerung der Alt-
hausbestände.
Hochwertiges, stark differenziertes Wohnungsangebot in allen
Finanzierungsformen.
Gute Ausstattung; hoher Standard des Schall- und Wärmeschutzes.
Wachsende Bedeutung ökologischer Standards.

In den neuen Bundesländern:
Forcierter Wohnungsneubau in industrieller Bauweise in Mega-
siedlungen an innenstadtfernen Standorten bei gleichzeitiger
Vernachlässigung oder Preisgabe der Innenstädte.
Wohnungsgrößenprogramm weitgehend unverändert, sinkende
Bau- und Ausstattungsqualität, brachfallende Infrastrukturaus-
stattung,

hohe Verdichtung bei mangelhafter Freiraumgestaltung, Entwicklung eines innenstadtgeeigneten Vorfertigungssystems („Innenstadtplatte").

Seit 1990 Fortsetzung der differenzierten Neubauproduktion auf hohem Qualitätsniveau in den alten Bundesländern; Bauboom in den Großstadtregionen der neuen Bundesländer mit umfangreichen Neubauprogrammen auf hohem Qualitätsniveau, aber häufig an ungeeigneten, innenstadtfernen Standorten (Defizite an sozialer Infrastruktur; mangelhafte Anbindung an Straße und Schiene); große Anstrengungen zur Verbesserung der Wohnsituation in den „Plattensiedlungen".

Standortaspekte

Viele Großstädte registrieren erstmalig wieder Vermietungsprobleme und Leerstände infolge entspannter Wohnungsmärkte. Die unterschiedliche Nachfrage nach Eigentumswohnungen als „Gebraucht-Immobilie" einschließlich der Umwandlung von Miethäusern geben Hinweise auf die „Zukunftsfähigkeit" der unterschiedlichen Bestände. Folgende Aspekte sind von besonderer Bedeutung:

- Mietwohnungen in schlecht erschlossenen Lagen am Rande großer Stadtregionen und in Großsiedlungen mit üblichen Defiziten an Wohnfolgeeinrichtungen. Dies gilt insbesondere für viele der allein aus steuerlichen Motiven in den 90er Jahren in den neuen Ländern auf zufällig verfügbaren Grundstücken entstandenen Splittersiedlungen, als die kritische Anwendung der gemeindlichen Planungshoheit noch nicht hinreichend eingeübt war. Diese Investitionen werden nur mit Verlusten für die Anleger zu bewirtschaften sein, mit der Folge der Umwandlung in Wohnungseigentum bei großen Verlusten. Mit diesen Projekten ist der Prozeß zur weiteren Zersiedlung der Agglomerationsränder eingeleitet.

- Immissionsbelastete Wohnungsbestände an Hauptverkehrsstraßen und stark belasteten Bahntrassen oder in der Nachbarschaft stark emittierender Gewerbestandorte.

- In vielen Innenstadtquartieren können sich städtebauliche, soziale und ökonomische Entwicklungen überlagern, die zum Verlust an Akzeptanz bei zahlungskräftigen Bevölkerungsgruppen und zu soziostrukturellen Veränderungen führen. Insbesondere die schlecht belichteten Wohnungen in den Erdgeschoß- und Hinterhoflagen dürften dauerhaft schwer vermietbar sein. Besonders gravierend ist die Gefährdung dieser Bestände in ostdeutschen Großstädten und in Ostberlin: Der Instandhaltungs- und Modernisierungsstau aus DDR-Zeiten, durch die schleppenden Restitutionsverfahren weiter verlängert, beschleunigt den Verfall dieser durch Lage, Geschichte und Stadtgestalt oft wertvollen Bestände.

- Mangelnde finanzielle Leistungsfähigkeit der oft alten Hauseigentümer und Angst vor Veränderungen verhindern zeitgemäße Anpassung der Innenstadtbestände an vorfindbare Bedürfnisse.

- Großsiedlungen

Nachlassende Mietkaufkraft durch Dauerarbeitslosigkeit, Konzentration von Gruppen mit finanziellen, sozialen Problemen. Soziale/ethnische Stigmatisierung kann zur Störung des sozialen Gleichgewichts und zu vielfältigen Belastungen eines Quartiers führen, die aktuell unter dem Begriff „überforderte Nachbarschaften" zusammengefaßt werden. Zu geringer Eigenkapitalstock der Eigentümer, zu geringe Förderung verhindern eine wünschenswert raschere Instandsetzung und Modernisierung zu bezahlbaren Mieten.

Rechtliche und sozialstrukturelle Aspekte

Wohneigentum

Die Eigentumsquote ist städtebaulich ein rein statistischer Wert. Selbstgenutztes Eigentum kann aber ebenso wie die Bildung neuer Bewohnergenossenschaften im Bestand zur Stabilisierung ausgewogener sozialer Strukturen in Wohnquartieren beitragen. Dies trifft für den Geschoßwohnungsbau besonders zu.

Nach Aufhebung der künstlichen Privatisierungshemmnisse durch höchstrichterliche Entscheidung Anfang der 90er Jahre findet zur Zeit eine neue Umwandlungswelle statt, mit der Miet- in Eigentumswohnungen verändert werden, diesmal unter Einbeziehung von früher gemeinnützigkeitsrechtlich gebundenen Beständen. Die früher befürchteten Vertreibungseffekte der betroffenen Bewohner lassen sich vermeiden und sind bisher größtenteils ausgeblieben. Durch Ergänzung der Verträge (Verzicht auf Kündigung wegen Eigenbedarf oder aus Gründen wirtschaftlicher Verwertung) kann das Dauerwohnrecht der Mieter umfassend abgesichert werden, ohne daß es vorrangig des Gesetzgebers bedarf.

Mietwohnungen

Für den belegungsrechtlich ungebundenen Bestand der Mietwohnungen hat sich das Miethöhegesetz als mietpreisbegrenzendes Instrument bewährt, vor allem seit immer breiterer Anwendung von Mietspiegeln, in denen sich die wohnwertbestimmenden Merkmale niederschlagen.

Der belegungsrechtlich gebundene öffentlich geförderte Wohnungsbestand ist durch das starre System der Kostenmieten und ihrer Subventionierung vom Mietenmarkt weitgehend abgekoppelt. Immer neue Instrumente wie die Fehlbelegungsabgabe mußten erfunden werden, um die Mängel des Fördersystems zu korrigieren.

Während nach dem Willen des Gesetzgebers früher der soziale Wohnungsbau für die ‚breiten Schichten der Bevölkerung' bestimmt war, sind heute infolge der Einkommensgrenzen kaum noch ein Drittel aller Haushalte berechtigt, eine Sozialwohnung zu beziehen.

Gravierende Veränderungen der Sozialstruktur in den Quartieren des sozialen Wohnungsbaus sind die Folge, da aufgrund der engen Einkommensgrenzen Normalverdiener keinen Zugang mehr zu den Sozialwohnungen haben. Der seit Jahren andauernde Zuzug von Problemhaushalten, Sozialhilfeempfängern, Arbeitslosen und Asylbewerbern überfordert die Integrationskraft der angestammten Bevölkerung, die, soweit sie finanziell dazu in der Lage ist, vielfach nun ihrerseits auf den entspannten Wohnungsmärkten Alternativen sucht und findet und die Quartiere verläßt: Die Zahl der Mieterwechsel liegt in Großstädten z. Z. über 10 v. H., d. h. daß innerhalb nur eines Jahrzehnts die Bewohnerschaft solcher Wohnanlagen vollständig ausgewechselt sein könnte – anstelle gemischter sozialer Strukturen entstehen Ghettos von Ausgegrenzten.

Parallel dazu findet teils in den Beständen des sozialen Wohnungsbaus, teils in den nicht vollmodernisierten Altbauquartieren eine Konzentration von Ausländern bestimmter ethnischer Herkunft statt. Anstelle der versprochenen, durch die Ausländergesetze aber faktisch nie eingelösten Integration der dauerhaft hier lebenden Ausländer finden Segregationsprozesse statt. Dies führt zu ethnisch definierten Quartieren und Stadtteilen, wenn die deutsche Bevölkerung – u. a. im Interesse der Ausbildungschancen ihrer Kinder – weiterhin durch Fortzug auf die Konzentrationsprozesse ausländischer Bevölkerungsgruppen in ihren Wohnquartieren reagiert. Insofern bleibt die ‚Objektförderung' unverzichtbar.

Der soziale Wohnungsbau in den alten Bundesländern war ebenso wie der Staatswohnungsbau in der DDR ein wesentliches Instrument kommunalpolitisch gewollten sozialorientierten Städtebaus durch die räumlichen Zuordnungsmöglichkeiten im Rahmen der Bauleitplanung einschließlich der damit induzierten sozialen Infrastruktur. ‚Soziale Mischung' konnte so – und nur so auch oft gegen den Willen der in der Umgebung Ansässigen – erzeugt werden.

Der Bestand an Sozialwohnungen nimmt kontinuierlich ab. Um so mehr wächst die Bedeutung der kommunalen und landeseigenen Wohnungsunternehmen für die Wohnungsversorgung der am freien Wohnungsmarkt benachteiligten Bevölkerungsgruppen. Trotzdem werden in mehreren Städten die kommunalen Wohnungsunternehmen ganz oder teilweise verkauft, um zur Lösung kurzfristiger Haushaltsprobleme Kasse zu machen. Diese Tendenzen entsprechen der sozialen Verpflichtung der öffentlichen Gesellschafter nicht und destabilisieren die ohnehin gefährdeten Wohnquartiere.

Der Verkauf kommunaler, landes- und bundeseigener Wohnungsunternehmen bzw. die Umwandlung dieser Mietwohnungen in Eigentumswohnungen stellt ein besonderes Problem dar. Der Verkauf an Eigennutzer – in Ostdeutschland aufgrund der Auflagen des Altschuldenhilfegesetzes, in Westdeutschland häufig auf Anweisung des Gesellschafters – kann positiv sein, birgt dennoch die Gefahr, daß das Potential an Wohnungen mit günstigen Mietpreisen zu stark sinkt. Dies wird von Ort zu Ort unterschiedlich zu bewerten und zu entscheiden sein. Selbstgenutztes Wohneigentum kann zur Stabilisierung ausgewogener sozialer Strukturen in Wohnquartieren beitragen. Die Möglichkeit der Bildung von Wohnungseigentum sollte daher auch in den Nachkriegssiedlungen des sozialen Wohnungsbaus genutzt werden.

Gebäudequalitäten

Differenziert nach Baualtersklassen werden die Gebäude des Bestandes geprägt von den historischen Wohnwertvorstellungen, den wirtschaftlichen Verhältnissen, den bautechnischen Standards und Bauverfahren zum Errichtungszeitraum, dem Alterungsverhalten, von der Intensität der bisherigen Wartung und Pflege u.a. sowie von den erfolgten Modernisierungsmaßnahmen.

Mit Blick auf die sinkenden, am Markt erzielbaren Mieten und den Anstieg der Betriebskosten bleiben für nachhaltige Nachbesserungsmaßnahmen kaum Kostendeckungsbeiträge im Sinne einer renditeorientierten Betrachtung. Auch setzen im belegungsrechtlich ungebundenen Wohnungsbestand die Instrumente des Miethöhegesetzes Grenzen.

Zunehmend wird für den langfristig in seinem Anlageverhalten orientierten Investor bzw. Eigentümer von Wohnungsbeständen die Notwendigkeit bestehen, durch Bereitstellung von Kapital, Standort- und Bestandsdefizite nachzubessern, ohne dafür Renditesteigerungen einfordern zu können. Gebäude und Wohnungen, die nach Grundrißform, Wohnungsgröße und Ausstattung mit geringem organisatorischen und finanziellen Aufwand instand zu setzen, anzupassen und aufzuwerten sind, haben höhere Chancen, auch zukünftig durch Nachfrager akzeptiert zu werden.

Es stellt sich bei Häufung von Substandardwohnungen und mangelnder Nachfrage danach im Bestand die Frage, ob ein durchdachter Rückbau derartiger Bestände die häufig gemeinsam auftretenden Mängel wie hohe städtebauliche Dichte, belastetes Wohnumfeld und bautechnische Defizite nicht befriedigender lösen kann als aufwendige Instandsetzungen und Nachbesserungen.

Für die hier benannten Baualtersklassen definieren die spezifischen Gebäudequalitäten jeweils besondere Verwertungsgrenzen, aber auch Chancen zur Nachbesserung:

Vor 1914   Nach Anpassung der Gebäudetechnik und bauphysikalischer Nachbesserung bieten diese Wohnungen dank Lage, Funktionalität der Grundrisse, hoher Flächenwerte pro Wohnung und allgemeiner Akzeptanz bei jungen, mobilen Nachfragern und bei stadtorientierten Älteren mit gutem Einkommen ausreichend Chancen für die weitere Verwertung. Bei hoher Bebauungsdichte sind besondere Nachbesserungen der Hofflächen und der verschatteten Gebäudeteile erforderlich.

1919–1945 Durch technische Nachbesserung in den vergangenen Jahren (alte Bundesländer) ist ein guter Zustand vorhanden. In den neuen Bundesländern besteht hoher Instandsetzungsbedarf, insbesondere an der Gebäudehülle und im Bereich Gebäudetechnik. Nachträgliche Verdichtungen sind nicht sinnvoll, um Durchgrünungen und die Qualität der Außenanlagen nicht zu reduzieren.

1948–1959 Die bauliche Qualität läßt aufgrund großer funktionaler Mängel (sehr kleine Wohnungen) oft nur unter hohem Aufwand Wohnwertsteigerungen zu. Wohnanlagen mit Chancen zur baulichen Verdichtung bzw. Neuerrichtung nach vorherigem Abriß bieten gute Entwicklungsansätze, um Nachbarschaften zu erhalten bzw. neu aufzubauen.

1960–1974 Wertsteigerungen durch Wohnumfeldverbesserungen und soziale Infrastruktur; Konflikte können durch intensives Wohnungs- und Stadtteilmanagement reduziert werden. Teilweise sind städtebauliche Nachbesserungen auch durch Ergänzungsbauten möglich.

1975–1989 In den alten Bundesländern besteht vielfach wieder direkter Handlungsbedarf. Neben Wartungs- und Pflegebedarf ist das zentrale Problem, die ‚überforderten' Nachbarschaften zu stützen und die Segregation zu bremsen.

In den neuen Bundesländern erfordern die in industrieller Bauweise errichteten Wohnungen vor allem nachhaltige Wohnumfeldverbesserungen, Modernisierung, intensives Stadtteilmanagement und die Wahrnehmung wohnungswirtschaftlicher und sozialer Betreuung.

1990 Hohe Wohn- und Wohnumfeldqualität sind durch Pflege und Wartung zu sichern.

4.
Ziele für die Wohnungsversorgung in der Zukunft

Ausgehend von der Problemanalyse werden zu den wichtigsten Themenfeldern Ziele für die Weiterentwicklung des Wohnens dargestellt. Dabei entstehen Zielkonflikte, die erst in der weiteren Durcharbeitung bzw. Realisierung abwägend entschieden oder bewältigt werden können.

Trends und Prognosen – die Situation:
Stagnierende Bevölkerung – Differenzierung der Nachfrage

Prognosen zum Wohnungsbedarf ist immer mit Skepsis zu begegnen. Die Zahlen zur weiteren Bevölkerungsentwicklung deuten aber offensichtlich darauf hin, daß bei einer ‚normalen' Entwicklung – also einer Entwicklung ohne tiefgreifende wirtschaftliche oder demographische Brüche – relativ geringe Veränderungen bei der Bevölkerungszahl zu erwarten sind. Die Entwicklung der Haushaltszahlen wird regional sehr differenziert zu berücksichtigen sein. Der Neubedarf wird voraussichtlich deutlich unter dem der letzten zehn Jahre liegen. Den relativ geringen quantitativen Veränderungen steht aber ein schneller sozialer Wandel mit seiner Diversifizierung der Arbeitsverhältnisse und Haushaltsformen entgegen, der veränderte Anforderungen an ‚die Wohnung' erwarten läßt.

Ziel:
Chancen eines entspannten Wohnungsmarktes nutzen

Die nächsten Jahre sind bestimmt durch einen Mieter- bzw. Käufermarkt; die Tendenz vom Angebots- zum Nachfragemarkt ist deutlich. Dies macht eine Schwerpunktverlagerung zwischen den Marktsegmenten und eine Wideranknüpfung an Themen der 80er Jahre plausibel.

Der Druck auf die Wohnungsbauproduzenten, in kurzer Zeit große Quantitäten zu schaffen, ist – zumindest auf absehbare Zeit – vorbei. Dies schafft Raum für Überlegungen und Konzepte, die sich eher am Konsumenten und an der Qualität der Versorgung orientieren und die Stellung des Mieters bzw. des Käufers von Wohneigentum stärken. Der Wohnungsbestand und nicht nachfragegerechte aktuelle Angebote müssen an die Wünsche der Nachfrage angepaßt werden. Die Miete wird gesenkt werden. Insgesamt besteht die Chance und die Notwendigkeit, die Angebote auf dem Wohnungsmarkt kundennäher zu gestalten, die Nutzer stärker in Konzeptentwicklung und Standardfestlegungen einzubinden, Selbsthilfe und Nachbarschaftshilfe zu ermöglichen und damit die Integration in und die Identifikation mit Haus und Quartier zu stärken.

Ein entspannter Wohnungsmarkt stärkt nicht nur die Stellung des Nutzers, er ermöglicht auch die Stärkung anderer Organisationsformen der Wohnungsversorgung wie Genossenschaften, Nutzerselbsthilfe, Mieterbeiräte u.a., die in den letzten Jahren trotz großen Interesses in der Fachöffentlichkeit in der Praxis nur eine unbedeutende Rolle gespielt haben.

Daneben kommt der Mobilisierung privaten Engagements wesentliche Bedeutung zu. Der private Sektor muß stärker bei der Realisierung von wohnungs- und stadtentwicklungspolitischen Zielen einbezogen werden, wenn öffentliche Mittel nur begrenzt zur Verfügung stehen. Damit wird auch ein Stabilisierungselement für verträgliche Nachbarschaft erreicht.

Räumliche Planungsebene – die Situation:
Desurbanisierung und Regionale Segregation

Die Entwicklung von Stadt und Region als Wohnort ist durch Dispersion, Schwächung der Siedlungskerne, funktionale und soziale Segregation und zunehmende

Verkehrsleistungen gekennzeichnet. Eine hohe IV-betonte Mobilität, wachsender Wohlstand, wachsende Flächenansprüche und das bekannte Bodenpreisgefälle sind die Ursachen. Trotz der Beschwörung gegenteiliger Ziele in Fachöffentlichkeit und Politik hat die Dynamik dieses Prozesses eher zu- als abgenommen und widerspricht damit grundsätzlich den Zielen einer nachhaltigen Stadtentwicklung.

Aufgrund der geringeren Nachfrage nach Wohnungsneubau werden die quantitativen Eingriffspotentiale in der Stadtentwicklung kleiner. In den nächsten Jahren wird es weiterhin unter den Städten und ihrem Umland einen Wettbewerb um Einwohner geben. Die Einwohnerverluste der Kernstädte zugunsten des Umlandes werden sich verstärken, die Desurbanisierung nimmt weiter zu. Bedrohlich für die Städte ist hierbei neben den ökonomischen Verlusten vorrangig der Verlust wichtiger Bevölkerungsteile, so von jungen einkommensstarken Haushalten mit Kindern an das Umland.

Ziel:

Konzentration der Wohnflächenausweisung und der Infrastruktur

Notwendig ist die Sicherung der Mittel- und Oberzentren als Wohnstandorte, um Flächennutzung effektiv zu konzentrieren, Verkehre zu vermeiden und die hier gebündelten Infrastrukturen und den ÖPNV auszulasten. Dies beinhaltet auch die Ausweisung neuer Wohnbauflächen – vorzugsweise in der Innenentwicklung –, u.a. um jungen Familien ausreichend Flächen auf der eigenen Gemarkungsfläche zu bieten. Flächenausweisungen sind deshalb nicht nur von der Nachfrage, sondern auch vom Angebot her zu entwickeln. Dabei sind neben dem Wohnbauflächenangebot zur Bindung von Bewohnern an die Stadt, Fragen der Tragfähigkeit der vorhandenen Siedlungsstruktur und der ökologischen Verträglichkeit von besonderer Bedeutung.

Ohne eine regionale Kooperation wird die Steuerung der regionalen Wohnflächenausweisung nicht gelingen.

Ziel:

Stärkung der Quartiere

In den Großstädten im Zusammenhang mit einer verstärkten Innenentwicklung muß der Stadtteil wieder stärker als planerische Bezugsgröße in das Bewußtsein rücken. Er ist für den Bürger gerade angesichts seiner vielfältigen Aktivitätsmuster die nachvollziehbare Idenfikationsebene.

Besondere Bedeutung kommt dem Quartier als dem unmittelbarsten Erlebnisraum der Bürger zu. Hier kann seine Einbeziehung am ehesten erfolgreich sein, Selbsthilfe und Nachbarschaftshilfe bewirken und damit Integration in und Identifikation mit Haus und Quartier stärken.

Arbeitskreis der Akademie

Ziel:
Schwerpunkt Innenentwicklung

Die erkennbaren demographischen und sozialen Entwicklungen stärken Entmischungs- und Entdichtungstendenzen in den Wohnquartieren. Die Siedlungsfläche nimmt weiter zu. Bei großen Wohnungsneubauprojekten hat sich bisher eine Nutzungsmischung kaum realisieren lassen, die Funktionstrennung wächst auch im regionalen Maßstab.

Innenentwicklung ermöglicht vom Ansatz her eine Stadtentwicklung in kleineren dezentralen Schritten und damit am ehesten Nutzungsmischung und Reduzierung des Flächenverbrauchs.

Da Innenentwicklung bei sich entspannenden Wohnungsmärkten tendenziell schwieriger durchzusetzen ist, muß zur Förderung der Innenentwicklung gegenüber der Ausweisung der Siedlungsfläche auch mit finanzpolitischen Instrumenten Chancengleichheit hergestellt werden. Die Städtebauförderung muß weiterentwickelt fortgesetzt werden.

Insbesondere die Wiederaufbereitung und Bereitstellung von nicht mehr genutzten oder untergenutzten Flächen ist durch Förderung gegenüber einer Ausweisung ‚auf der grünen Wiese' ökonomisch konkurrenzfähig zu machen. Bei solchem Flächenrecycling haben Wohnnutzungen für die Innenstädte eine besondere Bedeutung als Kompensation für schrumpfende andere Funktionen.

Baustruktur und Gebäude – die Situation:
Wachsende Bedeutung der Bestände – Notwendigkeit von stetigem Neubau

Die Nachfrage nach Geschoßwohnungen von heute und morgen wird auf absehbare Zeit in hohem Maße durch Wohnungen befriedigt werden, die gestern und vorgestern entstanden sind. Teile des Wohnungsbestandes werden aufgrund ihres geringen Standards nicht mehr vermietbar sein, die Bestandspflege hat deshalb angesichts der langen Lebensdauer des Wirtschaftsgutes ‚Wohnung' aus ökonomischer, sozialer und ökologischer Sicht besondere Bedeutung.

Die Notwendigkeit von Erneuerungsmaßnahmen im Bestand nimmt zu. Die ökonomischen Rahmenbedingungen dafür sind aber schlecht.

Trotz des zunehmenden Gewichtes des Wohnungsbestandes und seiner zunehmenden Dispositionsmöglichkeit erfordert eine zukunftssichere Stadtentwicklung auch den Neubau von Wohnungen.

Die erwartete Neubau-Nachfrage der nächsten Jahre richtet sich vorrangig auf individuelles Wohnen. Das Einfamilienhaus wird als Wunschbild vom Wohnen und Leben und eines vorrangig auf das Auto ausgerichteten Mobilitätsverständnisses von der überwiegenden Mehrheit der Bevölkerung als erstrebenswert erachtet.

Eine realistische Wohnungs- und Stadtpolitik muß dies zur Kenntnis nehmen, soweit die Kaufkraft der Bürger aus diesem Wunsch reale Nachfrage erzeugt. Neubau zur Miete bleibt zur stadtstrukturellen Steuerung unverzichtbar.

Ziel:
Wohnungsbau den veränderten Wünschen und Bedürfnissen anpassen

Aufgrund der wirtschaftlichen Entwicklung kann vermutet werden, daß der Anteil der Menschen ohne Arbeit langfristig nur geringfügig abnehmen wird, das Beschäftigungsverhältnis deutlich unter 40 Stunden in der Woche beträgt und die Zahl der Halbtagsbeschäftigten zunehmen wird. Auch die Zahl der Menschen mit mehreren Beschäftigungsverhältnissen kann steigen. Hinzu kommen die mit Hilfe neuer Telekommunikationsmittel zu Haus arbeitenden Berufstätigen. Die Wohnungen werden also intensiver genutzt werden.

Sich weiter ausdifferenzierende Wohnbedürfnisse und Wohnwünsche erfordern durch die Anbieter ein stärkeres Eingehen auf die Nutzer. Es besteht kein grundsätzlicher Mangel an Wohnungen, sondern an ‚Raum' für die sich verändernden Bedürfnisse und Nachfragen.

Das bedeutet, die hohe soziale Brauchbarkeit einer Wohnung muß das oberste Ziel des Wohnungsbaus sein.

Ziel:
Zukunftsfähigkeit der Bestände sichern

Die qualitative Aufwertung des Bestandes ist weiter eine wichtige Aufgabe der nächsten Jahre. Um hierfür eine ökonomische Tragfähigkeit zu schaffen, muß Investitionskapital in die Gebäude- und Quartierssanierung gelenkt werden. Ziel ist dort die relative Verbilligung von Umbau- und Erhaltungsinvestitionen im Vergleich zum Neubau ‚auf der grünen Wiese'. Auch ökologische Maßnahmen im Bestand – insbesondere solche zur Minderung des CO_2-Ausstoßes – sind allein wegen der hier anstehenden Größenordnungen von großer Bedeutung.

Ziel:
Konzepte für individuelles Wohnen weiterentwickeln

Es gilt, das Einfamilienhaus und Einfamilienhausgebiete als Thema ernst zu nehmen. Frühere Ansätze sind wiederaufzunehmen und zusammen mit Investoren und Nutzern qualitätsvolle, flächensparend verdichtete und akzeptierte Formen individuellen Wohnens zu entwickeln und zu realisieren. Gartennahes individuelles Wohnen muß sowohl als Eigentum als auch gleichrangig als Mietobjekt angeboten werden.

Es ist sinnvoll, den eigenverantwortlichen Bau von Wohnraum zur Entlastung staatlicher Verantwortlichkeit auch weiterhin finanziell zu fördern. Eine besondere Herausforderung ist hierbei die Erhöhung der Wohneigentumsquote unter Entkoppelung von Eigentumsbildung und Flächenverbrauch. Dem kann z.B. eine verstärkte Förderung der Eigentumswohnung dienen. Die steuerliche Eigentumsförderung soll dabei auf die Haushalte konzentriert werden, die an der Schwelle zur Eigentumsbildung stehen und auf die Schuldentilgungsphase konzentriert sind. Sie soll neue Wohnformen unterstützen und kann damit Anschub und Raum schaffen zur Entwicklung nachhaltiger Entwicklungskonzepte für soziale Integration und für Ökologie im individuellen Wohnungsbau.

Ziel:
Verstetigung der Wohnungsbauproduktion

Wechselnde Einschätzungen der Marktlage führen leicht zu Überreaktionen. Dadurch sind die bekannten zyklischen Verknappungs- und Überangebotsphänomene auch in Zukunft zu erwarten.

Da die Wohnungsbauproduktion wegen der langen Anlaufzeiten außerordentlich träge reagiert und da wachsender Wohlstand ständig neue Wohnungsnachfrage schafft, ist eine kontinuierliche Wohnungsbauproduktion auf mittlerem Niveau anzustreben. In Zukunft werden auch nicht mehr marktfähige Wohnungen abzubrechen und auf gleicher Fläche durch Neubauten zu ersetzen sein. Dies ist ein Stück Nomalität. Wesentliche Bedingungen für stetige Investition und damit Produktion sind dafür verläßliche und kalkulierbare rechtliche und steuerliche Rahmenbedingungen.

Wohnungsbau ist in den überwiegenden Fällen nur ‚Bauproduktion', in der Regel anonym geplant und notwendigerweise auf Rendite orientiert. Notwendig ist ein Bündnis von Architekten und Städtebauern mit ihren Interessenverbänden, in das die lokale Politik, die Bauwirtschaft, die Investoren und die Nutzer eingebunden werden, um dem ‚Bauen' von Wohnungen als einem wesentlichen Teil unserer Kultur wieder einen gewichtigen Stellenwert zu geben.

Instrumente und Akteure – die Situation
Rückzug der öffentlichen Hand

Die Rollen der Akteure am Wohnungsmarkt und in der Wohnungspolitik ändern sich: Bund, Länder und Gemeinden haben sich teilweise aufgrund der Finanzkrise der öffentlichen Haushalte, ordnungspoltischer Trends der jüngeren Vergangenheit und vor dem Hintergrund der Kritik am überkommenen System der Wohnungsbauförderung zurückgezogen. Es bleibt abzuwarten, welche Modifikationen in naher Zukunft politisch erfolgen.

Stark sind die privaten Anbieter von Eigentum und kaufkräftige Konsumenten. Die steuerliche Förderung des Wohnungsbaus erfolgte dabei häufig unter hohen

Mitnahmeeffekten durch Besserverdiene und ging z. T. am Bedarf der Schwächeren vorbei.

Ziel:
Vorsorge für die Gruppen, die sich am Markt nicht versorgen können

Entspannung auf dem Wohnungsmarkt auf der einen, Reduzierung der Förderung auf der anderen Seite führen vor dem Hintergrund einer sich aufgrund von Arbeitslosigkeit und realen Einkommensverlusten polarisierenden Gesellschaft zu einer sozialen Spaltung im Wohnungsmarkt. Die Zahl derjenigen, die nicht mehr am Markt auftreten können oder zumindest die Miete aus einem Erwerbseinkommen nicht mehr bezahlen können, nimmt ständig zu, der Bestand an Sozialwohnungen dagegen kontinuierlich ab. Bund, Länder und Gemeinden können und müssen nicht mehr die Verantwortung für die Wohnversorgung ‚breiter Schichten der Bevölkerung' übernehmen, aber trotz aller Entspannung am Wohnungsmarkt sind intensive Bemühungen notwendig, um die genannten Gruppen mit Wohnraum zu versorgen.

Unter allen denkbaren wirtschaftlichen Rahmenbedingungen wird es daher weiterhin Aufgabe der Wohnungspolitik sein, auch ein preisgünstiges Wohnungsangebot für die einkommensschwächeren Schichten sicherzustellen.

Wohnraum allein allerdings reicht nicht aus, um soziale Brennpunkte aufzulösen, um ‚überforderte Nachbarschaften' zu stabilisieren, um z. B. alte und einsame Menschen in vertrauter Umgebung zu halten, um jungen Leuten ohne Ausbildung und Einstiegsjob eine Perspektive zu geben. Soziales Management im Wohnquartier, gemeinsam getragen von allen Akteuren, muß organisiert und finanziert werden, um o. a. Gruppen das Wohnen einigermaßen würdig und friedlich nebeneinander zu ermöglichen.

Ziel:
Förderung bündeln, flexibel gestalten und zielgerichtet einsetzen

Es müssen alle direkten und indirekten wohnungspolitischen Subventionen – Höhe rund 50 Milliarden DM – auf den Prüfstand. Ziel der Überprüfung ist der Umbau einer hochsubventionierten Wohnungspolitik mit starren Programmvorgaben in eine flexible problemorientierte Förderung. Nötig ist die Konzentration auf Schwerpunkte des Bedarfs und auf die Gruppen, die sich ohne öffentliche Hilfe nicht versorgen können. Es geht nicht um immer mehr öffentliche Mittel, sondern darum, durch Bündelung und Konzentration den Subventionsaufwand möglichst effizient zu gestalten und einzusetzen. Damit kann dann auch die Stadtentwicklung zusätzlich gesteuert werden.

Ein modernisiertes Förderinstrumentarium, das zu einem flexibel reagierenden und den spezifischen Aspekten Rechnung tragenden Wohnungsmarkt beiträgt, muß seine Schwerpunkte auch an den Kriterien einer nachhaltigen Stadtentwicklung ausrichten.

Schwerpunkte müssen der Mietwohnungsbau in der Innenentwicklung, aber auch die Eigentumsförderung in geeigneten Projekten durch Neuerschließungen bzw. Umnutzungen von Brachflächen sein.

Ziel:
Stärkung der Kommunen in der Wohnungsbau- und Baulandpolitik

Kommunen ziehen sich aus fiskalischen Gründen und wegen der bekannten Probleme des deutschen Bodenrechts aus der Bodenvorratspolitik zurück, trennen sich zur Sanierung ihrer Haushalte von Teilen ihrer Wohnungsbestände oder verkaufen ihre kommunalen Wohnungsunternehmen.

Kommunen müssen hier einen Kurswechsel vornehmen und durch eine aktive Bodenpolitik wieder an Steuerungsfähigkeit gewinnen.

Die Position der kommunalen Wohnungsunternehmen darf nicht geschwächt werden. Sie müssen vielmehr gestärkt und von ihren Gesellschaftern als Partner und Instrument der kommunalen Entwicklungspolitik gefordert werden. Sie müssen unternehmerischer tätig sein dürfen auf allen Feldern, die sie professionell bearbeiten können, um wirtschaftlich gesund auch den sozialen Versorgungsauftrag der Gemeinden übernehmen zu können. Auch bei einem noch so ausgefeilten System der Subjektförderung gibt es immer Menschen, die sich aus besonderen Situationen heraus nicht am Markt versorgen können, hier sind kommunale Wohnungsunternehmen mit ihrem Wohnungsbestand als wichtige Problemlöser zu erhalten.

5.
Thesen zur Umsetzung

Handlungsfeld – Räumliche Planungsebenen:
Die Region

Die traditionelle, eher mit dirigistischen Instrumenten arbeitende Regionalplanung muß weiterentwickelt werden zu einer stärker von den Kommunen getragenen dialogorientierten neuen Form, um so eine höhere Akzeptanz zu erzielen. Voraussetzungen sind die Bereitschaft zum fairen Interessenausgleich zwischen Ballungskern, Ballungsrand und weiterem Umland, eine Neuregelung des Finanzausgleichs und der Aufbau entsprechender Organisationsformen.

Dies schließt nicht die Notwendigkeit aus, daß bestimmte für die Regionalentwicklung wichtige Ziele notfalls auch mit raumordnerischen oder fiskalischen Restriktionen durchgesetzt werden müssen.

Der Stadtteil und das Quartier

Bei einer Stärkung der Bedeutung der Stadtteile muß sichergestellt sein, daß ihre Entwicklung im Einklang mit den Zielen der Gesamtstadt verläuft. Damit steigt der Steuerungsbedarf durch Planung.

Gerade auf Stadtteil- und Quartiersebene können informelle Planungsinstrumente eine wichtige Funktion übernehmen, da sie die Einbindung von örtlichem Engagement und flexiblem Agieren ermöglichen. Eine Initiierung und Begleitung solcher Prozesse durch ein Quartiersmanagement mit Zusammenarbeit von kommunaler Verwaltung und Politik, Mietern und Eigentümern stützt diese neue Planungskultur „vor Ort".

Vorrang für die Innenentwicklung

Das Wohnen kann besondere Bedeutung als Kompensation für schrumpfende andere Funktionen z.b. in den Innenstädten übernehmen. Innenentwicklung ist also nicht nur unter ökologischen Gesichtspunkten, sondern auch unter dem Aspekt des Erhalts von ‚Stadt' notwendig.

Andererseits sind der Nachverdichtung Grenzen gesetzt. Die Bedürfnisse von Kindern und Jugendlichen nach ausreichendem Bewegungs- und Betätigungsraum, die zunehmende (teilweise erzwungene) Freizeit von Erwachsenen im erwerbsfähigen Alter sowie der steigende Anteil älterer Bürger mit reduzierten Mobilitätschancen an der Gesamtbevölkerung spielen eine wichtige Rolle. Nicht zuletzt ist der Wunsch nach dem ‚Wohnen im Grünen' ein wesentliches Abwanderungsmotiv aus dem Ballungskern, so daß im Rahmen der Innenentwicklung der Erhalt bzw. die Neuschaffung eines ‚grünen' Wohnumfeldes sinnvoll ist.

Sowohl im Hinblick auf die Innenentwicklung als auch für die Bereitstellung ausreichender Freiräume kommt der mit den Entwicklungen am Wohnungsmarkt einhergehenden Möglichkeit, ja Notwendigkeit, des Abbruchs qualitativ überholter und wirtschaftlich nicht mehr erneuerbarer Gebäude eine wichtige Funktion zu. Dabei werden keine Flächensanierungen im Sinne der 70er Jahre, sondern punktuelle Maßnahmen im Bestand vorzunehmen sein.

Trotz des Vorranges für die Innenentwicklung wird in begrenztem Ausmaß auch weiterhin die Inanspruchnahme von Freiraum für Neubauten notwendig sein. Damit dies in flächensparender Weise erfolgt, sind attraktive Alternativen zum freistehenden Einfamilienhaus erforderlich.

Handlungsfeld – Baustrukturen und Gebäude:
Robuste Strukturen

Angesichts der permanenten und in ihren Auswirkungen nur bedingt vorsehbaren Veränderungen sind bei der erforderlichen Um- und Neugestaltung der

Wohnquartiere und -gebäude ‚robuste Strukturen' zu entwicklen, die auch für die weiterhin zu erwartenden Veränderungen der Altersstruktur, neue Formen von Arbeit, Arbeitszeit und Freizeit offen sind. Sie müssen sowohl die soziale Integration ermöglichen als auch Raum für persönlichen Rückzug belassen.

Das Wohnumfeld muß Wohnruhe, wenigstens auf einer Seite der Wohnung, sowie Sicherheit und Sauberkeit bieten. Ein Wohnungsangebot mit nutzungsneutralen Individualräumen und differenzierter Raumausstattung gewährleistet am ehesten ein schnelles Reagieren auf unterschiedliche Ansprüche, Mietzahlungsfähigkeit oder Wohnkaufkraft. Die Erfahrung zeigt dabei, daß kleine Wohnungen schlechter an wechselnde Bedürfnisse angepaßt werden können als größere, wie die großbürgerliche Wohnung der Gründerzeit zum Beispiel zeigt.

Die gute Wohnung ist nicht anonym, sie sollte immer Teil einer funktionierenden Nachbarschaft sein. Die gute Wohnung braucht eine abgestufte Zonierung zwischen öffentlichem und privatem Raum, sie muß sich in dem Spannungsverhältnis zwischen Erholen und Arbeiten bewähren. Die Schaffung von aneignungsfähigen Garten- und Freiflächen sollte daher Bestandteil einer qualitätsvollen Wohnung bzw. Siedlung sein. Jeder Individualraum einer Wohnung sollte möglichst vielfältige Nutzungsmöglichkeiten eröffnen.

Zukünftig soll die Formel „N + 1" wieder gelten, d. h., es sollte bei Bedarfsschätzungen mindestens ein Raum mehr in der Wohnung verfügbar sein, als Personen im Haushalt leben. Dadurch könnte auch Raum zum Arbeiten in der Wohnung bereit gehalten werden.

Diese strukturellen Kriterien sind bei der Entscheidung über die Förderungswürdigkeit deutlich zu berücksichtigen.

Aspekte des Neubaus

Bei der Weiterentwicklung der unterschiedlichen Formen individuellen Wohnens müssen frühere Ansätze geprüft und wieder aufgenommen, neue Ansätze entwickelt werden und von öffentlicher Hand, Investoren und Nutzern qualitätsvolle, flächensparende, kostengünstige Formen individuellen Wohnens durchgesetzt werden, die aufgrund ihres Entstehungsprozesses auch Akzeptanz am Markt finden. Gartennahes, individuelles Wohnen muß sowohl als Eigentum als auch gleichrangig als Mietobjekt angeboten werden.

Erfahrungen aus der Vergangenheit zeigen, daß Bauqualität sich nicht verordnen läßt. Gerade im Abbau von gesetzlichen Vorschriften liegen auch Chancen in dieser Hinsicht. Notwendig ist ein umfassender Qualitätsbegriff, der nicht nur technische Anforderungen und architektonische Gestaltung, sondern auch Fragen des Wohnumfeldes, der sozialen Bezüge und die Einbeziehung der Bewohner beinhaltet.

Bestandspflege

Die veränderten Verhältnisse am Wohnungsmarkt und der Bestand bieten auch die Chance, Konzepte zu entwickeln, die sich am ‚Konsumenten‘, d. h. am Mieter oder am Käufer einer Wohnung und an der Qualität der Versorgung orientieren. Hierzu kann es sinnvoll sein, Nutzungen in den Gebäuden neu zu ordnen, nicht zeitgemäße Wohnungsgrundrisse und -größen nach Möglichkeit zu verändern und gestalterische Aufwertungen vorzunehmen. Gegebenenfalls bieten sich unattraktive Erdgeschosse der Wohngebäude für andere nicht wesentlich störende Funktionen an.

Aber auch der Gebäudeabriß kann im Einzelfall unvermeidbar oder sinnvoll sein, wenn eine Anpassung wirtschaftlich nicht mehr vertretbar ist. Dies sollte als Chance begriffen werden, entweder durch Ersatzbau oder bei fehlendem Bedarf durch Verbesserung des Freiflächenangebots zur Attraktivitätssteigerung des Quartiers beizutragen. Der Abbruch unzeitgemäßer Gebäude muß wieder als ein Stück Normalität begriffen werden.

Fallweise wird bei Anpassungsmaßnahmen die Rolle des Denkmalschutzes, wenn er zu unangemessener konservierender Betrachtungsweise neigt, kritisch zu prüfen sein. Zur Sicherung der Benutzbarkeit und Wirtschaftlichkeit sind unter Umständen Eingriffe in die innere Substanz, die Addition neuer Bauteile oder auch die Nachverdichtung älterer Siedlungen unvermeidbar. Hierfür müssen in Abwägung aller Belange Konzepte erarbeitet und umgesetzt werden.

Handlungsfeld – Mobilisierung privaten Engegements:
Beteiligung der Nutzer

Die ökonomisch sinnvolle Aktivierung von privatem, maßnahmenbezogenem Engagement und die Selbstverantwortung der Bewohner kann durch eine intensive Mitbestimmung und Selbsthilfe in der Verwaltung und Gestaltung der Wohnungsbestände gestärkt werden.

Vielfach werden zunächst Bewohner zur Partizipation angestoßen werden müssen. Dazu ist der Aufbau einer Beratungs- und Betreuungsorganisation notwendig. Anhaltspunkte für entsprechende Ansätze können unter anderem Erfahrungen der deutschen Genossenschaftsbewegung der 20er Jahre oder auch ausländische Beispiele bieten, an die angeknüpft werden sollte.

Hierbei hat sich inzwischen die Tätigkeit von ‚Meditatoren‘ bei Städten und Wohnungsunternehmen bewährt. Gleichzeitig sind aber auch Anstrengungen zu unternehmen, die (vorhandenen oder zukünftigen) Nutzer mit Rahmenbedingungen und Ideen von Städtebau und Objektplanung vertraut zu machen. Schulunterricht und Weiterbildungsangebote, Nutzung der sich entwickelnden Vielfalt der Medien, Propagierung guter Beispiele und Kooperation mit sonstigen Akteuren des Bausektors (Bausparkassen u.a.) bieten dazu Möglichkeiten.

Arbeitskreis der Akademie

Kooperation zwischen öffentlichem und privatem Sektor

Eine Minderung der schon vorhandenen und der absehbaren Probleme in bestehenden Siedlungen und der Versuch der Vermeidung eben dieser Probleme in neuen Siedlungen ist nur bei einem gemeinsamen Vorgehen von Wohnungswirtschaft und öffentlicher Hand erfolgversprechend.

Unerläßlich ist, daß sich beide Seiten als tatsächliche Partner akzeptieren. Die öffentliche Hand muß gewisse fundamentale Prinzipien der Privatwirtschaft, z. B. die Gewinnerzielung, zur Kenntnis nehmen und akzeptieren. Die private Seite ihrerseits muß erkennen, daß der öffentliche Sektor im Sinne einer gesamtgesellschaftlichen Optimierung unterschiedliche Belange abzuwägen hat und eine solche Handlungsweise letztendlich auch ihren Zielen förderlich ist.

Die öffentliche Hand muß bei einer Kooperation ihre nach sorgfältiger Abwägung entwickelten Leitlinien selbstbewußt vertreten. Das betrifft auch die Sicherung der Funktion öffentlicher Räume als Stätten von Aktivitäten unterschiedlicher gesellschaftlicher Gruppen. Sie tragen ebenfalls zur Vielfalt der Stadt und damit zum Erhalt der „Stadt zum Wohnen" bei.

Intensive Kooperationen zwischen Wohnungswirtschaft und öffentlichen Planern, Sozial-, Jugend- und Wohnungsämtern bzw. Trägern der Sozialarbeit müssen sowohl im Bestand als auch bei Neubauprojekten zu umfassenden Strategien des Stadtteilmanagements, der Gemeinwesenarbeit, der Wohnungsverwaltung, der Sorge um das Wohnungsangebot und für den Umgang mit dem Wohnumfeld führen.

Instrumente

Handlungsfeld – Instrumente
Öffentliche Wohnungspolitik

Zur Vermeidung gesellschaftlicher Friktionen wird der öffentliche Sektor auch weiterhin die Belange einkommensschwacher Bevölkerungsgruppen wahrnehmen müssen. Hierbei haben die kommunalen und landeseigenen Wohnungsunternehmen eine besondere Bedeutung.

Damit muß es Anliegen der öffentlichen Hand sein, auch in Zukunft den direkten Einfluß auf diese Unternehmen zu sichern. Die zur Zeit zu beobachtenden gegenläufigen Entwicklungen durch flächendeckende Verkäufe öffentlicher Wohnungsunternehmen bergen daher die Gefahr der Vergrößerung von Instabilitäten am Wohnungsmarkt für einkommensschwächere Gruppen in sich. Sie sollten daher unterbunden bzw. stark eingeschränkt werden.

Da der Bestand an Sozialwohnungen insbesondere in den Ballungsräumen kontinuierlich abnimmt, ist der Ankauf von Belegungsrechten im privaten Bestand –

ggf. mit geringerem Förderaufwand als bei Neubauten – notwendig, um einen dauerhaften Bestand an belegungsgebundenen Wohnungen zu schaffen und zu erhalten.

Die Wohnungsunternehmen selbst müssen sich von Wohnungsverwaltern zu wesentlichen Akteuren beim Stadtteilmanagement und zu ‚Dienstleistern für das Wohnen' für Mieter und Kommune entwickeln.

Reduzierung der Regelungsdichte

Ein die räumlichen und thematischen Differenzierungen sowie die sich ständig verändernden Rahmenbedingungen des Wohnungsmarktes berücksichtigendes flexibles Handeln wird gestützt durch den Abbau von Reglementierungen. Neben schneller Reaktion werden damit eigenverantwortliches Handeln, Kreativität und Kostensenkung gefördert. Gefordert sind alle Verwaltungsebenen bis zur Kommune, die durch ihre Planungshoheit besondere Verpflichtungen und Chancen hat.

Die Begrenzung von Standards im sozialen Wohnungsbau oder die Beschränkung bei Festsetzungen in Bebauungsplänen auf wenige wirklich wichtige Eckpunkte sind nur zwei Beispiele zum Abbau von Regelungen. In vielen Fällen können Kooperationsmodelle zu sinnvolleren, der konkreten Situation angepaßten Lösungen führen. Kompetenzverlagerung auf die praktisch Handelnden wäre eine zusätzliche wichtige Maßnahme in diesem Zusammenhang.

Förderung

Die Ausrichtung der Förderung an den Zielen einer nachhaltigen Entwicklung bedingt ihre Differenzierung unter räumlichen und ökologischen Gesichtspunkten. Eine durchdachte Formulierung entsprechender Kriterien verhindert die nicht erstrebenswerte Erhöhung der Komplexität des Förderinstrumentes.

Auch wenn die notwendigen Mittel weiter im Wege der Mischfinanzierung von Bund, Ländern und Gemeinden zu erbringen sind, ist gerade im Bereich der Fördermodalitäten eine Kompetenzstärkung der Kommunen notwendig, da sie am besten in der Lage sind, die Mittel effizient, situationsbezogen und zielgerichtet den örtlichen Verhältnissen entsprechend einzusetzen sowie ihren Einsatz den Bürgern gegenüber zu verantworten.

Um eine Aufwertung des Bestandes auf eine ökonomisch tragfähige Basis zu stellen, muß die Städtebauförderung verstärkt werden und Investitionskapital in die Gebäude- und Quartierssanierung gelenkt werden. Voraussetzung ist die relative Verbilligung von Umbau- und Erhaltungsinvestitionen im Vergleich zum Neubau.

Angesichts der sich tendenziell in immer kürzeren Abständen ergebenden Anpassungsnotwendigkeiten des Gebäudebestandes könnten differenziertere, unter Umständen begrenzt verkürzte Abschreibungszeiträume unterstützend wirken.

Arbeitskreis der Akademie

Die Zweckentfremdungsregelungen können bei zu starrer Anwendung eine Umsetzung des Zieles sinnvoller Nutzungsergänzungen im Bestand erschweren, sie sollten bei Entscheidung durch die Kommune außer Kraft gesetzt werden können.

Zur Stützung der Selbstverantwortlichkeit und Selbsthilfebereitschaft der Bewohner bedarf es auch der Schaffung finanzieller Rahmenbedingungen. Staatliche Bürgschaften, direkte Förderungen unter sozialpolitischen Gesichtspunkten, z. B. Arbeit statt Sozialhilfe durch Mietermodernisierung und Veränderungen der Rahmenbedingungen für Kredite könnten Elemente sein.

Es geht also nicht um die Vergrößerung des Fördervolumens, sondern um eine sinnvollere Differenzierung. Dazu wären z. B. sehr wirkungsvoll:

• Förderung der Abschreibung der Restbuchwerte und Abbruchkosten der Altsubstanz, wenn Neubauten mit mietpreisgebundenen Wohnungen geschaffen werden.

• Differenzierung der Förderung bei Eigentumsmaßnahmen zwischen Eigentumswohnung, verdichteten und freistehenden Einfamilienhäusern, orientiert an Kriterien einer nachhaltig städtebaulichen Entwicklung.

Bodenpolitik der öffentlichen Hand

Die öffentliche Verfügbarkeit über Grund und Boden – auch durch neue Modelle, wie etwa der Optionierung von Flächen – erlaubt über den Einsatz hoheitlicher Instrumente (z. B. Entwicklungsmaßnahmen) hinaus eine sehr viel aktivere, zielgenauere, flexiblere und gleichzeitig einfachere Einwirkung auf den Boden- und damit den Wohnungsmarkt.

Die Rolle der Gemeinde nach dem Baugesetzbuch stellt eine erhebliche ,Marktmacht' dar. Es gibt keine Verpflichtung der Gemeinde, den jeweiligen Eigentümern die Umwandlung ihrer Flächen zu Bauland ohne Auflagen und Bedingungen zu gewähren. Städtebauliche Verträge eröffnen, inzwischen rechtlich gut abgesichert, ein breites Spektrum von Vereinbarungen, die den Bodenmarkt im Sinne einer positiven Gesamtentwicklung nachhaltig beeinflussen können. Diese Möglichkeiten müssen noch stärker genutzt werden.

Das System der Bodensteuern muß zukünftig eine realistischere und zeitnähere Bewertung ermöglichen, um die durch die öffentliche Hand bewirkte Wertsteigerung zumindest teilweise zugunsten der Allgemeinheit abschöpfen zu können und Bauland zu mobilisieren. Entsprechende Konzepte liegen seit langem vor, es gilt, ihnen Rechtskraft zu verleihen.

6.
Ausblick

Die Koalitionsvereinbarung zu Beginn der 14. Legislaturperiode des Deutschen Bundestages setzt demokratischem Brauch folgend neue Akzente auch für die Weiterentwicklung von Städte- und Wohnungsbau. Daraus seien hier einige der Ziele zitiert:

- Wohnungs- und Städtebeau besser verzahnen.
- Städtebauförderung integrativ verstärken.
- Programm „Soziale Stadt".
- Förderung von Bestandsmaßnahmen und dabei Überprüfung einer dauerhaften Sicherung von Sozialwohnungsbeständen.
- Beibehalten des hohen Stellenwertes der Eigentumsförderung und dabei verhindern überzogener Abschreibungsmöglichkeiten.
- Fehler im Altschuldenhilfegesetz bewältigen.
- Baulandmobilisierung im besiedelten Bereich verstärken und Gemeinden stärker an der Bodenwertsteigerung beteiligen.

Diese sehr knappe Auswahl von Programmpunkten gilt es, in der nächsten Zeit zu erörtern und in umsetzungsfähige Rechtsnormen weiter zu entwickeln.

Die Deutsche Akademie für Städtebau und Landesplanung bietet dazu ihren Sachverstand und ihre kritische Mitarbeit an. Sie wird sich dabei ihren Zielen entsprechend auf städtebauliche Aspekte konzentrieren.

Ihre Jahrestagung 1999 in Berlin steht unter diesem Motto. Die Landesgruppen der Akademie erarbeiten hierzu detaillierte Teilbeiträge und Fallstudien, so daß im Oktober 1999 ein umfangreicher Gesamtbericht zum Thema „Stadt zum Wohnen – Wohnen in der Stadt" vorliegen wird.

In dem Arbeitskreis der Deutschen Akademie für Städtebau und Landesplanung „Stadt zum Wohnen – Wohnen in der Stadt" wirkten mit:

Prof. Dipl.-Ing. Helmut Ahuis
Stadtbaurat der Stadt Bochum,
Präsident der Akademie

Dr. Karl-Heinz Cox
Treuhandstelle für Bergmannswohnstätten im
Rhein.-Westf. Steinkohlenbezirk GmbH, Essen

Erster Baudirektor Dipl.-Ing. Tassilo Braune
Senatsbeauftragter für den Wohnungsbau,
Hamburg
(Federführung)

Dipl.-Ing. Clemens Deilmann
Institut für ökologische Raumentwicklung e.V.
Dresden
Forschungsbereich Bauökologie

Arbeitskreis der Akademie

Dipl.-Ing. Architekt Hans Jörg Duvigneau,
Geschäftsführer
GSW Gemeinnützige Siedlungs- und
Wohnungsbaugesellschaft Berlin mbH

Prof. Dipl.-Ing. Helmut Feußner,
Geschäftsführer
WOHNSTADT Stadtentwicklungs- und
Wohnungsbaugesellschaft Hessen mbH, Kassel

Dipl.-Ing. Ulrich Gerlach
Geschäftsführer, GBH Gesellschaft für
Bauen und Wohnen mbH, Hannover

Dipl.-Ing. Olaf Gibbins
Freier Architekt, Hamburg

Prof. Dr. rer.pol. Dipl.-Ing Hartmut Großhans
Bundesverband deutscher
Wohnungsunternehmen e.V, Köln

Dipl.-Ing. Lothar Juckel
Architekt BDA, Wissenschaftlicher Sekretär
der Akademie, Berlin

Dipl.-Ing. Ronald Klein-Knott
Regierungsbaumeister,
Stadtbaurat der Stadt Hildesheim

Dr. Peter Lammerskitten
Vorstand, Deutsche Bau- und Bodenbank AG,
Frankfurt am Main

Dipl.-Ing. Martin zur Nedden
Stadtplaner, Leiter des Planungsamtes der Stadt
Bochum

Dipl.-Ing. Jörg Nußberger
Ministerialrat a.D., Icking

Dr. jur. Wolfgang Roters
Ministerialdirigent, Ministerium
für Stadtentwicklung und Verkehr, Düsseldorf

Prof. Dr.-Ing. Werner Schramm,
Institut für Entwicklungsplanung
und Strukturforschung, Hannover

Rainald Ensslin, Hans Lermann, Winfried Schwantes,
Alexander Wetzig, Roland Wick

Thesen zum Thema:
Stadt zum Wohnen – Wohnen in der Stadt

0 Die neue Stadt ist die Stadtregion

1 Die Zukunft des Wohnens liegt in den Schwerpunkten der Region

2 Nachbarschaft und Quartier definieren das städtische Wohnen

3 Die städtischen Wohnungstypologien dem sozialen und gesellschaftlichen Wandel anpassen

4 Das freiraumbezogene Wohnen in der Stadt fördern

5 In der Stadt das Wohnen im eigenen Haus ermöglichen

6 Die Stadterneuerung zur Sicherung des Wohnens in der Stadt fortführen

7 Die Wohnungspolitik auf das städtische Wohnen ausrichten

Teil I

These 0

Die neue Stadt ist die Stadtregion

Als *„Stadt"* wird die Stadtregion, der städtische Verdichtungsraum gesehen *„als ein auch im sozialen Sinn verdichteter Funktions- und Interaktionsraum, der sich aber zweifellos durch Indikatoren wie einen gemeinsamen Arbeits-, Wohnungs- oder Versorgungsmarkt bestimmen läßt".* (E.Spiegel, Stadt der Zukunft, Nomos Verlag S. 202). Diese neue Stadt ist durch eine Vielzahl stadtstrukturell unterschiedlicher Teile gekennzeichnet. Nur ein geringer Prozentsatz der Bewohner dieser Stadtregion lebt in Stadtteilen der historischen Stadt, speziell den Stadtkernen. Der überwiegende Teil der städtischen Gesellschaft lebt in der weiteren Stadtregion. Die unterschiedlichen Gruppen dieser städtischen Gesellschaft suchen ihre Wohnstandorte im differenzierten Netz der räumlich definierten Stadtregion: die Gesellschaft dieser neuen Stadt ist eine mobile Gesellschaft.

Siedlungsstruktur im Verdichtungsraum Stuttgart.

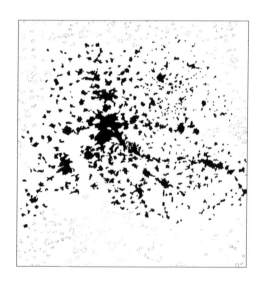

These 1

Die Zukunft des Wohnens liegt in den Schwerpunkten der Region

Bei nur noch etwa zwei Prozent der Beschäftigten in der Land- und Forstwirtschaft des Landes Baden-Württemberg ist das ortsgebundene Wohnen auf dem Land zur Ausnahme geworden. Dementsprechend gibt es kaum noch die Notwendigkeit für das „Wohnen auf dem Lande" – was wir beobachten, ist vielmehr ein suburbanes Wohnen von Menschen mit auf die Stadt orientierten Lebensverhältnissen in ehe-

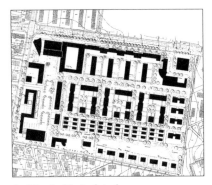

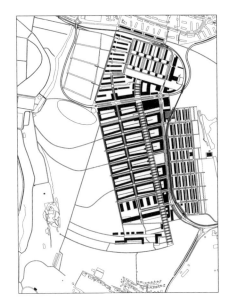

Rotbäumlesfels, Ludwigsburg,
A.: Wick und Partner.

Scharnhäuser Park, Ostfildern.

mals ländlichen Siedlungen. Offensichtlich entspricht nach Lage, Größe, Ausstattung, Zuschnitt, Freiraumzuordnung, Umweltqualität und Preis nur ein Teil des Wohnungsbestandes in der Stadt der Nachfrage durch die Nutzer. Da ein sehr hoher Teil der Nachfrager heute und künftig finanziell, technisch, beruflich und familiär ungehinderte Wahlfreiheit bei der Suche von Art und Standort der Wohnung innerhalb der Stadtregion hat, findet nach wie vor eine anhaltende Suburbanisierung mit allen negativen Folgeeffekten statt. Der Wohnungsneubau in kleineren Gemeinden auf dem Lande stellt jedoch weit überwiegend eine staatlich und privat überproportional geförderte Verschwendung von Fläche, Material, Energie und Verkehrsleistungen dar. Trotz höherer Grundstücks- und Baukosten ist Wohnen in der Stadt gesamtwirtschaftlich wie ökologisch, sozial und verkehrlich günstiger als das Wohnen von Städtern auf dem Land. Nur in den städtisch verdichteten Räumen können Erschließung und Infrastruktur für das Wohnen in größerem Umfang ökologisch und ökonomisch sinnvoll bereitgestellt werden. Es ist in diesem Zusammenhang kennzeichnend, daß ein auf sparsamen Einsatz natürlicher Ressourcen bedachter wie auch kostengünstiger zukunftsorientierter Wohnungsbau weit überwiegend am Rande der großen Städte und nicht etwa in den Dörfern zu finden ist. Angesichts eines auch in Zukunft erforderlichen kontinuierlichen Wohnungsneubaus zur Sicherung der Wohnungsversorgung vor dem Hintergrund anhaltender demographischer Entwicklungen, politisch bedingter Migrationsbewegungen, nicht nachfragegerechter und überalteter Wohnungsbestände ist daher eine offensive Wohnungsbaupolitik in den Städten mit ausreichender Bereitstellung von Wohnbauflächen erforderlich. Dazu ist an erster Stelle ein vorausschauende, aktive Bodenvorratspolitik und eine infrastrukturell orientierte Flächennutzungsplanung der Städte und Gemeinden notwendig. Im Rahmen einer wohnungspolitischen Gesamtstrategie muß darüber hinaus durch geeignete Instrumente eine verbesserte Steuerung der regionalen Siedlungsentwicklung erreicht werden.

Landesgruppe Baden-Württemberg

These 2

Nachbarschaft und Quartier definieren das städtische Wohnen

Neben der Stadtregion „im Ganzen", in Konkurrenz zu anderen Stadtregionen, ist die Hauptbezugsebene des gewünschten Wohnstandorts die erfahrbare und erlebbare Stadtteilebene mit erkennbaren Quartiersbezügen. Der zukünftige Wohnungsbau in der Stadt zielt nicht mehr auf homogene Großformen, die großen Wohnungsbauschwerpunkte und Trabantensiedlungen. An ihre Stelle treten die miteinander vernetzten Wohnnachbarschaften der vorhandenen Stadt, der kurzen Wege, die sich durch eine differenzierte Nutzungs- und soziale Mischung auszeichnen. Das Wohnen in der Stadt entwickelt sich im Verbund kleinräumiger individueller Wohnstandorte, die auch städtebauliche Flexibilität und Anpassungsfähigkeit im Hinblick auf Baustruktur, Dichte und Nutzung leisten sollen.

Diezenhalde, Böblingen,
A.: Pfeifer.

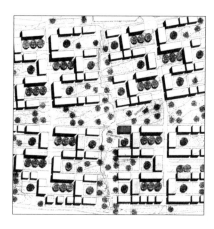

These 3

Die städtischen Wohnungstypologien
dem sozialen und gesellschaftlichen Wandel anpassen

Veränderungsdynamik und die abnehmende Geltung von vereinheitlichten Normen und Werten für die Struktur, Lebensweise und Zukunftserwartung beschreibt die Entwicklung der Stadtbevölkerung. Die sozialen und demographischen Entwicklungen, die Veränderung der Arbeitswelt, die Pluralisierung der Lebensstile und das Aufbrechen tradierter Lebensmuster erfordern darauf reagierende und abgestimmte Wohnungs- und Städtebaukonzepte. Neue Formen des Zusammenlebens und die Tendenzen in Richtung einer engeren Verflechtung von Wohnen, beruflicher und informeller Arbeit treten als neue Wohnform neben und zusätzlich zum Gewohnten auf. Die neuen Tendenzen sind Ausdruck von gestiegenen Wahlmöglichkeiten und stellen den Wohnungsbau vor differenzierte und teilweise widersprüchliche Anforderungen, die mit den traditionellen Grundriß- und Baustrukturen vielfach nicht mehr adäquat befriedigt werden können. Die Auffächerung und Individualisierung der Wohnbedürfnisse verlangen vom zukünftigen

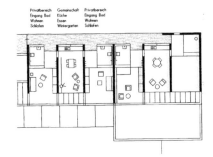

Mehrgenerationenwohnen,
Ludwigstraße, Stuttgart.
A.: Kohlhoff und Kohlhoff.

Wohnungsbau neutrale Grundrisse, größere Wohnungen, organisatorische Kombinierbarkeit und vor allem leichte Umbaumöglichkeit. Flexibilität und Veränderbarkeit von Grundriß und Gebäude wird zunehmend an Bedeutung gewinnen. Ebenso muß mit baulichen (Barrierefreiheit) wie infrastrukturellen Maßnahmen auf den veränderten Altersaufbau der Bevölkerung mit starker Zunahme alter Menschen reagiert werden. Der Verbleib in der Wohnung wie im Quartier muß im Alter sichergestellt sein.

These 4

Das freiraumbezogene Wohnen in der Stadt fördern

Die Qualität der Ausstattung der Wohnung mit gut nutzbaren und gut zugänglichen privaten und öffentlichen Grün- und Freiräumen hat einen hohen Stellenwert bei der Wohnstandortwahl und ist wesentlicher Grund für Wohnzufriedenheit. Die häufigen Defizite städtischer Wohnstandorte bezogen auf den Wunsch nach geschützten Freiräumen für den Aufenthalt im Freien in direkten Zusammenhang mit der Wohnung ebenso wie nach einer landschaftlich charakteristischen, für

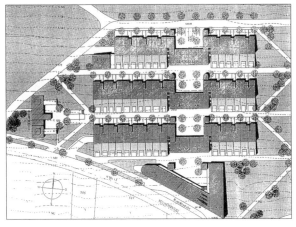

Siedlung Ochsenstiege, Ulm,
A.: Antoniol und Huber.

Landesgruppe Baden-Württemberg

Freizeit gut nutzbaren Wohnumgebung beeinflussen maßgeblich die anhaltenden Stadt-Umland-Wanderungen. Eine Stärkung städtischer Wohnfunktionen muß daher sowohl in der Stadterneuerung wie im Neubauquartier gerade auch an diesem Punkt ansetzen. Auch bei hoher städtebaulicher Verdichtung kann mit qualitätsvollen öffentlichen Freiräumen, die nicht nur lediglich Ergebnis einer Optimierung von Gebäudenstellung und Verkehrsfunktion sind, verbesserte Privatheit und ,Adresse' geschaffen werden. Eine städtisch urbane Freiraumtypologie muß deshalb integrierter Bestandteil der Wohnquartiersplanung sein.

These 5

In der Stadt das Wohnen im eigenen Haus ermöglichen

Die ausgeprägte Präferenz breiter Bevölkerungsschichten für das Wohnen im eigenen Haus stößt im städtischen Bereich in aller Regel auf starke finanzielle wie auch planerische Restriktionen. Der Wunsch nach einer extrem geschlossenen, auf die jeweilige soziale Kleingruppe bezogenen Wohneinheit, welche den totalen Rückzug und das Ausleben individueller Lebensstile auf zunehmender Wohnfläche erlaubt, wird daher vor allem an den peripheren Wohnstandorten realisiert. Dieser Abwanderung insbesondere auch von Familien in das Umland muß mit städtischen Wohnkonzepten begegnet werden, die sich mit diesen Wohnbedürfnissen auseinandersetzen. Dazu ist die Entwicklung einer urbanen Haustypologie notwendig, welche die Nutzungs- und Gestaltungsqualitäten des traditionellen Einfamilienhauses auch bei angemessener städtebaulicher Verdichtung ermöglicht und in entsprechende Bauformen übersetzt. Zugleich kann der Zugang zu Wohneigentum in der Stadt dadurch erleichtert werden, daß im Blick auf die verschärften Kostenbedingungen des städtischen Wohnungsbaus alle bekannten Möglichkeiten des kostengünstigen Wohnungsbaus, der verbilligten Baulandbereitstellung wie einer stärkeren Priorisierung der Wohnungsbauförderung auf städtische Räume tatsächlich ausgeschöpft werden.

Gartenhofhäuser,
A.: Wick und Partner.

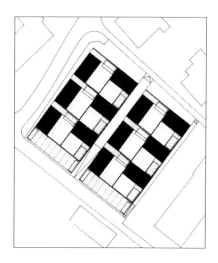

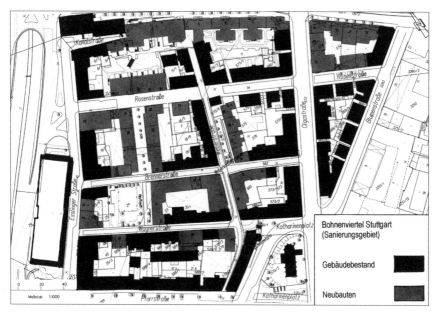

Bohnenviertel Stuttgart (Sanierungsgebiet).

These 6

Die Stadterneuerung zur Sicherung des Wohnens in der Stadt fortführen

Für die künftige Wohnungsversorgung ist gleichrangig neben dem Wohnungs-neubau der Wohnungsbestand in den Städten nachhaltig zu erhalten, zu verbessern und anzupassen. Nicht nur in den Innenstädten und historischen Bestandsgebieten, sondern zunehmend auch in den Siedlungsquartieren der sechziger und siebziger Jahre verschlechtern sich nach wie vor die Wohnbedingungen, sind in der Folge weiterer Bevölkerungsschwund und sich verstärkende soziale Segregationserscheinungen zu verzeichnen. Aufbauend auf Wohnungsmodernisierung und Wohnumfeldverbesserung muß mit breiter angelegten Konzepten und gezielten Strategien unter Einschluß der öffentlichen wie privaten Infrastruktur qualitätvolles Wohnen im Bestand erreicht werden.

These 7

Die Wohnungspolitik auf das städtische Wohnen ausrichten

Die Rolle der Akteure am Wohnungsmarkt ändert sich; Bund, Länder und Gemeinden ziehen sich aufgrund der Finanzkrise der öffentlichen Haushalte, aber auch aus ordnungspolitischen Erwägungen und vor dem Hintergrund der Kritik am überkommenen System der Wohnungsbauförderung zurück. Auf der anderen

Seite muß sich jedoch die Politik nach wie vor verantwortungsvoll in den Markt einmischen, um den wachsenden Anteil standortgebundener abhängiger Bevölkerungsgruppen, die sich selbst nicht angemessen am Wohnungsmarkt versorgen können, Rechnung zu tragen und um auf die Veränderungen der sozialen Realität zu reagieren, die bisher wenig Eingang in den Wohnungsbau gefunden haben. Die Erklärung hierfür ist vielschichtig: festzementierte Förderrichtlinien, die innovatives Denken bestrafen; der konservative Charakter der Wohnungsbauproduktion, die nur mit Mühe neue Bautechnologien und Entwicklungen für multifunktionale Bausysteme aufgreift; die schlechte Vorbereitung der Fachleute an den Hochschulen, die sich ihre Kenntnisse und Einsichten des Wohnungsmarktes, der Wohnungsproduktion und der Wohnungsversorgung erst in der Praxis mühsam erwerben müssen. Dementsprechend sind anstelle der staatlich finanzierten Normierung überholter Sozialstrukturen und unbrauchbar gewordener Ausstattungsstandards aktive und gezielte Förderstrategien zu entwickeln, die Räume öffnen für neue Wohnformen. Die Ausbildungsdisziplinen für den Wohnungsbau müssen neben den klassischen planerischen und entwerferischen Kenntnissen auch die ökonomisch-betriebswirtschaftlichen wie sozial-wissenschaftlichen Bestimmungsfaktoren des Wohnungsmarktes berücksichtigen. Nicht zuletzt sollen die Planungsträger in den Städten umfassend angelegte städtische Wohnkonzepte entwickeln, welche die Voraussetzungen für eine langfristige Sicherung der Wohnfunktion in der Stadt in einer sich wandelnden Gesellschaft schaffen.

Alexander Wetzig

Teil II

Stadt zum Wohnen – Wohnen in der Stadt
Das Beispiel Ulm
Einführung

Ulmer Baulandpolitik

Die Förderung des Wohnungsbaus hat in der 115.000 Einwohner zählenden Stadt Ulm seit langem einen hohen Stellenwert. Wichtigstes Instrument dabei ist die Ulmer Baulandpolitik, die vor gut 100 Jahren begründet wurde. Seit damals betreibt die Stadt Ulm eine aktive und vorausschauende Boden- und Grundstückspolitik. Deren vordringlichstes Ziel ist es, künftiges Wohnbauland frühzeitig zu erwerben. Damit ist die Stadt Ulm in der Lage, Bebauungspläne nur dort zu entwickeln, wo sie im Besitz aller Flächen ist. Dadurch kann die Stadt auf dem Baulandmarkt preisregulierend eingreifen und weitergehende Zielsetzungen wie beispielsweise den Bau von alten- und behindertengerechten Wohnungen, energiesparendes Bauen oder gestalterische Vorstellungen umsetzen.

Wohnbauvolumen der Stadt Ulm

Die Stadt Ulm förderte den Wohnungsbau in den letzten Jahren nicht nur qualitativ, sondern auch quantitativ. So liegt das Wohnbauvolumen seit Jahren weit über dem Durchschnitt anderer Stadtkreise in Baden-Württemberg.

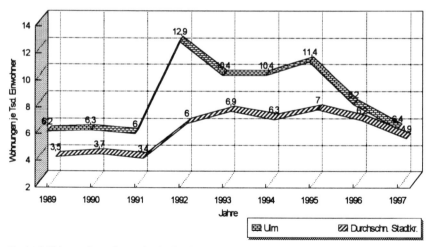

Vergleich Wohnungsbauvolumen der Stadt Ulm mit dem durchschnittlichen Wohnungsbauvolumen anderer Stadtkreise Baden Württembergs 1989 - 1997.

Wohnungsbau in Ulm: Beispiele

1. Innenentwicklung:
   Neues Wohnen durch Stadtumbau
       1.1 ehem. Magirus-Gelände
       1.2 ehem. Wieland-Gelände
       1.3 Schülin-Hof (in Plamung)
       1.4 Nachverdichtung
           Mähringer Weg
2. Außenentwicklung:
   Neue urbane Dichte im Wohnungsbau
       2.1 Siedlung Ochsensteige
       2.2 Siedlung Eichberg
3. Energiesparendes Bauen
4. Kostensparendes Bauen
5. Bauen unter sozialen Themenstellungen:
      Ehem. Boelcke-Areal

Wohnungsbau in Ulm: Beispiele.

Energiesparendes Bauen

Schon 1991 beschloß der Ulmer Gemeinderat ein Förderprogramm zur rationellen Energieanwendung und zum Einsatz erneuerbarer Energien, wie z.B. der Einbau von Photovoltaikanlagen oder von Solarkollektoren. Seit 1.1.1996 wird zudem in privaten Photovoltaikanlagen hergestellter Strom kostendeckend vergütet. Im April 1993 wurden in Ulm die Grenzwerte für die Wärmedämmung im Hochbau gegenüber der WSchVO 1982 drastisch verschärft. Seit Dezember 1996 ist für alle von der Stadt Ulm vergebenen Baugrundstücke, also nahezu alle Baugrundstücke in Ulm, die Niedrigenergiebauweise verbindlich. Derzeit entsteht auf dem Oberen Eselsberg die derzeit größte deutsche Passivhaus-Siedlung mit insgesamt 113 Wohneinheiten, ein dezentrales Projekt der EXPO 2000.

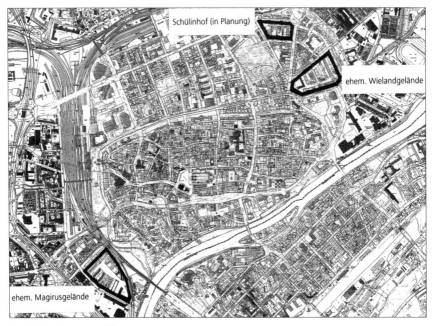

Stadt Ulm: Innenentwicklung.

Barrierefreies Bauen

Neben verschiedenen Modellprojekten zu sozialen Themenstellungen, die derzeit in Ulm erprobt werden, versucht die Stadt Ulm verstärkt auf die zunehmende Überalterung unserer Gesellschaft zu reagieren. Vor diesem Hintergrund beschloß der Gemeinderat im April 1999, daß Geschoßwohnbauten künftig nach DIN 18025 Teil 2 (barrierefreies Bauen) geplant werden müssen. Die Umsetzung dieser Vorgaben erfolgt wie bei den Beschlüssen zur Niedrigenergiebauweise über privatrechtliche Festlegungen in den Grundstücksverträgen.

Wohnungsbau in Ulm: Beispiele

1. Innenentwicklung: Neues Wohnen durch Stadtumbau

Vor dem Hintergrund der zunehmenden Zersiedelung wurden seit Mitte den 80er Jahren erhebliche Anstrengungen unternommen, innerhalb der Stadt liegende Grundstückspotentiale für den Wohnungsbau zu aktivieren. Stand in Ulm anfangs die Neuordnung ehemals gewerblich genutzter Flächen im Vordergrund des Interesses, so verlagerte sich das Augenmerk wie in anderen Städten seit Anfang der 90er Jahre auch auf ehemals militärisch genutzte Areale.

Magirus-Gelände

Die ehemals gewerblich genutzte Fläche wurde nach der städtebaulichen Planung von Prof. Wick, Stuttgart, (1. Preis im Städtebauwettbewerb) in ein Wohnquartier umgewandelt. Anknüpfend an ein vorhandenes, gründerzeitliches Carré entstand seit Mitte der 80er Jahre eine Blockrandbebauung, die sich kammartig zu einem das Quartier querenden grünen Anger öffnet. Eines der interessantesten Projekte in diesem Areal ist der Einbau von Loftwohnungen in das ehemalige Werk 1 der Firma Magirus. Erschlossen werden die von dem Ulmer Architekturbüro Mühlich, Fink und Partner geplanten Wohnungen über hofseitig angeordnete Laubengänge.

Magirus-Gelände.

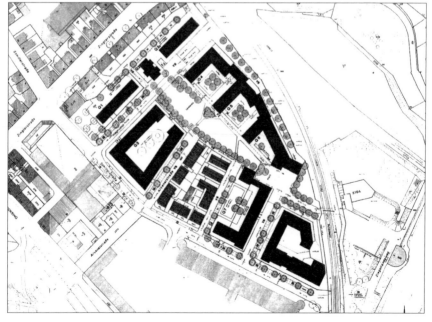

*Loft-Wohnungen im ehem. Werk 1,
A.: Mühlich, Fink und Partner.*

Wieland-Gelände

Die seit Mitte der 80er Jahre entstandene Neubebauung, neben einzelstehenden ‚Stadthäusern' vorwiegend Geschoßwohnbauten, orientiert sich mit ihrer Blockstruktur an den benachbarten gründerzeitlichen Quartieren. Den städtebaulichen Wettbewerb für das ehemals gewerblich genutzte Areal gewann seinerzeit Prof. Wick, Stuttgart. Durch Anordnung der erforderlichen Stellplätze in Tiefgaragen konnten die öffentlichen Räume innerhalb des Quartiers vom Fahrverkehr weitgehend freigehalten werden und bieten eine hohe Aufenthaltsqualität.

Wieland-Gelände.

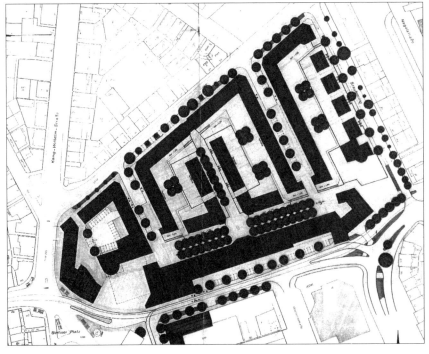

Schülin-Hof

Durch die Verlagerung eines Gewerbebetriebes konnte der Innenbereich eines
gründerzeitlichen Blocks einer neuen Nutzung zugeführt werden. Der Investor
wurde über einen Investorenwettbewerb ermittelt. Die von den Architekten
Mühlich, Fink und Partner (Ulm) geplanten Wohnbauten zeichnen sich durch flexibel nutzbare Grundrisse mit nutzungsneutralen Räumen aus, die den veränderten Wohnbedürfnissen Rechnung tragen. Die Flächen im Erdgeschoß werden teilweise gewerblich genutzt.

Nachverdichtung Mähringer Weg

Beträchtliche Flächenpotentiale können in den Wohngebieten der 50er und 60er
Jahre aktiviert werden. Allerdings stößt auch in Ulm die Nachverdichtung auf wenig Gegenliebe der Anwohner. Ein Beispiel für eine maßvoll und in der Zwi-
schenzeit akzeptierte Nachverdichtung, die von einer umfassenden Aufwertung
des Wohnumfeldes begleitet wurde, sind die von dem Ulmer Büro Heinrich und
Keck geplanten Geschoßwohnbauten im Mähringer Weg.

*Nachverdichtung Mähringer Weg
(Ausschnitt),
A.: Heinrich und Keck.*

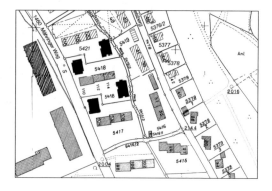

2. Außenentwicklung: Neue urbane Dichte im Wohnungsbau

Siedlung Ochsensteige

Angesichts der begrenzten Ressourcen an Bauland erprobt die Stadt Ulm seit Mitte der 80er Jahre Wohnmodelle, die auf die Schaffung einer neuen urbanen Dichte im Wohnungsbau abzielen. Schwerpunkt dieser Aktivitäten seit Anfang der 90er Jahre war das Wohngebiet am Oberen Eselsberg, in unmittelbarer Nähe zu den expandierenden Forschungs- und Entwicklungseinrichtungen im Umfeld der in den letzten Jahren stark erweiterten Universität. Entsprechend der Wohnungsnachfrage Anfang der 90er Jahre dominiert in diesem auf etwa 5.000 Einwohner angelegten Wohnquartier, ein Wohnungsbauschwerpunkt des Landes Baden-Württemberg, der Geschoßwohnungsbau.

Große Wohnqualität bei hoher Wohndichte (GFZ 1,5) kennzeichnet die von dem Schweizer Büro Antoniol und Huber entworfene Siedlung Ochsensteige auf dem Oberen Eselsberg. Reihenhäuser und Geschoßwohnungen wurden terrassenartig geschickt in den Südhang eingepaßt, sodaß ein vielfältiges Angebot uneinsehbarer individueller Freibereiche entstand. Die PKW-Stellplätze sind in den Untergeschossen untergebracht, so daß die urbanen Gassen eine hohe Aufenthaltsqualität bieten.

*Siedlung Ochsensteige
(Modell und Schnitt),
A.: Antoniol und Huber.*

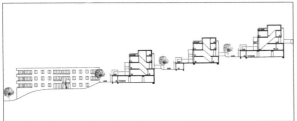

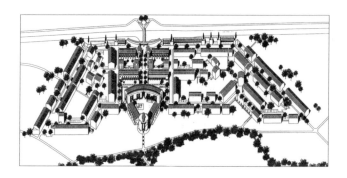

Siedlung Eichberg

Die Schaffung eines eigenständigen kleinen Stadtquartiers mit urbaner Dichte war ein Grundmotiv beim Entwurf der Siedlung Eichberg durch den Schweizer Architekten Rolf Keller (Zumikon). Wenn auch der formale Ansatz der am Stadtrand gelegenen und seit Anfang der neunziger Jahre realisierten Siedlung unterschiedlich bewertet wird, so überzeugt die formale Geschlossenheit des nach der Fertigstellung etwa 550 Wohneinheiten umfassenden Wohnquartiers (GFZ 1,0 – 1,2). Erreicht wurde dieses Siedlungsbild über Gestaltungsworkshops, in dem alle Entwürfe in Zusammenarbeit mit dem Städtebauarchitekten besprochen wurden.

3. Energiesparendes Bauen

Die derzeit größte deutsche Passivhaussiedlung mit 113 Reihenhäusern entsteht derzeit auf dem Oberen Eselsberg, ein registriertes Projekt der EXPO 2000. Die Grundstücke wurden über einen Investorenwettbewerb an neun Investoren vergeben. Die ersten technisch wie gestalterisch interessanten Projekte sind im Bau.

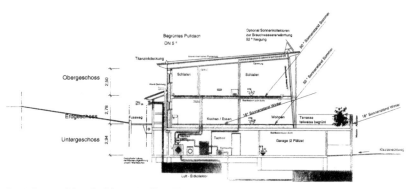

Passivhaus auf dem Eselsberg, A.: Casa Nova.

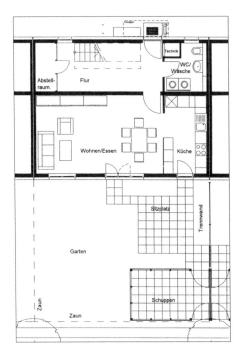

Kostensparender Wohnungsbau in Ulm-Wiblingen, A.: Ziegler.

4. Kostensparendes Bauen

Nach positiven Erfahrungen mit drei Modellprojekten (Geschoßbauten) der städtischen Wohnungsbaugesellschaft UWS, bei denen die reinen Baukosten auf bis zu 1.670,— DM/pro m² Wohnfläche gesenkt werden konnten, wurde versucht, nicht unterkellerte Reihenhäuser von etwa 100 m² Wohnfläche, incl. Carport und Grundstück zu einem Preis von weniger als 300.000,— DM auf den Markt zu bringen. Erreicht werden konnte dies nur unter Optimierung aller kostenrelevanten Faktoren, insbesondere der Erschließungskosten, und ein ganzheitliches Planungs- und Baukonzept (‚Bauteam‘), bei dem vom Städtebau über Hochbau bis zum Tiefbau alle Planungen von Anfang an aufeinander abgestimmt und aus einer Hand realisiert werden. Der Entwurf der insgesamt 184 kostengünstigen Reihenhäuser in Ulm-Wiblingen (Planung: Architekturbüro Ziegler, Ulm) wurde über ein aufwendiges zweistufiges Wettbewerbsverfahren, bei dem gemeinsame Teams aus Architekten und Bauunternehmungen zugelassen waren, ermittelt.

5. Bauen unter sozialen Themenstellungen

Das innenstadtnahe Areal der ehemaligen Boelcke-Kaserne wird derzeit zu einem Wohngebiet umgenutzt. In dem derzeit nach der städtebaulichen Planung von Jo Frowein, Stuttgart, (1. Preis im Städtebauwettbewerb) entstehenden Wohnquartier,

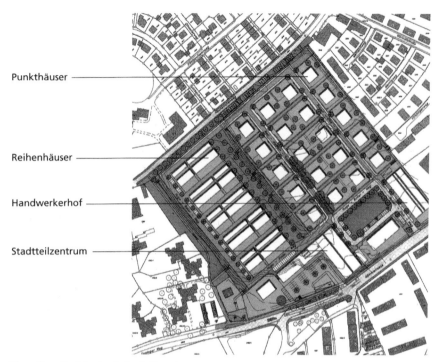

Punkthäuser ──────

Reihenhäuser ──────

Handwerkerhof ──────

Stadtteilzentrum ──────

Ehemaliges Boelcke-Areal, A.: Jo Frowein.

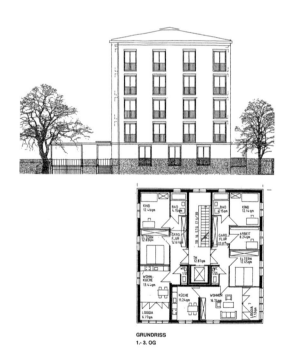

GRUNDRISS
1.- 3. OG

Punkthaus, A.: Jo Frowein.

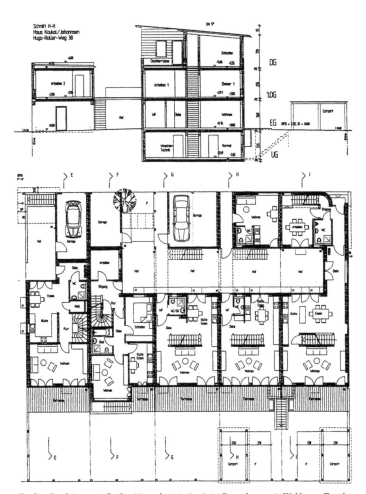

Einfamilienhäuser in Reihe (Ausschnitt), A.: Anja Stemshorn mit Wolfgang Traub.

werden u. a. Modellprojekte zu den Themen „Integriertes Wohnen" sowie „Wohnen und Arbeiten" durchgeführt. Die Wohnungsgrundrisse der von der städtischen Wohnungsbaugesellschaft UWS nach den Plänen von Jo Frowein, Stuttgart, errichteten Punkthäuser zeichnen sich durch nutzungsneutrale Räume mit zentraler Wohnküche aus. Neben den rasterförmig angeordneten Würfeln der Punkthäuser (Kantenlänge 15 m) sind Reihenhauszeilen mit bis zu vier Geschossen vorgesehen. Die Grundstücke werden an einzelne Nutzer vergeben und im Rahmen von Bauherrengemeinschaften errichtet. Die Häuser können individuell auf die Nutzer zugeschnitten werden. Im vorliegenden Beispiel (Architekten: Anja Stemshorn mit Wolfgang Traub) konnten gewerblich nutzbare, bei Bedarf auch abkoppelbare Raumeinheiten den Wohnungen über einem kleinen Innenhof zugeordnet werden. Individuell geplante Einfamilienhäuser in Reihenbebauung sind eine verfolgenswerte, flächensparende Alternative zum traditionellen freistehenden Einfamilienhaus.

Wolf Beyer

Wohnen im Plattenbau – das Beispiel Schwedt/Oder

Veränderte Rahmenbedingungen – veränderte Planungsziele

Problemlage

Wohnen im Plattenbau gehört in Ostdeutschland zur Normalität.

In der ehemaligen DDR war die Lösung der Wohnungsfrage als soziales Problem ein erklärtes Ziel der Staatsführung. Jedem Haushalt sollte eine Wohnung mit gewissem Mindeststandard zur Verfügung gestellt werden. Dieses Ziel ließ sich nur durch Massenfertigung im industriellen Wohnungsbau verwirklichen. Der Eigenheimbau spielte mit einem Anteil von weniger als zehn Prozent eine untergeordnete Rolle. Aus Kostengründen wurden die Flächen je Wohnung im Laufe der Zeit immer weiter reduziert. Dennoch waren die Wohnungen aufgrund des vergleichsweise hohen Ausstattungsstandards (insbesondere Fernheizung) durchaus begehrt.

Bevorzugte Standorte für den Plattenwohnungsbau waren neben Berlin-Ost alle Bezirksstädte (im Falle des Landes Brandenburg demzufolge Potsdam, Cottbus und Frankfurt/Oder), Kreisstädte und Standorte, auf denen planmäßig Großbetriebe der Industrie angesiedelt wurden. So entstanden große Wohnsiedlungen, in der Regel in Randlage der historischen Stadtanlagen, so dass sich oft der Bevölkerungsschwerpunkt der Stadt in diese Wohngebiete verlagerte.

Landesgruppe Berlin-Brandenburg

Im Land Brandenburg existiert eine Vielzahl von Städten, deren Entwicklungsimpulse von der Ansiedlung der Großbetriebe ausgingen und deren Bevölkerungszahl stark zugenommen bzw. sich sogar vervielfacht hat. Beispiele dafür sind u.a. Schwedt/Oder, Eisenhüttenstadt, Lübbenau, Ludwigsfelde, Hennigsdorf und Wittstock. Allen gemeinsam ist, dass sie aufgrund der konzentrierten Ansiedlung überwiegend junger Familien eine einseitige Bevölkerungsstruktur aufweisen, die künftig zu überdurchschnittlichen Alterungstendenzen führen wird.

Zum anderen haben die Großwohnsiedlungen heute mit Imageproblemen zu kämpfen, sie weisen oft überdurchschnittlichen Wohnungsleerstand auf, sind häufig von besonders hoher Arbeitslosigkeit betroffen, und es bedarf großer Anstrengungen und unterschiedlicher Strategien, um sie auch in Zukunft als Wohnstandort attraktiv zu gestalten.

Betroffen sind im Land Brandenburg rund 370.000 Wohnungen, die industriell gefertigt wurden, immerhin rund zwei Drittel der insgesamt etwa 591.000 Wohnungen in Mehrfamilienhäusern.

41 Prozent der Plattenbauten befinden sich in 28 randstädischen Großsiedlungen mit jeweils mehr als 2500 Wohneinheiten.(1) Mit einem Anteil von 95 Prozent in Plattenbauweise errichteter Wohnungen focussieren sich in der Stadt Schwedt/Oder die Probleme der Großwohnsiedlungen.

Ausgangslage

Die Stadt Schwedt/Oder ist ein typisches Beispiel für die planmäßige Ansiedlung der Großindustrie in einem ansonsten ländlich geprägten Gebiet, wie sie in der DDR vielfach betrieben wurde. Im Falle von Schwedt/Oder war es ein Erdölverarbeitungswerk, das spätere ‚Petrolchemische Kombinat‘ (PCK), das aufgrund seiner Lage im Osten günstig für den Anschluss an die Erdölpipelines aus der Sowjetunion lag, sowie eine Papier- und Kartonfabrik mit Anbindung an das Wasserstraßennetz als Transportweg. Beide Betriebe wurden kurz nach 1960 „auf der grünen Wiese" errichtet. Das PCK war 1987 mit 8.573 Arbeitskräften der viertgrößte Industriebetrieb im heutigen Land Brandenburg. Hinzu kamen die Papierfabrik mit 1.824 Arbeitskräften und eine Schuhfabrik mit 1.125 Arbeitskräften. Damit waren zu diesem Zeitpunkt über 11.500 Personen in diesen drei Betrieben beschäftigt.

Vor dieser Ansiedlung der Großindustrie spielte Schwedt/Oder als Garnisonsstadt und als Standort der Tabakindustrie eine Rolle. Nachdem die Stadt kurz vor Ende des Zweiten Weltkrieges zu 80 Prozent zerstört worden war, betrug die Einwohnerzahl 1945 nur noch etwa 6.000 Personen (1939 : 11.176 Einwohner).

---

(1) Vergl. Thomas Thurn: „Guben/Gubin im europaweiten Wettbewerbsverfahren ‚Europan 5‘: Eigenheime am Plattenbaugebiet", in MSWV aktuell 02/98

In den sechziger Jahren begann ein rasches Bevölkerungswachstum im Zusammenhang mit einem umfangreichen Wohnungsbauprogramm für die Arbeitskräfte der Großbetriebe und weiterer Ansiedlungen (z.B. Baubetriebe). Die Planungen für einen völligen Umbau des Stadtgrundrisses in den sechziger Jahren gingen noch von architektonisch abwechslungsreichen Gebäuden und Straßenräumen aus. Mit dem Übergang zur Blockbauweise und später zur Plattenbauweise wurden diese frühen Planungen verändert, wesentlich erweitert und neugefaßt. Zunächst waren Anfang der sechziger Jahre im direkten Umfeld der Altstadtbereiche der Stadtteil ‚Zentrum' und zum Ende der Dekade der Stadtteil ‚Neue Zeit' errichtet worden.

Von 1970 bis 1989 wurden auf der Oberen Talsandterrasse die Stadtteile ‚Talsand', ‚Am Waldrand' und ‚Kastanienallee' auf der bis dahin grünen Wiese geschaffen, die mit rund 11.000 Wohnungen etwa die Hälfte des gesamten Wohnungsbaues der Stadt ausmachen.

Infolge des mit der Industrialisierung verbundenen Wohnungsbaus stieg die Bevölkerungszahl bis 1980 auf fast 55.000 Personen an. 1989 waren es noch 52.569 Einwohner. Da bei den planmäßigen Industrieentwicklungen der DDR in der Regel überwiegend junge Familien angesiedelt wurden, war das Durchschnittsalter der Bevölkerung extrem niedrig. Schwedt/Oder war eine der ‚jüngsten' Städte der DDR (1970 waren 35 Prozent der Bevölkerung im Kindesalter und nur 5 Prozent im Rentenalter).

Entwicklung nach 1990

Die Anpassung an die marktwirtschaftlichen Bedingungen der Bundesrepublik waren mit einem tiefgreifenden Strukturwandel verbunden. Die regionale Strukturpolitik des neugegründeten Landes setzte auf die Erhaltung und Modernisierung der wirtschaftlichen Kerne der ehemaligen DDR-Kombinate und die Förderung industrieller Großinvestitionen. Diese Ziele konnten in Schwedt/Oder im wesentlichen erreicht werden. Die Privatisierung der industriellen Kerne ist gelungen, ein Großinvestor der Papierindustrie (Haindl) konnte angesiedelt werden, und im Umfeld der Großbetriebe hat sich ein Kranz kleinerer Betriebe, die teils durch Ausgliederung aus den alten Kombinaten, teils durch Neugründung entstanden sind, niedergelassen.Mit etwa 1000 Beschäftigten in vier eigenständigen Papiererzeugungs-und Verarbeitungsbetrieben gehört Schwedt/Oder zu den größten Papierstandorten Deutschlands.

Dennoch ging mit dieser Entwicklung ein starker Abbau von Arbeitsplätzen einher. Langfristig wird in den großen Industriekomplexen eine Beschäftigungszahl von maximal 5.000 Personen erwartet, d.h. weit weniger als die Hälfte der ursprünglichen Arbeitskräfte. 1998 waren im verarbeitenden Gewerbe 4.064 Personen beschäftigt. Als Folge des drastischen Arbeitsplatzabbaues stieg die Anzahl der Arbeitslosen stark an:

	1990	1991	1992	1993	1994	1995	1996	1997
Arbeitslose	1.417	3.431	4.546	5.454	4.802	4.959	5.379	7.620
Arbeitslosen-quote in Prozent	5	12	18	21	19	20	22	26

1998 ist die Arbeitslosenquote überwiegend durch ABM-Maßnahmen auf 22,4 Prozent zurückgegangen.

Bevölkerungsentwicklung

Der Arbeitsplatzabbau ist eine wesentliche Ursache für anhaltend hohe Wanderungsverluste der Stadt seit 1989, wenn auch bereits in der zweiten Hälfte der achtziger Jahre die Wanderungsbilanz der Stadt stets negativ war. Hinzu kommt als Ursache der Abwanderung der Anfang der neunziger Jahre auch in Schwedt/Oder einsetzende Suburbanisierungsprozess.

Allerdings darf die Abwanderung in das Umland auch nicht überbewertet werden. Zwar sind von 1991 bis 1997 insgesamt 3.774 Schwedter Bürger in die 58 Gemeinden der angrenzenden Ämter gezogen, gleichzeitig wählten aber auch 2.247 aus diesen Umlandgemeinden die Stadt Schwedt/Oder als Wohnsitz. Per Saldo verlor also die Stadt 1.527 Personen an ihr Umland. Das ist nur ein Viertel des Gesamtwanderungsverlustes von − 6.218 Personen in diesem Zeitraum. Der größte Teil davon betraf andere Bundesländer (− 3.696 Personen) sowie Berlin (− 1.079 Personen).

Wanderungsbeziehungen der Stadt Schwedt/Oder vom 1. 1. 1991 bis 31. 12. 1997

	Zuzüge	Fortzüge	Saldo
Gemeinden des Landes Brandenburg	5.217	6.930	- 1.713
davon angrenzende Ämter (58 Gemeinden)	2.247	3.774	- 1.527
Berlin	571	1.650	- 1.079
übrige Bundesländer	3.325	7.021	- 3.696
Ausland	2.269	1.999	270
insgesamt	11.382	17.600	- 6.218

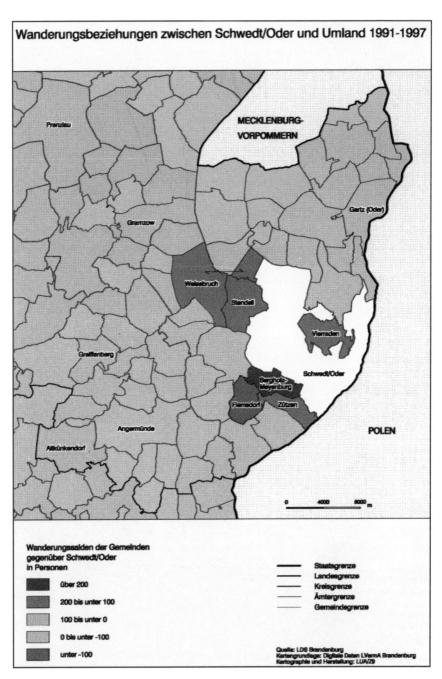

Wanderungsbeziehungen zwischen Schwedt/Oder und Umland 1991-1997

Wanderungssalden der Gemeinden
gegenüber Schwedt/Oder
in Personen

- über 200
- 200 bis unter 100
- 100 bis unter 0
- 0 bis unter -100
- unter -100

Staatsgrenze
Landesgrenze
Kreisgrenze
Ämtergrenze
Gemeindegrenze

Quelle: LDS Brandenburg
Kartengrundlage: Digitale Daten LVermA Brandenburg
Kartographie und Herstellung: LUA/Z9

Der Wanderungsverlust der Stadt an die angrenzenden Ämter verteilt sich auf eine größere Anzahl von Gemeinden. Lediglich die Gemeinde Berkholz-Meyenburg verdankt ihre Bevölkerungszunahme von 340 Einwohnern im Jahre 1990 auf 922 Einwohner im Jahre 1997 im wesentlichen den Zuwanderungen aus der Stadt Schwedt/Oder.

An vier weitere Gemeinden verlor die Stadt von 1991 – 1997 mehr als 100 Personen:

Berkholz-Meyenburg - 612 Personen
Vierraden - 151 Personen
Zützen - 134 Personen
Welsebruch - 118 Personen
Stendell - 109 Personen

Überlagert wird die negative Wanderungsbilanz von Schwedt/Oder seit 1992 mit Gestorbenenüberschüssen. Im Jahre 1992 lag die Zahl der Gestorbenen erstmalig höher als die Zahl der Geborenen. Seitdem verliert die Stadt jährlich über 100 Personen durch diese natürlichen Faktoren. Aus natürlicher und räumlicher Entwicklung ergibt sich folgende Gesamtbevölkerungsentwicklung:

In den einzelnen Stadtteilen vollzog sich die Bevölkerungsentwicklung sehr differenziert. Während in den innerstädtischen, älteren Siedlungsbereichen (Zentrum, Neue Zeit) der Bevölkerungsrückgang zwischen 1993 und 1997 etwa 1.100 Personen betrug und die Ortsteile Heinersdorf, Blumenhagen, Kunow und Gatow leichte Gewinne hatten, betrug der Rückgang in den Plattenbausiedlungen der oberen Talsandterrasse (Talsand, Am Waldrand, Kastanienallee) etwa 5.000 Personen.

Schon in den siebziger und achtziger Jahren waren stets Familien aus den neugebauten Wohnungen der oberen Talsandterrasse in die innerstädtischen, älteren Siedlungsbereiche gezogen, die städtebaulich attraktiver waren. Dieser Prozess hat sich nach 1990 verstärkt, da im Zentrum durch Fortzüge zunehmend Woh-

Bevölkerungsentwicklung der Stadt Schwedt/Oder

Quelle: LDS Brandenburg

nungen frei wurden, die nun von den Bewohnern der Plattenbausiedlungen bezogen werden.

Der Altersaufbau der Wohnbevölkerung der Stadt Schwedt/Oder ist gegenüber den meisten anderen Städten im Land Brandenburg durch eine Reihe von Besonderheiten charakterisiert, die sich insbesondere aus den massiven Ansiedlungen in den sechziger und siebziger Jahren ergeben.

An der Alterspyramide 1997 lässt sich folgendes ablesen:
• die Jahrgänge über 65 Jahre sind noch sehr gering besetzt,
• die 55 bis 65-jährigen sind überproportional vertreten (Ansiedlungsgeneration der sechziger Jahre),
• die Geburtenausfälle des Zweiten Weltkrieges, der sog. ‚Pillenknick‘ und der ‚Wendeknick‘ sind als Einschnitte deutlich zu erkennen.

Im Vergleich mit anderen Städten des Landes hat Schwedt/Oder auch 1997 noch den höchsten Anteil im erwerbssfähigen Alter. Im Anteil des Kindesalters liegt die Stadt in der Spitzengruppe. Andererseits gibt es keine Stadt, die einen geringeren Anteil im Rentenalter hat.

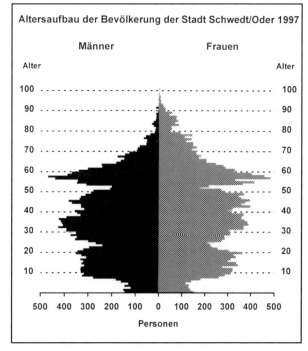

Quelle: LDS Brandenburg

Landesgruppe Berlin-Brandenburg

Anteil der Altersgruppen an der Bevölkerung insgesamt in Prozent

	0 bis unter 15 Jahre		15 bis unter 65 Jahre		über 65 Jahre	
	1990	1997	1990	1997	1990	1997
Land Brandenburg	20,5	15,4	67.4	70,6	12,1	14,0
Stadt Schwedt/Oder	22,4	15,8	71,1	74,2	6,5	10,0
Platzziffer unter 46 ausgewählten Städten	5	8	4	1	46	46

Das Hineinwachsen stark besetzter Jahrgänge in das Rentenalter in den nächsten Jahren und Jahrzehnten bedeutet allerdings auch, dass sich die Stadt bei weiterer Abwanderung jüngerer Altersgruppen in Zukunft mit gravierenden Veränderungen der Altersstruktur auseinanderzusetzen hat.

Die aktuelle Bevölkerungsprognose des Landesumweltamtes, die auf der Basis 1997 gemeinsam mit dem Landesamt für Datenverarbeitung und Statistik erarbeitet wurde, weist z.B. im Kindesalter einen Rückgang von 7.000 Personen (1997) auf 3.000 Personen im Jahre 2015 aus. Das ist der zweithöchste Rückgang unter den berechneten 46 Städten.

Auch die Abnahme der Personen im erwerbtsfähigen Alter von 33.000 (1997) auf 19.300 (2015) ist extrem hoch. Andererseits ist bei den Personen im Rentenalter mit einer Zunahme um 82 Prozent zu rechnen (4.500 auf 8.100 Personen).

Das bedeutet, dass die zur Zeit noch sehr günstige Altersstruktur in den nächsten zwei Jahrzehnten Veränderungen erfahren wird, die zu einem extrem geringen Anteil an Personen im Kindesalter und im erwerbsfähigen Alter und zu einem der höchsten Anteile im Rentenalter unter den 46 ausgewählten Städten führen werden. Das wiederum hat Auswirkungen auf die Haushaltsstruktur und damit auf den Wohnungsbedarf.

Städtebauliche Konsequenzen

Als Folge der Abwanderungstendenzen der Bevölkerung übersteigt das Wohnungsangebot der Stadt den Bedarf inzwischen beträchtlich. Der gesamtstädtische Wohnungsleerstand betrug 1998 mehr als 2.700 Wohnungen.Etwa 2.300 Wohnungen betreffen den industriell gefertigten Bestand der Oberen Talsandterrasse. Dort steht fast ein Viertel der Wohnungen leer.

	Schwedt/Oder insgesamt	davon Obere Talsandterrassen
Wohnungsbestand 1998	21.762	9.845
davon Leerstand	2.735 (13 Prozent)	2.332 (24 Prozent)

Städtebaulicher Rahmenplan, 1. Stufe, ‚Obere Talsandterrasse'.

Die räumliche Verteilung des Leerstandes scheint sich dabei nicht eindeutig auf städtebauliche Ursachen zurückführen zu lassen. Besonders vom Leerstand betroffen sind die Hochhäuser (ein Drittel der Wohnungen nicht vermietet), Wohnungen im Erdgeschoss bzw. Sockelgeschoß sowie die oberen Etagen der 5- und 6-Geschosser (ohne Fahrstuhl).

Die Stadtverwaltung ist sich der Problemlage bewusst, insbesondere was die Neubauquartiere auf der Oberen Talsandterrasse betrifft. Bereits 1991 wurden in einem Gutachten erste Umgestaltungsvorschläge für den Stadtteil Talsand gemacht.

Eine Analyse zur Wohnzufriedenheit im Jahre 1992 bestätigte die Erwartung, dass die Wohnzufriedenheit in den Stadtteilen der Oberen Talsandterrasse am geringsten ist.

Weitere Maßnahmen sind der Entwurf eines Bereichsentwicklungsplanes für den Stadtteil ‚Am Waldrand' im Jahr 1994 und eine Wohnungsbedarfsprognose 1995. 1996 wurde die Neuerstellung des Flächennutzungsplanes beauftragt. Die Beteiligung der Träger öffentlicher Belange ist inzwischen abgeschlossen worden. Zur Zeit wird die Abwägung der Anregungen und Bedenken vorbereitet. Ziel ist die Genehmigungsreife bis Anfang des Jahres 2000.

Da die konventionellen Maßnahmen, wie bauliche Maßnahmen im und am Objekt, Wohnumfeldmaßnahmen und wohnungswirtschaftliche Maßnahmen in Schwedt/Oder offensichtlich nicht ausreichen, wurde seit 1997 untersucht, wie das besondere Städtebaurecht (§§ 136-164 BauGB) als Instrumentarium anwendbar ist.

Inzwischen ist das Sanierungsgebiet, das einen großen Teil des Gebietes ‚Obere Talsandterrassen' mit etwa 80 Hektar umfaßt, als Sanierungsgebiet förmlich festgelegt worden.(2)

Die Sanierungsziele, die aus den vorbereitenden Untersuchungen abgeleitet wurden, werden nun schrittweise in die Praxis umgesetzt. Ein wichtiges Ziel besteht darin, den Wohnungsüberhang durch gezielten Abriß an den städtebaulich gewünschten Stellen zu steuern, um den Gefahren sozialer Segregation zu begegnen.

Zunächst wird dabei der Hochhausanteil städtebaulich verträglich reduziert. Die zum Teil mehr als 100 Meter langen elfgeschossigen ‚Wohnscheiben' mit über 30 Prozent Leerstand, hohen Betriebs- und Sanierungskosten, extremer Dichte u.a. werden größtenteils abgerissen. Mit den ersten 220 Wohnungen in der Leverkusener Straße wurde begonnen. Weitere 248 Wohnungen werden bis Ende 1999 folgen. Längerfristig ist auch der flächenhafte Rückbau von 5- bis 6-geschossigen Gebäuden in Randlage vorgesehen. Insgesamt wird der Abriß von etwa 2700 Wonungen ins Auge gefaßt.

Ein weiteres Sanierungsziel besteht in der Schaffung einer bedarfsgerechten Wohnungsstruktur. Die Notwendigkeit dafür ergibt sich aus dem hohen Bestand an 3-Raum-Wohnungen (53 Prozent), bei denen die Leerstandsquote von 19,2 Prozent auf ein deutliches Überangebot hinweist. Auch bei den 1-Raum-Wohnungen fehlt die Nachfrage.

Hier soll durch Wohnungszusammenlegungen und Grundrißveränderungen gegengesteuert werden. Bei den Wohnungszusammenlegungen, die sowohl in einer Ebene als auch über zwei Ebenen erfolgen können, sind bisher 30 bis 40 realisiert worden. Für etwa doppelt so viele liegen Anträge vor. Es wird eingeschätzt, daß auf diese Weise bis zu 500 Wohnungen reduziert werden können.Als Anreiz werden den Mietern dabei finanzielle Vergünstigungen gewährt.

---

(2) Vergl. Hölscher Schmitz: Obere Talsandterrassen – Bericht zu den vorbereitenden Untersuchungen und städtebauliche Rahmenplanung.

Ansicht eines Plattenbaus.

Zu beachten ist auch der Alterungsprozeß der Wohnbevölkerung, der bereits jetzt zu Defiziten im Bereich der alten- und behindertengerechten Wohnungen führt und auf die der Wohnungsmarkt reagieren muß. Darüber hinaus führen Arbeitslosigkeit und Vorruhestand zu zunehmender Anwesenheit im Wohngebiet mit der Folge eines drastischen Anstiegs des Betätigungs-, Betreungs- und Beratungsaufwandes. Dieser Tendenz soll durch entsprechende sozial-kulturelle Angebote Rechnung getragen werden.

Neben diesen exemplarisch beschriebenen Sanierungszielen gibt es ein ganzes Bündel weiterer Maßnahmen, die beispielsweise die sinnvolle Nachnutzung freiwerdender Siedlungsflächen sowie Erschließungs- und Verkehrsmaßnahmen, Einrichtungen des Gemeinbedarfes u.a. betreffen.

Der gewählte Ansatz einer flächenhaften Neuordnung läßt sich dabei in sinnvollen Abschnitten realisieren und ermöglicht gegebenenfalls notwendige Kurskorrekturen, ohne das Konzept insgesamt zu gefährden. Es dürfte deshalb interessant sein, die Entwicklung der Stadt Schwedt/Oder weiter zu beobachten. Die gesammelten Erfahrungen sind sicher für eine Reihe von Städten mit ähnlich gelagerten Problemen nützlich.

Rolf Eggeling

Berlin

Veränderte Rahmenbedingungen – veränderte Planungsziele

Seit dem Beschluss über den Flächennutzungsplan im Jahre 1994 haben sich auch für Berlin einige Entwicklungstrends verändert bzw. sind neue Einschätzungen über mittelfristige Bedarfsannahmen entstanden. So sind die in den letzten Jahren leicht rückläufige Bevölkerungsentwicklung mit zunehmenden Wanderungsverlusten gegenüber dem Brandenburger Umland, der weitergehende Beschäftigungsabbau im produzierenden und verarbeitenden Gewerbe sowie die Freisetzung von bisher genutzten Flächen (z. B. der Ver- und Entsorgung) zu berücksichtigen.

Ferner haben fehlende staatliche Finanzierungs- und Fördermittel sowohl die öffentliche Stadterneuerung, die Sanierung der Grosssiedlungen als auch den bislang in Berlin immer noch erheblichen Sozialen Wohnungsbau merkbar eingeschränkt.

Es zeichnet sich zum einen ab, daß die für den Wohnungsbau zur Verfügung stehenden Flächen sich vergrößert haben und zum anderen die Inanspruchnahme der Potentiale sich über einen längeren Zeitraum erstrecken wird als bisher erwartet. Ansatzweiser Leerstand wird von einer größeren Zahl von abgestimmten städtebaulichen Konzepten ergänzt, die aus planungs- und eigentumsrechtlichen Aspekten sofort gebaut werden könnten.

Auch ‚Sickereffekte‘ der nachholenden Suburbanisierung bedingen in einfachen Lagen der Inneren Stadt eine Zunahme von Segregation, die neben örtlicher sozialer Probleme einen gefährlichen Image-Verlust für weitere Stadträume nach sich ziehen kann.

Der im Entwurf vorliegende Stadtentwicklungsplan Wohnen formuliert für drei räumliche Felder (1., 2., 3.) und drei strategische Aspekte (A., B., C.) neue bzw. wesentlich veränderte Planungsziele. Dieser geht trotz stagnierender Bevölkerungszahl bedingt durch Haushaltsteilungen, Ersatzbebedarf, Zweckentfremdung und Zusammenlegung von Wohnungen bis zum Jahr 2010 von einem zusätzlichen Wohnungsbedarf von 150 000 Wohnungen aus.

1. Bestandspflege und -entwicklung

Maßnahmen im Bestand haben als oberstes Ziel die Qualifizierung sozial und funktional gemischter Quartiere einschließlich der Erhaltung eines hohen Anteils an preiswerten Wohnungen. Im innerstädtischen Altbau sollen Selbsthilfe sowie genossenschaftliche und eigentumsorientierte Besitzformen unterstützt werden. Sowohl in der Innenstadt als auch in den Großsiedlungen ist der öffentliche Raum zu verbessern; in den Großsiedlungen darüber hinaus die Entwicklung neuer differenzierter Wohnformen mit einem bedarfsgerechten Umbau von Infrastruktureinrichtungen zu koppeln.

2. Umbau, Konversion, Reurbanisierung

Bislang vernachlässigte Stadträume sind besonders dort zu (re)urbanisieren, wo sie zur Stärkung angrenzender Bestands-Quartiere beitragen. Der Umbau bisher gewerblich oder infrastrukturell genutzter Bausbstanz kann zu besonderer Attraktivität und zur Stabilisierung historischer Siedlungskerne beitragen. In diesen Gebieten soll neben Städtebaulichen Verträgen das sonstige Besondere Städtebaurecht eingesetzt sowie Planung, Erschließung und Förderung Vorrang eingeräumt werden.

3. Gartenbezogenes Wohnen

Um dem Berliner Nachholbedarf zu entsprechen und der Stadt/Umland-Wanderung begrenzt entgegenzusteuern, sollen zur Stärkung des gartenbezogenen Wohnens für einfamilienhausähnliche Wohnformen vorrangig kleinteilige Neubau-Vorhaben mobilisiert werden: dies ist in Verbindung mit hochwertigen Bestandsgebieten, aber auch als Arrondierung und Verdichtung bereits erschlossener sonstiger Siedlungsgebiete ohne großen zusätzlichen Flächenverbrauch möglich. Die Realisierung dieser städtischen Wohnformen ist mit einer Qualifizierung von öffentlichen Räumen sowie mit der Verbesserung bzw. besseren Ausnutzung der vorhandenen Infrastruktur zu koppeln.

A. Stufenplanung

Die neuen Bedarfsannahmen bedingen eine Überprüfung und Neubewertung der Wohnungsbau-Potentialkulisse des Flächennutzungsplanes. Von einer umfangreichen Änderung des FNP soll abgesehen werden, um für einen langfristigen Planungszeitraum Spielräume bei einer Veränderung der Bedarfsentwicklung (z.B. außergewöhnliche Zuwanderung) offenzuhalten. Es ist im Einzelnen aufzuzeigen, welche Flächen prioritär zu entwickeln sind: einerseits mit den restlichen öffentlichen Mitteln, andererseits im Rahmen der Marktfähigkeit besonders attraktiver Lagen. Einher damit geht die Aktualisierung der im Flächennutzungsplan dargestellten nachrangigen (Reserve-)Standorte bzw. Standort-Teilflächen.

B. Privatisierung/Eigentumsquote

Wesentliches Ziel einer veränderten Wohnungs‚bau‘politik ist insbesondere in der Mieterstadt Berlin die Steigerung der Eigentumsquote: dies soll zur Identifikation mit dem Kietz sowohl durch sozialverträgliche Bildung von Wohnungseigentum im Bestand als auch in innerstädtischem Geschoßneubau erfolgen. Bereitstellung von Bauland in attraktiven Lagen könnte Nutzungsmischungen in Öffentlich-Privater-Partnerschaft befördern und über Städtebauliche Verträge auch dem Wohnen seinen Anteil sichern.

C. Qualitativ hochwertige Lagen

Der Nachfrage nach stadt- und landschaftsräumlich reizvollen Lagen kann in Berlin in verstärktem Umfang nur nachgekommen werden, wenn Umnutzungen insbesondere an den Wasserläufen erfolgen. Bisher gewerblich genutzte Flächen sowie aufzugebende Infrastrukturen könnten den steigenden Bedarf nach Standorten mit hohem Wohnwert teilweise decken. Eine Chance, das Potential erheblich zu verstärken, besteht in einer strikten innerstädtischen Nutzungsmischung und einer damit einhergehenden Verbesserung des öffentlichen Raumes zugunsten seiner Aufenthaltsqualität und Originalität.

Es ist im Sinne einer langfristigen Bedarfsvorsorge nicht sinnvoll, sich konjunkturellen Schwankungen anzupassen.Mittelfristige Änderungen dürfen nicht zu einer Einengung der Entwicklungsperspektiven Berlins und deren planerischer Vorsorge führen.

Urs Kohlbrenner

Umgang mit Großsiedlungen

In Berlin leben rund 650.000 Menschen in den Großsiedlungen, 1.000.000 in der sogenannten Platte – d. h. die Hälfte aller Ostberliner. Berlins Mitte für das Wohnen liegt am Rand. Wem ist das schon bewusst?

Nur so ist erklärbar, warum kurz nach der Wende auch in Berlin über den Abriss der Großsiedlungen diskutiert wurde. Verfolgt wurde jedoch eine Strategie der Vervollständigung und Reparatur, die auch mit erheblichen öffentlichen Mitteln gefördert wurde (Wärmedämmung, Wohnungsmodernisierung, Umfelderhaltung). In den Gebieten wurden unterschiedliche Schwerpunkte je nach Ausgangslage und Unternehmensstrategie gesetzt. Heute wird sichtbar, dass sich in den Großsiedlungen eine zweite Schicht um die Platte zu legen begonnen hat. Neueste Umfragen zeigen, dass sich die Anstrengungen in der Zufriedenheit der Bewohner bemerkbar machen. So sind z. B. in Hellersdorf 96 Prozent, in Hohenschönhausen 79 Prozent der Bewohner der Auffassung, dass sich seit der Wende ihre Lebensqualität verbessert hat (im Westteil der Stadt um 40 Prozent).

Dies darf nicht darüber hinwegtäuschen, dass zur Sicherung der Vermietbarkeit und der Bausubstanz weitere Anstrengungen erforderlich sind. Die zunehmenden Leerstände stellen für alle Großsiedlungen eine Herausforderung dar, nicht nur für die Wohnungsbaugesellschaften, auch für die Stadtentwicklung.

1.

Die bisherigen Erfahrungen haben gezeigt, dass es falsch ist, gegen die innere Logik der Siedlungsstruktur zu bauen. Es geht darum, vorhandene Siedlungsstruktur und Gestalt zu ergänzen und zu qualifizieren.

Die vorhandene Weite und Offenheit der räumlichen Konzeptionen ist ein Qualitätsmerkmal, das von den Bewohnern geschätzt wird. Das ruhige Wohnen am Rand der Stadt mit schnellen Verbindungen in die städtischen Kerne und die Nachbarschaft zur Landschaft sind für viele Berliner eine erstrebenswerte Wohnform- sie suchen keine Urbanität im üblichen Sinne. Der Stellplatz in der Nähe der Wohnung ist wichtiger.

Die Siedlungen sind gestalterisch nicht so monoton wie das ungeübte Auge glaubt. Die Bewohner sehen auch im nicht umgestalteten Bestand Unterschiede. Ohne Verbesserung des Gebrauchswertes sind Umgestaltungsmaßnahmen i.d.R. nicht zu rechtfertigen.

2.

In Anbetracht der anstehenden Probleme sind nunmehr folgende Schwerpunkte zu setzen:

• Innere Flexibilisierung der Bestände.
Verbreiterung des oft einseitigen Wohnungsschlüssels durch Wohnungszusammenlegung.
Erfinden und Vermarkten von neuen substanzadäquaten Wohnformen.
Neue Vermietungskonzepte und Eigentumsformen.
Zulassen von neuen (nicht störenden) Nutzungen.
Aktive Kultur- und Gemeinwesenarbeit, um Akzeptanz des Neuen (Zuzügler, Nutzungen) zu erhöhen und Perspektiven für Zuziehende zu eröffnen.

• Qualifizierung des öffentlichen Raums und der öffentlichen Einrichtungen.
In den Großsiedlungen besteht inzwischen eine sichtbare Differenz zwischen dem Erscheinungsbild der erneuerten Wohngebäude und Freiflächen und den öffentlichen Einrichtungen von den U-Bahnhöfen über die Schulen bis zu den Freiflächen und Straßen.
Wird hier nicht nachgezogen, kann die (öffentlich geförderte) Erneuerung auf den privaten Flächen gar nicht zum Tragen kommen.

• Städtebauliche Ergänzung.
In Zukunft nicht mehr benötigte Flächen der sozialen Infrastruktur bieten ein Potential für die funktionale Ergänzung bis hin zum Wohnungsbau mit Angeboten, die in der vorhandenen Baustruktur nicht möglich sind.
Punktuell können hierfür auch städtebauliche Arrondierungen vorgenommen werden, so dass Hellersdorfer in Hellersdorf wohnen bleiben können.
In Einzelfällen können auch städtebauliche Defizite im Bestand, z. B. der verbaute Bezug zur Landschaft, durch Rückbau oder Abriss behoben werden.

Alle diese Ansätze können aber nur zum Tragen kommen, wenn die Stadt durch ihre verschiedensten Förderaktivitäten sich nicht selbst Konkurrenz macht und eine mit den Umlandgemeinden abgestimmte Entwicklung auch umgesetzt wird.

Friedemann Kunst

Themenfeld Wohnungsneubau

Einschneidende Änderungen bei wichtigen wohnungspolitischen Rahmenbedingungen haben bei der Neuproduktion Richtungsänderungen in dreifacher Hinsicht bewirkt:

- Bauen in großer Zahl und im städtebaulich großen Maßstab („Neue Vorstädte') ist durch zunehmend kleinere, an der Nachfrage orientierten Projekte ersetzt worden; Vorratsbau wird kaum noch betrieben.

- Mietwohnungsbau in mehrgeschossigen Häusern ist zur Ausnahme geworden, während eigentumsfähiger Wohnungsbau und dabei gartenbezogene Wohnungen heute die Regel ausmachen; dies bedeutet auch, dass die Zeit des öffentlich bestellten und bezahlten Städtebaus vorüber ist und nun private Investoren und Eigentümer in verstärktem Maß dem Wohnungsbau ihre Gestalt geben.

- Neben den großen Entwicklungsgebieten und Standorten an der Stadtperipherie wird planungspolitisch die Innenstadt zunehmend als wohnungspolitische Standortalternative propagiert.

Einige Projekte vom Anfang und vom Ende der 90er Jahre können beispielhaft die Wirkungen veränderter Marktbedingungen und ensprechend angepaßte Ziele, Konzeptionen und Produktionsstrategien illustrieren:

Wasserstadt Spandau, Quartier Havelspitze.

Wasserstadt Spandau, Quartier Havelspitze

Das nahezu fertiggestellte Projekt mit etwa 1.000 Wohneinheiten ist Teil der mehrfach größeren Entwicklungsmaßnahme am Rande Spandaus. Es ist die nahezu ‚buchstabengetreue' Umsetzung der ursprünglichen städtebaulichen Konzeption, die die Errichtung eines Stadtteils um den Spandauer Havelsee mit innerstädtisch hohen Dichten (GFZ von 2,5 bis 3,0), intensiver Nutzungsmischung und klassischer Blockstruktur mit qualitätvollen öffentlichen Straßen, Plätzen und Uferpromenaden vorsah. Zwei Drittel der Wohnungen sollten als Sozialwohnungen errichtet werden. Der städtebauliche Solitär im freigeräumten Umfeld wird sehr wahrscheinlich das einzige Quartier der Wasserstadt bleiben, das entsprechend der städtebaulichen Ausgangsidee realisiert wird. Nicht nur die (überwindbaren) Anfangsschwierigkeiten eines Großprojektes, sondern tiefergehende Probleme belasten das Projekt: Die anfänglichen Zweifel, ob die realisierte Dichte an diesem landschaftlich geprägten Ort richtig ist, werden nach der Fertigstellung bestätigt. Noch ohne städtebaulichen Kontext, d.h. auch ohne erlebbare Urbanität, die sich aus Nutzungsmischung und Stadt-Zusammenhang erst ergeben kann, ist das Quartier für gut verdienende Nachfrager noch nicht attraktiv und gegenüber anderen Angeboten kaum konkurrenzfähig; angesichts des hohen Sozialwohnungsanteils kann großer Leerstand zwar bisher vermieden werden, erkauft wird die Belegung jedoch mit einer tendenziell einseitigen Sozialstruktur, die sich aus den niedrigen Einkommensgrenzen ergibt. Ein sich entwickelndes Negativimage reduziert wiederum die Chancen einer späteren stärkeren sozialstrukturellen Mischung.

Quartier Haveleck, Entwurf und überarbeitetes Entwurfskonzept.

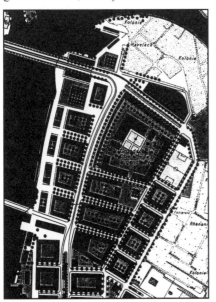 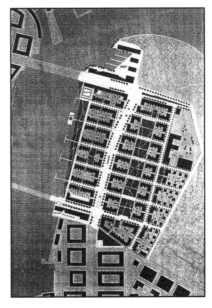

Quartier Haveleck

Derartige Erfahrungen und notwendige Reaktionen auf den veränderten Wohnungsmarkt haben dazu geführt, dass die ursprüngliche städtebauliche Konzeption für das der ‚Havelspitze' östlich der Havel gegenüberliegende Quartier ‚Haveleck' weitgehend umgeplant wurde: Es wurde nicht nur die Dichte reduziert, sondern das neue städtebauliche Konzept verbessert vor allem die Teilhabe der Wohnungen an der Wasserlage oder an großzügigen öffentlichen und privaten Grünräumen, um sie für künftige Eigentümer-Nutzer attraktiv zu machen. Das Konzept bietet eine große Bandbreite unterschiedlicher Wohnungstypen. Das Vorhaben steht vor der schrittweisen Realisierung durch mehrere private Investoren.

Landstadt Gatow

Bereits von Anfang an für individuelles Wohnen und eine private Realisierung geplant wurde das Vorhaben der ‚Landstadt Gatow'. Ein neuer Stadtteil mit etwa 1.200 Häusern (Reihen-, Doppel- und Einzelhäuser) nutzt einen Teil der Fläche des ehemaligen britischen Militärflugplatzes in landschaftlich reizvoller Umgebung. Der größere Teil wird als Freiraum erhalten und als Landschaftspark ausgestaltet. Obwohl sich dieses Projekt vorrangig an Bundesbedienstete richtet, ist es grundsätzlich vergleichbar mit Vorhaben ähnlicher Größenordnung in Pankow (Elisabeth-Aue) und Lichtenberg (Karlshorst-Ost). Das städtebauliche Konzept für Gatow berücksichtigt die Realisierungsbedingungen durch eine Vielzahl privater Akteure von Wohnungsbauunternehmen über Genossenschaften bis zu Einzeleigentümern durch Vorgabe eines klaren Grundrasters öffentlicher Straßen und Räume und Baufelder, die durch Abwechslung geschlossener und offener Raumkanten die öffentlichen Räume markieren und für strukturelle Stabilität sorgen. Im Rahmen dieses Grundmusters ist Raum für typologische Vielfalt und Flexibilität gegeben. Der Bebauungsplan übernimmt lediglich die genannten Grundregeln als Festsetzung und wird durch (wenige) ergänzende prinzipielle

‚Landstadt Gatow'.

Gestaltungsregeln für die Felder offener Bauweise ergänzt. Die Realisierung des Vorhabens hat begonnen, und es bleibt abzuwarten, ob die formulierten Spielregeln für das neue Zusammenwirken von öffentlicher und privater Seite geeignet sind, Qualität zu erzeugen.

Spittelmarkt und Friedrichswerder

Das letzte Beispiel führt in das historische Zentrum Berlins, zum Spittelmarkt und Friedrichswerder. Dieser räumliche Bereich wurde im Rahmen des Zielsystems der Innenstadtplanung (‚Planwerk Innenstadt‘, im Mai 1999 vom Senat beschlossen) bearbeitet. Ein grundsätzliches Anliegen des Planwerks ist es, die Innenstadt als Standort für Wohnen zu sichern und durch Verbesserung der Rahmenbedingungen zu stärken. Angesichts der aktuell sich verstärkenden sozialen Erosion der innerstädtischen Wohnquartiere durch wohlstandsbedingte Abwanderung ist das beabsichtigte Angebot typologisch attraktiver Wohnungen für Selbstnutzer in innerstädtischer Lage auch als wohnungspolitische Gegenstrategie zu sehen.

Der Stadtraum Spittelmarkt/Friedrichswerder ist ein städtebaulicher Schwerpunkt des Planwerkes. Mit der Neuordnung soll der Spittelmarkt als städtebaulicher und stadthistorischer Gelenkpunkt wieder errichtet werden. Die Leipziger Straße erhält dadurch einen Abschluß im Osten, als Gegenstück zum Oktogon des Leipziger Platzes im Westen. Vom Spittelmarkt nach Osten wird die Getraudenstraße auf die historische Trasse und auf die alte Gertraudenbrücke zurückverlegt.

Planwerk Innenstadt Berlin, Ausschnitt Friedrichswerder, Städtebauliches Leitbild.

Senatsverwaltung für Stadtentwicklung, Umweltschutz und Technologie - I D -
Planwerk Innenstadt Berlin
Ausschnitt Friedrichswerder
Städtebauliches   Leitbild
Mai 1999   M: 1:6000

Landesgruppe Berlin-Brandenburg

81

Durch Reduzierung der bestehenden autobahnartigen Straße auf ein stadtverträglliches Profil wird es möglich, Spuren Alt-Köllns mit dem Petri-Kirchplatz wieder erkennbar zu machen und überdies Bauland, auch für Wohnungsbau zu gewinnen. Auf dem Friedrichswerder, heute freie Fläche, ehemals aber dichtbebautes Quartier innerhalb der Wallanlagen, sollen auf einem größeren Teil der Fläche kleinteilige, mindestens viergeschossige Stadthäuser mit verschiedenen Wohnformen auf eigenständigen Parzellen (von 400 bis 600 m^2) für selbstbauende und nutzende Eigentümer errichtet werden. Die Bebauung soll durch qualitätvolle städtische Grünflächen und Stadtplätze ergänzt werden, um hohe Ansprüche an die Wohnumfeldqualität befriedigen zu können. Die Realisierung des Projektes wird vorbereitet, für die landes- und bundeseigenen Flächen ist eine Bereitschaft zur angemessenen Bewertung des Bodens Voraussetzung für die Umsetzung der Konzeption.

Die Beurteilung und Auswertung der Erfahrungen dieser und anderer Projekte des Wohnungsbaus der 90er Jahre läßt folgendes Fazit zu:

Erstens ist festzustellen, dass der heutige ,Nachfragermarkt' schneller als erwartet konzeptionelle Probleme (städtebauliche Qualitätsmängel, Monostrukturen u. a.) aufdeckt.

Zweitens wird deutlich, dass die veränderte Wohnungsnachfrage veränderte Formen der Organisation des Wohnungsbaues fordert; zwischen der Produktion großer Mengen im sozialen Wohnungsbau und dem maßgeschneiderten Einzelhaus will ein Markt selbstnutzender und gestaltender Eigentümer bedient werden, der bei herkömmlichen Großorganisationen und Großflächenanbietern schlecht aufgehoben ist. Für die öffentliche Hand ist die Balance zwischen dem Auftrag der Qualitätssicherung im städtebaulichen Maßstab und privater Initiative und Gestaltungsfreiheit neu auszuloten.

Drittens schließlich wird angesichts der fiskalpolitischen Zwänge der öffentlichen Haushalte die städtische Bodenpolitik zum Prüfstein der Möglichkeit nachhaltiger Stadtpolitik. Die Realisierung innerstädtischen Wohnens, des Wohnens in nutzungsgemischten Quartieren u.a. setzt voraus, dass öffentlicher Grund und Boden funktionsbezogen und unter Berücksichtigung von erzielbaren Renditen bewertet wird, die sich an Planungszielen orientieren. In Berlin ist der Zielkonflikt zwischen fiskalpolitischer Orientierung und nachhaltiger Innenstadtentwicklung noch nicht ausgestanden.

Dorothee Dubrau

Wohnungsneubau in Mitte

Annähernd alle Grundstücke im Zentrum Berlins waren nach 1990 restitutionsbefangen und befanden sich in der Verwaltung der öffentlichen Hand. Um die Entwicklung solcher Grundstücke zu ermöglichen wurde das Investitionsvorranggesetz für die neuen Länder und Berlin-Ost beschlossen. Damit konnte die Treuhand, bevor eine Entscheidung über eine mögliche Restitution getroffen wurde, die Grundstücke veräußern. Mögliche Alteigentümer wurden am Verfahren beteiligt. Konnten sie kein umfassendes Konzept vorlegen, wurde eine Naturalrestitution von vornherein ausgeschlossen. Die Grundstücke wurden öffentlich ausgeschrieben. Grundlage dafür war das ,Berliner Modell'. Das heißt, daß die Treuhand in Zusammenarbeit mit den öffentlichen ,Grundstückseigentümern' (OFD, Land Berlin, Bundesbahn u. ä.) sowie allen Berliner Planungs- und Genehmigungsbehörden (SenBauWohn, SenStadtUm, SenWirtschaft, SenFin, Bezirk) einen Ausschreibungstext erarbeitet hat. Hier war es möglich, städtische Planungsziele zu formulieren.

Eines die Ziele wurde von Seiten des Bezirkes Mitte vehement gegen viele Widerstände vertreten, nämlich, daß sich die Nutzungsmischung im Zentrum auch auf die Integration von Wohnungsbau beziehen sollte. Man einigte sich darauf, einen mindestens 20 prozentigen Wohnanteil in jeder Neubaumaßnahme vorzuschreiben. Planungsrechtliche Grundlagen gab es dafür nicht. Es oblag also letztendlich dem Verhandlungsgeschick des Bezirkes dieses in der Praxis durchzusetzen. Bei einer Vielzahl der Objekte im Bereich der Friedrichstadt konnte auf diese Art erreicht werden, daß neben Büros, Einzelhandel und Gastronomie auch Wohnungen gebaut wurden. Teilweise sind es nur Kleinstwohnungen, die eher als ,Absteigen' von Firmen benutzt werden. In einigen Fällen konnte allerdings in der Diskussion mit den Investoren erreicht werden, daß Wohnungen mit vier und mehr Zimmern entstanden, die durchaus als Alternative zur Villa in Zehlendorf und Dahlem angesehen werden. Insbesondere am Gendarmenmarkt findet man solche Objekte.

Von Seiten des Bezirkes wurde desweiteren in den Gebieten, die direkt an die Friedrich- und Dorotheenstadt angrenzen, angestrebt, einen wesentlich höheren Anteil an Wohnungen je Baumaßnahme durchzusetzen. Beispielgebend sei hier nur der Bereich des sogenannten ,Kleinen Regierungsviertels' (Leipziger Straße/Seydelstraße) genannt. Hier stand ein extrem breiter Grenzstreifen zur Neubebauung an. Er befand sich in einem Gebiet, in welchem sowohl auf der Ost– als auch der Westberliner Seite nach enormen Kriegszerstörungen in den 50er Jahren vier bis fünfgeschossiger Wohnbebauung (offene Siedlungsstruktur) errichtet wurde. Die historische Struktur war nicht mehr erkennbar. Nur im Bereich des Grenzstreifens war der alte Straßenverlauf noch erhalten.

Eigentlich hätte es eines Bebauungsplanes bedurft, um überhaupt eine Baugenehmigung erteilen zu können. Das Bezirksamt ging mit diversen Investoren in

Verhandlung. Unter der Maßgabe, daß die Investitionen einen 50 – 80 prozentigen Wohnungsanteil enthielten, wurden Baugenehmigungen nach § 34 in Anlehnung an die ehemalige historische Bebauung erteilt. Inzwischen, neun Jahre nach der Wende, wären derartige Verhandlungen kaum noch erfolgversprechend. Anfang der 90er Jahre allerdings konnten auf diese Art mehrere Hundert innerstädtische Wohnungen errichtet werden. Übrigens war die Mehrzahl der Investoren im Nachhinein sehr froh, nicht Bürobauten errichtet zu haben. Dieser Markt ist inzwischen in Berlin wesentlich schlechter, als der innerstädtische Wohnungsmarkt.

Wohnen in Prenzlauer Berg

Im Prenzlauer Berg befindet sich das größte annähernd komplett erhaltene Gründerzeitgebiet Berlins (Deutschlands). In 84.000 Wohnungen leben 135.000 Einwohner. Im Gebiet ist die Mischung von Wohnen unterschiedlicher Größe und Qualität noch genauso erhalten, wie eine Vielzahl von Gewerbe- und Dienstleistungseinrichtungen, Kulturstätten, Einzelhandelsgeschäften und Gaststätten. Fünf alte Brauereien bieten Fläche für großräumige Kultur, Einzelhandel und Gewerbe. Auch die Bevölkerung ist sehr durchmischt, der Anteil der jungen Menschen außergewöhnlich groß. Familien mit Kindern haben allerdings in den letzten Jahren das Gebiet verlassen.

Auf Grund des schlechten baulichen Zustandes der Gebäude wurden 1993 bis 1995 große Teile des Gebietes (32.000 Wohnungen) als Sanierungsgebiete förmlich festgelegt. Eine Anpassung an die zu den Sanierungsgebieten der alten Bundesländer nicht vergleichbaren sozialen Verhältnisse fand nicht statt.

Unterschiede bestehen auch in der Sanierung. Während in den Westberliner Gebieten die baulich heruntergekommenen oder leerstehenden Gebäude von Landesgesellschaften aufgekauft, mit öffentlichen Fördermitteln saniert und auf Grund der Belegungsbindungen mit sanierungsbetroffenen Mietern oder Wohnungssuchenden mit WBS belegt wurden, werden in den östlichen Sanierungsgebieten mehr als 50 Prozent der Wohnungen mit privatem Kapital saniert (in Prenzlauer Berg wurden von 1991 bis 1998 insgesamt 3.643 Wohnungen öffentlich gefördert und 3.220 Wohnungen privat modernisiert). Untersuchungen ergaben, daß vor der Sanierung leerstehende Wohnungen häufig an besserverdienende Bewohner aus anderen Teilen Berlins und der Bundesrepublik verkauft oder vermietet werden, Familien mit Kindern dagegen, die aus dem Gebiet stammen, schlechte Chancen haben, sanierte Wohnungen mit bezahlbaren Mieten zu bekommen.

Um den Verdrängungsprozess insbesondere der Familien mit Kindern zu minimieren, werden in Zukunft auch Bewohner aus privatmodernisierten Häusern in mit öffentlichen Fördermitteln sanierten Wohnungen ein zuhause finden. Der Bezirk hat die Mieterberatung beauftragt, ein Umzugsmanagement zu organisieren, um sanierungsbetroffenen Mietern Wohnungen zur Zwischen- oder Endumsetzung zur Verfügung zu stellen. Damit soll erreicht werden, daß zumindest ein Teil der Familien das Gebiet nicht verläßt und langfristig zur Stabilität der Bewohnerschaft beiträgt. Privateigentümer werden in das Management mit einbezogen.

Im Ostteil Berlins liegen laut Mietspiegel die Mieten für sanierte Altbauwohnungen sowohl über denen der Altbauwohnungen im Westen Berlins als auch über den Mieten der zwischen der 1950 bis 1990 errichteten Neubauten. Würden diese Mieten durch die Vermieter voll ausgeschöpft, könnten viele der Prenzlauer Berger Bewohner auf Grund ihres niedrigen Einkommens (Durchschnittseinkommen 2.890 DM) die Miete nach Modernisierung nicht mehr bezahlen können. Um diesen Prozess sozialverträglich abzufedern, wurden durch das Bezirksamt Mietobergrenzen für die Sanierungsgebiete beschlossen. Diese betrugen in der Vergangenheit gestaffelt nach der Wohnungsgröße 6,33 – 9,00 DM/m² und waren für ein Jahr nach Beendigung der Sanierung festgeschrieben. Um die Wirkung der Obergrenzen zu überprüfen, wurde im Herbst 1998 eine Mieterbefragung in allen privatmodernisierten Häusern durchgeführt. Dabei konnte festgestellt werden, daß sich über 75 Prozent der Vermieter auch über einen längeren Zeitraum an die vorgeschriebenen Mieten gehalten haben und damit das durchschnittliche Mietniveau etwa 2 DM unter den Niveau vergleichbarer Gebiete ohne entsprechenden Schutz liegt.

Auf Grund dieser Tatsache und der intensiven Begleitung durch die Mieterberatung konnte erreicht werden, daß 50 Prozent der Bewohner auch nach der Sanierung noch in ihren angestammten Wohnungen und weitere 25 Prozent in ihrem Wohngebiet geblieben sind. (In anderen Gebieten sind nur 38 Prozent der alten Bewohner geblieben). Um diese Tendenz auch für die Zukunft zu erhalten, hat das Bezirksamt Prenzlauer Berg am 23.Februar 1999 eine neue Regelung beschlossen und die festgelegte Frist auf fünf Jahre erweitert. Die Mietobergrenzen wurden an die tatsächlichen Verhältnisse angepasst und betragen jetzt 7,34 und 8,68 DM.
Auf Grund der dargestellten Verfahrensweise konnten auch mit knappen öffentlichen Fördermitteln die Wohnverhältnisse in vielen privatmodernisierten Häusern verbessert werden und trotzdem ein Großteil der angestammten Bevölkerung gesichert werden.

Aus meiner Sicht notwendige Prioritätensetzung bei der Vergabe öffentlicher Fördermittel

Derzeit werden für alle Sanierungsgebiete im Prenzlauer Berg jährlich 80 Millionen DM öffentliche Sanierungsfördermittel zur Verfügung gestellt. Bei Sanierungskosten von jeweils zwei bis drei Millionen DM je Objekt letztendlich eine viel zu kleine Summe, um den Sanierungsprozess zügig durchzuführen. Viel schwerwiegender ist allerdings, daß bisher kaum Mittel in die Sanierung der Infrastruktur geflossen sind. Investitionen wurden lediglich in einer Höhe von etwa 80 Millionen DM betätigt. Dem steht eine Investitionsbedarf von etwa 890 Millionen DM gegenüber. Selbst die notwendigsten Instandsetzungen konnten in den letzten Jahren nicht getätigt werden. Seit 1997 stehen keine Mittel aus den ‚Aufbau Ost' Programmen mehr zur Verfügung und die Unterhaltungsmittel wurden z. T. um 70 Prozent gekürzt (z. B. Hochbauunterhaltung von 40 Millionen auf 12 Millionen). Auch der Ankauf von Grundstücken für die Verbesserung der

Modernisierung und Instandsetzung

	Soziale Stadterneuerung		Stadtweite Maßnahmen		Plattenbausanierung		Selbsthilfe	Mietermodernisierung	Summe	Summe
	WE	Mio DM	WE	Mio DM	WE	Mio DM	Mio DM	Mio DM	WE*	Mio DM*
1990	***	***	6.115	241,30	***	***	***	34,30	23.425	302,30
1991	***	***	165.919	838,90	***	***	***	68,50	195.693	962,80
1992	1.316	168,00	65.427	126,30	**	**	31,90	70,40	106.750	890,60
1993	2.124	276,80	52.349	178,50	2.634	119,60	21,30	55,00	85.843	913,10
1994	2.806	393,60	13.244	174,70	9.666	287,60	37,80	42,50	49.033	1.078,50
1995	2.351	346,00	8.040	126,30	10.610	335,40	31,00	28,10	28.420	1.002,90
1996	2.298	269,15	16.535	175,83	15.268	265,00	28,32	25,51	41.200	737,62
1997	2.443	262,07	9.234	64,51	11.196	149,60	37,70	16,30	27.762	589,66
1998	2.521	241,90	9.098	104,80	5.270	104,30		14,10	24.386	568,50
1999	2.600	250,00	4.500	56,00	3.000	55,00	65,00	8,00	15.000	438,00
Summe	18.459	2.207,52	350.461	2.087,14	57.644	1.316,50	253,02	266,80	597.512	6.593,38

* Einschließlich Wohnumfeld, Qualifizierungsmaßnahmen, Privatisierungsförderung, u. a.

** Bestandteil der stadtweiten Maßnahmen

*** Mod/Inst komplett bei stadtweiten Maßnahmen ausgewiesen

Quelle: 20. Bericht Vorbereitung und Durchführung der Stadterneuerung

Quelle: Tätigkeitsberichte der IBB

Die Zahlen für 1999 sind geschätzte Werte.

Neubauförderung

	1. Förderweg *		2. Förderweg **		Eigentumsprogramm		Summe	Summe
	WE	Mio DM	WE	Mio DM	WE	Mio DM	WE ges.	Mio DM
1990	3.902	1.273,40	2.512	177,50	857	154,31	8.502	1.605,212
1991	5.906	2.160,00	3.372	409,00	910	166,41	10.891	2.735,41
1992	4.971	1.800,96	4.880	1.325,82	1.120	381,22	10.975	3.508,00
1993	5.079	1.527,99	9.701	2.711,00	1.370	488,99	16.150	4.727,98
1994	5.271	1.529,60	9.740	2.450,00	2.294	842,10	17.305	4.821,70
1995	3.479	1.008,40	10.479	2.905,70	2.926	1.088,00	16.884	5.000,10
1996	2.024	589,60	4.582	1.285,17	2.252	818,20	8.858	2.692,97
1997	1.006	365,90	3.003	580,25	2.516	942,90	6.525	1.889,05
1998	0	0	1.300	395,40	1.810	229,40	3.110	624,80
1999	0	0	300	110,00	3.000	230,00	3.300	340,00
Summe	31.638	10.255,85	49.869	12.349,84	19.055	5.339,53	100.562	27.945,22

* Zahlen analog der Jahresberichte der IBB

  Dazu kommen jeweils etwa drei bis vier Millionen DM

** auch II. Förderweg: Vereinbarte Förderung und einkommensorientierte Förderung

  WE Zahlen laut Förderbericht 1996: 1990 – 3.743 WE, 1991 – 4.708 WE

Fördermittel je Wohnung – Ausgewählte Daten

	I. Förderweg *	I. Förderweg **	II. Förderweg	Eigentums-maßnahmen	Umfassende Sanierung
	TDM	TDM	TDM		
1990		326,3			
1991		364,2	367,6		
1992		367,1	296,3	340,0	
1993	580,3	307,3	294,6	356,9	
1994	571,2	290,6	251,5		
1995	439,9	264,3	281,6		140,00
1996	338,8	190,4	280,4		128,00
1997	373,4	149,8	293,9		
1998			165,1	364,9	

* Förderung mit Baudarlehen
** Förderung mit Aufwendungshilfen

Infrastruktur, insbesondere bei Spielplätzen und Freizeiteinrichtungen, sowie bauliche Maßnahmen zur Verkehrsberuhigung innerhalb der Wohngebiete, werden in einem viel zu geringen Maße durchgeführt. Ein Grund dafür, daß Bewohner, insbesondere Familien mit Kindern den Bezirk verlassen.

Aus meiner Sicht sind in der Förderpolitik der letzten Jahre falsche Prioritäten gesetzt worden. Während für die riesigen als Sanierungsgebiete festgelegten Altbaukomplexe insbesondere in der östlichen Innenstadt (22 Gebiete mit 81.000 Wohnungen) von 1990 – 1999 insgesamt nur 3,5 Milliarden DM Fördermittel zur Verfügung gestellt wurden, flossen in die neu errichteten Gebiete am Stadtrand und in die Stadtentwicklungsgebiete sowie die Eigentumsförderung von 1990 – 1999 etwa 28 Milliarden DM Fördermittel. Einerseits wurden damit Bewohner aus der Innenstadt ganz bewußt an den Stadtrand verlagert. Andererseits sind die dort entstehenden Kosten für eine Wohnung unvergleichlich höher als die Kosten für eine komplette Sanierung in den gewachsenen Gebieten. Fördermittel für eine Neubauwohnung 1. Förderweg etwa 300.000 bis 580.000 DM. Dazu kommen Neubaukosten für Schulen, Kitas, Straßen, Strom, Wasser, Abwasser u. a. sowie den öffentlichen Nahverkehr. Man kann also eher von den doppelten Kosten ausgehen. Die Förderkosten für die anfallende Sanierung einer Altbauwohnung betragen etwa 140.000 DM. Da sowohl die technische als auch die soziale Infrastruktur vorhanden ist und man lediglich von Sanierungskosten und kleinen Neubaumaßnahmen ausgehen muß, liegen die Gesamtkosten bei etwa 20 Prozent der Kosten der Neubaugebiete.

Dazu kommt, daß ökologisch gesehen die konsequente Ausnutzung der bestehenden Quartiere der Innenstadt sinnvoller ist als die weitere Zersiedlung der Landschaft am Stadtrand. Die Verkürzung der täglichen Fahrwege der Bürger zwischen Wohnung, Arbeit, Schule und Freizeiteinrichtungen würde zu einer Verminderung des Verkehrs und damit zu einer geringeren Belastung der Umwelt führen. Berlin sollte deshalb in der Zukunft konsequent auf die Nutzung von vorhandenen Altbauten setzen. Das betrifft sowohl den vorhandenen Wohnungsbau und die Infrastruktur, als auch Gebäude für behördliche Einrichtungen.

Berlin sollte grundsätzlich keine Neubauten mehr errichten. Ausnahmen sollten lediglich dann genehmigt werden, wenn funktionelle Erfordernisse keine andere Möglichkeit zulassen (z.B. Turnhallen an bestehenden Gründerzeitschulen). Desweiteren sollten Fördermittel nur noch für die Sanierung von bestehenden Objekten an private Investoren gegeben werden. Lediglich einzelne soziale Projekt (z.B. betreutes Wohnen in zur Bebauung vorgesehenen Lücken) sollten öffentlich gefördert werden.

Mit einer derartigen Politik kann langfristig nicht nur die Zersiedlung der Stadt minimiert werden und der Erhalt der historischen Strukturen gefestigt werden, sondern auch ein Betrag zu finanziellen Entlastung der Stadt getätigt werden.

Julian Wékel

Quartiersmanagement als Instrument der sozialorientierten Stadtentwicklung

Die im Gutachten ‚Sozialorientierte Stadtentwicklung' im Auftrag der Senatsverwaltung für Stadtentwicklung, Umweltschutz und Technologie (1998) vorgenommene Analyse der sozialräumlichen Veränderungen in Berlin läßt allgemeine Trends der ökonomischen, sozialen und räumlichen Entwicklung erkennen. Es sind immer die sozial selektiven Wanderungsprozesse, die zur problematischen Konzentration von marginalisierter Bevölkerung führen – aber weil die Ausgangssituationen unterschiedlich sind, ergeben sich auch verschiedene Problemlagen und daher auch unterschiedliche Handlungsanforderungen.

Insgesamt zeichnet sich im Stadtgebiet ein stärkerer Sortierungsprozeß nach Einkommen, Nationalität und Familienstand ab als vor 1990. Die soziale Segregation in der Stadt nimmt durch selektive Mobilität zu.

Ausgehend von den festgestellten allgemeinen Entwicklungstendenzen und ihrer räumlichen Zuordnung kommt die Analyse zu dem Ergebnis, daß es vier verschiedene Gebietstypen gibt, die durch einen sozialen Entmischungsprozeß gekennzeichnet sind, der so stark ist, daß Handlungsbedarf entsteht. Diese Gebietstypen sind:

* innerstädtische Altbaugebiete im Westteil,
* innerstädtische Altbaugebiete im Ostteil,
* Wohnkomplexe des sozialen Wohnungsbaus im Westteil,
* Großsiedlungen des komplexen Wohnungsbaus im Ostteil.

Alarmierend sind die Entwicklungen insbesondere in einigen Teilgebieten der westlichen Innenstadt. Besonders bemerkenswert ist, daß die Wanderungsprozesse, die zum sozialen Abstieg eines Quartiers beitragen, dort besonders stark ausgeprägt sind, wo bereits zuvor die Konzentration von Haushalten mit materiellen und/oder sozialen Problemen besonders hoch war – dort findet also eine kumulative Verschärfung sozialräumlicher Marginalisierung statt.

In den Gebieten konzentrieren sich vielfältige Problemlagen, die sich in ihrer Wirkung gegenseitig verstärken. Alle Gebiete weisen grob folgende gemeinsame Merkmale auf:

* hohe Bevölkerungsfluktuation,
* hohe Ausländeranteile, insbebesondere bei Jugendlichen und Kindern,
* hohe Arbeitslosigkeit,
* hohe Sozialhilfedichte,
* hoher Zuzug von Zuwanderern aus dem Ausland,
* Wegzug von Familien mit Kindern,
* Wegzug von Erwerbstätigen.

Zu den statistisch beschreibbaren Merkmalen kommen qualitativ erhobene Aussagen über das ‚Milieu' und über den Zustand des öffentlichen Raumes, die diese Gebiete als besonders problembehaftet erscheinen lassen: Anzeichen von Verwahrlosung des öffentlichen Raumes, zunehmend gewaltförmige Auseinandersetzungen insbesondere zwischen Jugengruppen, Drogenkriminalität, Alkoholismus, wachsende Verbreitung von Gefühlen der Unsicherheit und Bedrohung.

Integrierte Quartiersentwicklung als Handlungserfordernis

Für die verschiedenen Quartiere ergeben sich zwar sehr differenzierte Problemlagen, die jedoch alle eines gemeinsam haben: die konflikthafte Überlagerung von wirtschaftlichen, sozialen und städtebaulichen Problemen. Die traditionell sektoralen Handlungsgegensätze, die entweder aus dem gesetzlichen Rahmen heraus stark baulich – räumlich angelegt sind oder aus der Praxis der Sozialarbeit auf Betreuung von Einzelnen setzen, können bei diesen Problemkonstellationen keine nachhaltigen Verbesserungen im Quartier bewirken. Die Stabilisierung von identifizierten Quartieren setzt integriertes Handeln und vernetzte Maßnahmen im Quartier voraus, um Synergieeffekte der begrenzten öffentlichen Mittel zu erzielen.

Entsprechende Strategien müssen den komplexen Problemen in den Quartieren mit besonderem Entwicklungsbedarf und den ebenso komplexen Ursachen Rechnung tragen. Dazu ist eine integrierte Quartiersentwicklungspolitik einzuleiten, die zum Ziel hat, einen Prozeß umfassender sozialer und ökonomischer Stabilisierung in Gang zu setzen.

Kernidee dieser Strategie integrierter Quartiersentwicklung ist die potentialorientierte Koordination und Integration von Maßnahmen, die weit über den Rahmen der bisherigen Erneuerungsmaßnahmen hinausgehen. Es sollen in den ausgewählten Quartieren Potentiale, Ressourcen und Synergien freigesetzt werden, die bei einer rein sektoralen Förderung ausbleiben würden. Vor dem Hintergrund veränderter finanzieller Rahmenbedingungen steht im Vordergrund die Entwicklung ideenreicher, zielgenauer Maßnahmenbündel. Durch die intelligente Kombination vorhandener Investitions- und Förderhilfen soll ein komplexerer und effizienterer Wirkungseffekt gegenüber den jeweils sektoralen Förderansätzen erzielt werden. Eine integrierte Quartiersentwicklungspolitik setzt dabei auf die Dezentralisierung der Verantwortung für jeweils lokal zu entwickelnde und umzusetzende quartiersbezogene Strategien, ergebnisoffene Beteiligungs- und Vermittlungsprozesse in den ausgewählten Quartieren sowie auf ein methodisches Vorgehen, das die städtischen Interventionen auf Starthilfen für selbstorganisierte Prozesse und eine sich selbsttragende Wirtschaftsentwicklung begrenzt.

Ausgehend von dieser Erkenntnis hat der Senat von Berlin auf Vorlage der Senatoren für Stadtentwicklung, Umweltschutz und Technologie und für Bauen, Wohnen und Verkehr in 15 ‚Gebieten mit besonderem Entwicklungsbedarf' im März 1999 die Einrichtung von Quartiersmanagement mit einer Laufzeit von vorerst drei Jahren als Pilotprojekt beschlossen.

Quartiersmanagement als intermediäres Verfahren

Das zentrale Ziel von Quartiersmanagement umfaßt zweierlei: Zum einen sollen die Lebensqualität und die soziale sowie wirtschaftliche Lage verbessert werden; zum anderen soll den Menschen im Quartier dazu verholfen werden, ihre Lebenssituation selbst zu verändern, ihre Möglichkeiten und Kompetenzen zu nutzen, um unabhängiger und selbständiger zu werden. Ziel ist es, die Bewohner von Quartieren selbst zu Akteuren der Quartiersentwicklung zu machen. Quartiersmanagement als intermediäres Verfahren ist quartiersbezogen, prozeßhaft und bewohnerorientiert. Zu den Aufgaben des Quartiersmangements gehören im wesentlichen die Bereiche:

- Stadtteilkoordination,
- Organisation der Bewohneraktivierung,
- Projektinitiierung,
- Mitwirkung an der Erfolgskontrolle.

Die einzelnen Aufgaben sind nicht als Auswahl zu verstehen, sie greifen vielmehr ineinander und sind in ihrer ganzen Breite zu bearbeiten. Die Umsetzungsverantwortung für das Quartiersmanagement liegt auf der Grundlage von vertraglichen Regelungen bei eingesetzten intermediären Trägern. Als Auftraggeber fungieren Senat und Bezirke zum Teil gemeinsam. Quartiersmanagement ist keine Stellvertreterpolitik, sondern als staatliches Instrument nur eine vorübergehende Aufgabe, die nur solange staatlich initiiert ist, bis sich im Quartier eigene selbsttragende Strukturen und Arbeitsroutinen entwickelt haben.

Die Initiierung einer integrierten Quartiersentwicklung im Rahmen von Quartiersmanagement verlangt die Kooperation und Vernetzung der Strukturen und Akteure, der Interessen und Handlungsbezüge. Die hiermit verbundenen Vermittlungs- und Koordinierungsleistungen sind auf der lokalen Ebene durch das Quartiersmanagement zu erbringen, einschließlich der Zusammenarbeit mit den Verwaltungen auf Bezirks- und Senatsebene. Zur Gewährleistung der Funktionsfähigkeit des Quartiers insbesondere bei Jugendlichen und Kindern,

- hohe Arbeitslosigkeit,
- hohe Sozialhilfedichte,
- hoher Zuzug von Zuwanderern aus dem Ausland,
- Wegzug von Familien mit Kindern,
- Wegzug von Erwerbstätigen.

Zu den statistisch beschreibbaren Merkmalen kommen qualitative erhobene Aussagen über das ‚Milieu‘ und über den Zustand des öffentlichen Raumes, die diese Gebiete als besonders problembehaftet erscheinen lassen: Anzeichen von Verwahrlosung des öffentlichen Raumes, zunehmend gewaltförmige Auseinandersetzungen insbesondere zwischen Jugendgruppen, Drogenkriminalität, Alkoholismus, wachsende Verbreitung von Gefühlen der Unsicherheit und Bedrohung.

Integrierte Quartiersentwicklung als Handlungserfordernis

Für die verschiedenen Quartiere ergeben sich zwar sehr differenzierte Problemlagen, die jedoch alle eines gemeinsam haben: die konflikthafte Überlagerung von wirtschaftlichen, sozialen und städtebaulichen Problemen.

Die traditionell sektoralen Handlungsansätze, die entweder aus dem gesetzlichen Rahmen heraus stark baulich–räumlich angelegt sind oder aus der Praxis der Sozialarbeit auf Betreuung von Einzelnen setzen, verlangen aufgrund ihres mehrdimensionalen Handlungsansatzes in jedem Fall auch die behördenübergreifende Zusammenarbeit auf den jeweiligen Verwaltungsebenen selbst sicherzustellen.

Um Quartiere mit besonderem Entwicklungsbedarf zu stabilisieren, müssen auch in einer weitgehend sektoral organisierten Verwaltung ressortübergreifende, integrierte Strukturen entwickelt werden, die gezielt Ressourcen, Kompetenzen aber auch Geldströme in diese Quartiere lenken, die von der gesamtstädischen Entwicklung abgekoppelt sind. Das Quartiersmanagement braucht die breite Unterstützung aller Fachämter und ist auf die Verknüpfung der vorhandenen Instrumente sowie der finanziellen Ressourcen und deren prioritär quartiersbezogen und behördenübergreifend abgestimmte Anwendung angewiesen. Zur Sicherstellung diese Ziels wird auf der Ebene der Senatsverwaltungen eine Koordinierungsgruppe eingesetzt. Den Bezirken ist der Aufbau analoger Strukturen empfohlen worden.

Strategische Steuerung und politisches Controlling sind Aufgaben der Senatsverwaltungen für Stadtentwicklung, Umweltschutz und Technologie und für Bauen, Wohnen und Verkehr, unter deren Federführung das Quartiersmanagement jeweils in den 15 Gebieten mit besonderem Entwicklungsbedarf eingerichtet wird. Dazu gehören die externe Beauftragung einer prozeßbegleitenden Evaluation zur Erfolgskontrolle und Feinsteuerung des laufenden Verfahrens wie auch die Durchführung eines Stadt-Monitorings zur Früherkennung von spezifischen Problemkonstellationen und -entwicklungen auf kleinräumiger Ebene.

Die Entwicklung der Stadtgesellschaft in ihrer Vielfältigkeit stellt die Stadtentwicklungspolitik in Berlin vor qualitativ neue Probleme. Der Gegensatz von Zentralität und Marginalität sowie die daraus entstehenden sozialräumlichen Polarisierungen sind weder ein bloß vorübergehendes Phänomen noch beschränken sich ihre Auswirkungen nur auf Teilgebiete der Stadt. Es ist Aufgabe der Stadtpolitik, eine fortschreitende negative Entwicklung der ohnehin schon benachteiligten Gebiete der Stadt zu verhindern, indem die noch vorhandenen Potentiale stabilisiert werden. Stadtentwicklungspolitik muß die Artikulation der Gegensätze moderieren. Politik ist dabei auch verantwortlich für den Aufbau von Strukturen. Diese Strukturen müssen gezielt der Organisation und Stärkung von Lebenswelten dienen.

Kurt Ludley

Wohnen in ostdeutschen Städten
Diskrepanz zwischen Bestand und Nachfrage

Ausgangssituation

In der ehemaligen DDR haben der einseitige, auf industrielle Vorfertigung ausgerichtete Wohnungsbau, die Vernachlässigung der Bestandspflege und die Mietengesetzgebung zu einer völlig anders gearteten Wohnungsversorgung und Gebäudebestandsstruktur geführt als in Westdeutschland. Nach 40 Jahren unterschiedlicher Wohnungsbaupolitik in Ost und West beträgt der Anteil der Wohnungen in Mehrfamilienhäusern in den alten Ländern 51 Prozent, in den neuen Ländern 67 Prozent.

Das ‚Defizit‘ an Ein- und Zweifamilienhäusern in den neuen Ländern wird auf 1,1 Millionen geschätzt. Die Eigentumsquote West beträgt etwa 42 Prozent, in den neuen Ländern etwa 29 Prozent. Dabei befinden sich etwa 80 Prozent der Wohnungen West in Privatbesitz gegenüber 50 Prozent Ost.

„In den alten Ländern befindet sich der Wohnungsbestand in der Regel in gutem Zustand. Etwa 70 Prozent der Wohnungen wurden nach 1945, weniger als 20 Prozent vor dem Jahr 1918 errichtet. Der Wohnungsbestand in den neuen Ländern weist hingegen einen hohen Anteil alter Bausubstanz auf. Nahezu 80 Prozent der Ein- und Zweifamilienhäuser und etwa 43 Prozent der Mehrfamilienhäuser wurden vor dem Jahr 1945 gebaut" (1). 10 Prozent des Wohnungsbestandes haben auch 1995 noch kein Innen-WC, fast 17 Prozent sind ohne Bad und Dusche, 40 Prozent verfügen über keine Sammelheizung.

Von 1971 bis 1989 entstanden vorwiegend im Mehrfamilienhausbau über zwei Millionen Wohnungen, die zuerst in Block- und später in Plattenbauweise ausgeführt wurden. Nur die Neubauwohnungen in Plattenbauweise boten in der Vorwendezeit den sogenannten ‚Vollkomfort‘ mit Bad, IWC, fließend Warm- und Kaltwasser und Fernheizung. Die Neubauwohngebiete zeichnen sich daher z. T. auch heute noch durch einen hohen Grad an sozialer Mischung der Bevölkerung aus, denn Vollkomfort-Wohnungen waren in der DDR infolge völliger Vernachlässigung der Modernisierung des Altbaubestandes rar.

Strukturelle Veränderungen nach 1990

In den Jahren nach der Wiedervereinigung dominierte die Anzahl der Bauvorhaben im Wohnungsneubau. In den Landkreisen kann ein überdurchschnittlicher Neubau festgestellt werden bei einem gleichzeitig positiven Bevölkerungssaldo. In den Großstädten sind die höchsten Bevölkerungsverluste zu verzeichnen.

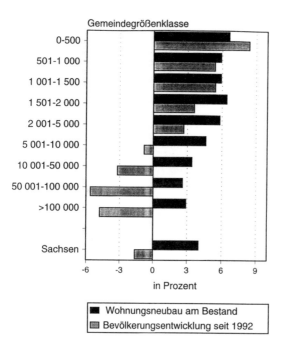

Gemeindegrößenklasse

0-500
501-1 000
1 001-1 500
1 501-2 000
2 001-5 000
5 001-10 000
10 001-50 000
50 001-100 000
>100 000

Sachsen

-6   -3   0   3   6   9
in Prozent

■ Wohnungsneubau am Bestand
▨ Bevölkerungsentwicklung seit 1992

Quelle: Informationen der Statistischen Landesämter, eigene Berechnungen

Abb. 1:
Wohnungsneubau und
Bevölkerungsentwicklung
in den sächsischen Gemeinden.

Diese Entwicklungen sind je nach Gemeindegrößenklasse sehr unterschiedlich (Abb. 1). In den Jahren 1991 – 1995 erreicht der Wohnungsneubau durchschnittlich eine Größenordnung von fast fünf Prozent des Wohnungsbestandes.

Wurden zwischen 1991 – 1996 in den alten Ländern je 1.000 Einwohner 28 Einwohner dazugewonnen und 28 Wohnungen neu gebaut, so haben die neuen Länder 19 Einwohner je 1.000 verloren und dennoch 18 Wohnungen neu hinzugebaut (4).

Aufgrund der steuerlichen Abschreibungsmöglichkeiten für Neubau floß nur wenig Kapital in die Altbau-Bestandssanierung, obwohl hier der größte Nachholbedarf bestand. Nur ein Viertel aller Wohnungsbauanträge galt Baumaßnahmen an bestehenden Gebäuden. Bei den genehmigten Neubauvorhaben betrug der Anteil der Wohnungen in Mehrfamilienhäusern 60 Prozent, in Ein- und Zweifamilienhäusern 40 Prozent. Je nach Gemeindegröße schwankt dieser Wert erheblich.

Durch den steuerlich attraktiven Mehrfamilienhausbau zur Vermietung nahm der Anteil der Mietwohnungen in Sachsen, ausgehend von dem bereits sehr hohen Anteil an Mietwohnungen im Bestand, weiter zu. In Leipzig und Dresden erreicht er 80 Prozent. Der bisher geringe Anteil der Ein- und Zweifamilienhäuser konnte nicht ausgeglichen werden.

Aufgrund wachsender Leerstände im Mehrfamilienhausbestand und veränderter steuerlicher Rahmenbedingungen wird sich die Neubautätigkeit im Mietwohnungsneubau in den nächsten zwei Jahren mehr als halbieren. *„Bei stagnierenden Haushaltszahlen kann eingeschätzt werden, daß etwa 20 Prozent der Bestands-*

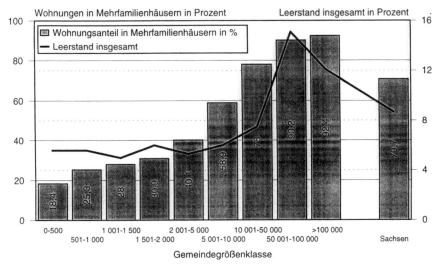

Quelle: Informationen der Statistischen Landesämter, eigene Berechnungen

Abb. 2: Wohnungsstruktur und Leerstand nach Gemeindegrößenklassen in Sachsen.

wohnungen, vor allem solche mit schlechtem Ausstattungsstandard, langfristig vom Leerstand bedroht sind."(4) So erzeugt derzeit in Dresden jede zusätzliche Neubauwohnung eine weitere leerstehende Wohnung (Abb. 2).

Die Mieten fallen derzeit unter Westniveau. Da die Mietdifferenz zwischen den sanierten Altbau- und Neubauwohnungen zu den sanierten Plattenbauwohnungen z. T. nur noch 1 – 2 DM/m^2 beträgt, ist mit einer Erhöhung der Umzugsfrequenz in den Neubausiedlungen zu rechnen. Die soziale Segregation nimmt zu. Es ist auch mit problematischem Wohnungsleerstand in einigen Neubaugebieten mit Geschoßwohnungsbau auf der grünen Wiese (Stadtumland) zu rechnen.

Ostdeutsche Städte haben ein großes Potential an vielfältigen, lebenswerten Standorten zur innerstädtischen Wohnraumentwicklung durch Umnutzung und Wiedergewinnung. Der ‚Gesprächskreis ostdeutscher Städtebauer' forderte daher, mit der nutzerorientierten Planung ernst zu machen. *„Basis der Arbeit mit den Akteuren sind u. a. Wohnraumbedarfsanalysen, die zu Bauvorhaben aus den wirklichen Wohnbedürfnissen heraus führen. Das gängige ‚umgekehrte' Vorgehen, aus dem Abschreibungsmodell und der Mietpreiserwartung für eine gutverdienende Klientel heraus die Grundrisse zu entwickeln. kann sich für viele Bauherren als Fehlspekulation erweisen: Während familiengerechter preiswerter Wohnraum nachgefragt wird, scheinen überproportional teure kleine Wohnungen gebaut zu werden."(3)*

Daraus ergeben sich Fragen, wie die steuerliche Förderung des Wohnungsneubaues zielgenauer eingesetzt werden kann (keine Begünstigung für Bauen im

Außenbereich, Erhalt preiswerten Wohnraumes im Bestand, Förderung kleinräumiger Funktionsmischung) und welche Wohnform für den Massenbedarf die traditionellen Wohnleitbilder aufbrechen könnte.

Wie reagieren die Städte und Gemeinden auf diese Entwicklungstendenzen?

Der Vergleich zwischen ostdeutschen Städten unterschiedlicher Wertigkeit und Größe läßt Gemeinsamkeiten deutlich werden. Diese Gemeinsamkeiten sind

- der erhebliche Verlust an Arbeitsplätzen in den Städten und in deren Umland, der bisher nicht ausgeglichen wurde, und in der Folge der Wegzug der Einwohner ,zur Arbeit hin' (Abb. 3),
- die niedrigen Geburtenraten nach der Wende und die Überalterung der Wohnbevölkerung sowie die Abwanderung von überwiegend jungen Leuten zwischen 20 und 40 Jahren,
- die Suburbanisierung durch preisgünstige Baulandangebote für den Eigenheimbau in den Stadtumlandgemeinden,
- der Wohnungszugang durch Neubau, z. T. als Erweiterung, trotz abnehmender Einwohnerzahl und damit sinkender Nachfrage,
- die Zunahme des Wohnungsleerstandes (als Folge von baulichen Mängeln und abnehmender Nachfrage) in Innenstadtbereichen wie auch in den Großwohnsiedlungen.

Nicht nur die Neubaugebiete der Städte und Gemeinden in strukturschwachen Regionen außerhalb der Verdichtungsräume sind von strukturellem Leerstand betroffen, sondern auch die Großwohnsiedlungen in industrieller Bauweise in den Kernstädten selbst (Dresden, Halle, Magdeburg, Erfurt).

Der Eigenheimbau in den Großstädten war nicht zu umgehen, um nicht noch mehr Einwohner an das Umland zu verlieren. Es sind weitere organisatorische und architektonische Ansätze zu entwickeln, die den bauwilligen Familien Anreize bieten für das Siedeln in der Stadt (Weimar). Die Städte sind gut beraten, wenn sie jetzt in ihren Planungen zugunsten der Innenentwicklung und der Lenkung der Investitionen in die Altbausanierung keine wesentlichen Wohnflächenerweiterungen vorsehen.

Bei allen grundsätzlichen Gemeinsamkeiten zeigen die dargestellten Fallbeispiele große Unterschiede in der städtebaulichen Struktur und der historischen Entwicklung der Städte auf, die zu unterschiedlichen, stadtspezifischen Lösungsansätzen für die Planung und künftige Entwicklung geführt haben bzw. noch führen werden.

Manche Städte z. B. im Erzgebirge, wie Johanngeorgenstadt, die durch die Einstellung des Uranerzbergbaues einen dramatischen Strukturwandel erfahren haben, stehen vor völlig neuen städtebaulichen Aufgaben wie z. B. dem Umgang

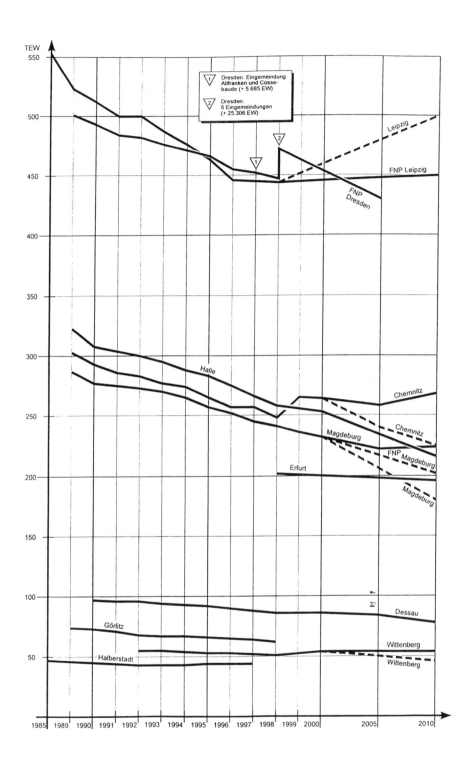

Abb. 3: Einwohnerentwicklung ausgewählter Städte 1989–2010.

Landesgruppe Sachsen, Sachsen-Anhalt, Thüringen

97

mit Schrumpfungsprozessen und dem geordneten Rückbau und Abriß von Bausubstanz in erheblichem Umfang. Ähnliche Überlegungen sind in der Mittelstadt Sangerhausen (nach Einstellung des Kupferschieferbergbaues), in der Mittelstadt Stendal (nach Einstellung des Atomkraftwerkbaues) und in der Mittelstadt Wolfen (nach Stillegung mehrerer großer chemischer Betriebe) anzustellen. Aber auch für die großen Wohnsiedlungen in den Oberzentren sind Abrißüberlegungen als Folge strukturellen Wohnungsleerstandes akut. Dabei sind stets die Chancen für den Umbau der Städte im positiven Sinne zu sehen und gestalterisch umzusetzen.

Die strategischen Planungsansätze der Fallbeispiele lassen sich in Kurzfassung wie folgt beschreiben:

Leipzig setzt auf Innenentwicklung mit Sanierung, Qualifizierung und Ergänzung des Gründerzeitbestandes sowie auf die Bereitstellung kostengünstiger Eigenheimstandorte und verzichtet auf Stadterweiterungen.

Dresden wird u. a. durch das Angebot von Eigenheimstandorten im Stadtgebiet der Suburbanisierung entgegenwirken, ist aber dabei vor Problemen nicht gefeit.

Erfurt könnte mit seinem Strategiekonzept sein bisheriges Wohnflächenangebot an aktuelle Entwicklungen anpassen und damit die Erweiterung des Bestandes bei gleichzeitiger Entscheidung für teilweisen Rückbau vorwiegend elfgeschossiger Gebäude in den sog. ‚Umstrukturierungsgebieten‘ (Großwohnsiedlungen) beschränken.

Magdeburg hat sein Stadtzentrum stärken können, muß sich aber wie die anderen großen Städte den Auswirkungen des Arbeitsplatz- und Einwohnerverlustes auf Wohnungsmarkt und Stadtentwicklung stellen.

Halle (Saale) wird sich mit dem Wohngebiet Silberhöhe als Stadtteil mit besonderem Entwicklungsbedarf auseinandersetzen.

Weimar wirbt für sich als „Stadt zum Wohnen" mit ‚weichen‘ Standortfaktoren und Arbeitsplatzangeboten im tertiären Bereich sowie mit großer Vielfältigkeit des Wohnungsangebotes.

Wittenberg setzt Kräfte und Mittel ein für die Stabilisierung des großen Neubaugebietes ‚Am Trajuhnschen Bach‘ in Friedrichstadt durch ein differenziertes Wohnungsangebot für viele Interessengruppen.

Görlitz sieht seine denkmalgeschützte Innenstadt durch Wohnungsleerstand bei (noch) relativer Stabilität der Großwohnsiedlungen gefährdet, setzt aber weiterhin auf Innenentwicklung.

Halberstadt hat nach zielstrebigem Kampf und mit Geschick seine Stadtmitte wiedergewinnen können.

Wolfen stellt sich auf die mittel- und langfristige Umgestaltung seines zu großen Neubauwohngebietes Wolfen-Nord durch Gestaltung und Nutzung der Freiräume und durch Abbruch von Wohngebäuden ein.

Es ist davon auszugehen, daß die Städte wie auch die betroffenen Wohnungsunternehmen, ob kommunal, genossenschaftlich oder privat, nur in enger Zusammenarbeit und mit finanzieller Hilfe der Länder, des Bundes und der Europäischen Union wie auch durch veränderte gesetzliche und steuerpolitische Regelungen die vor ihnen stehenden vielschichtigen Aufgaben lösen können.

(1) Banse, Juliane; Effenberger, Karl-Heinz ‚Ausgewählte Untersuchungsergebnisse zum Wohnungsbestand und zur Bautätigkeit' in: Beiträge zur ökologischen Raumentwicklung II IÖR-Schrift 12, Dresden 1995

(2) Banse, Juliane; Effenberger, Karl-Heinz; Prof. Dr. Eichler, Klaus; Möbius, Martina: Unveröffentlichtes Manuskript zum Forschungsprojekt ‚Indikatoren der Wohnungs- und Grundstücksmarktentwicklung im Zusammenhang mit dem Strukturwandel von Gesellschaft und Wirtschaft am Beispiel von Siedlungsräumen in altindustrialisierten Regionen'; Institut für ökologische Raumentwicklung, Dresden 1998

(3) ExWoSt-Informationen zum Forschungsfeld ‚Städtebauliche Erneuerung in den neuen Bundesländern – Arbeitsergebnisse des Gesprächkreises ostdeutscher Städtebauer' Nr. 10,12. März 1995

(4) Banse, Juliane; Effenberger, Karl-Heinz ‚Entwicklung des Wohnungsleerstandes in den neuen Ländern'; Institut für ökologische Raumentwicklung, Dresden 1998

Wolfgang Kunz

Leipzig
Grundzüge und Ziele der Strategie „Neue Gründerzeit"

Um die Ansätze der Strategie „Neue Gründerzeit" verstehen zu können, muß man sich die Aufgabe verdeutlichen, vor der Stadterneuerung und Stadtentwicklung in Leipzig 1989 standen. Von den damals 260.000 Wohnungen im Bestand waren über 190.000 sanierungsbedürftig. Zumeist verfügten sie, insbesondere im gründerzeitlichen Bestand, weder über moderne sanitäre Einrichtungen noch Heizungen. Gleichzeitig wiesen die Wohnumfeldfaktoren (z. B. öffentlicher Raum, Straßen, Infrastruktur, Zentren) gestalterische und funktionale Mängel auf. Diese Defizite führten auch vor 1989 schon zu einer Randwanderung, die sich innerstädtisch auf die Standorte der neuen Wohngebiete in Plattenbauweise konzentrierte (Abb. 4).

Nach der Wende setzte sich dieser Prozeß noch intensiver fort. Dadurch wurde die Stadtstruktur in erheblichem Maße gefährdet, denn wie kaum eine andere Stadt in

Abb. 4: Übersichtsplan der Stadt Leipzig.

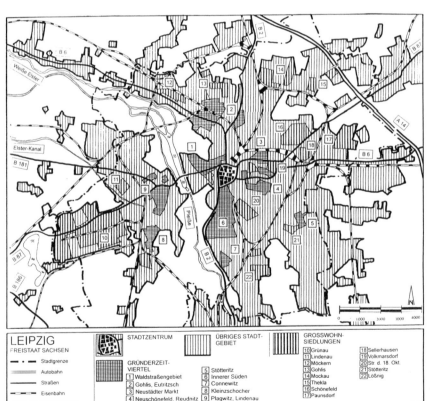

Deutschland verfügt Leipzig über einen geschlossenen gründerzeitlichen Gebäudebestand. Insgesamt 12.500 Häuser mit über 103.000 Wohnungen unserer Stadt gehören diesem Bestandssegment an, das fast vollständig erneuerungsbedürftig war.

Abb. 5: Wanderungsbewegungen in Leipzig 1995 – 1998.

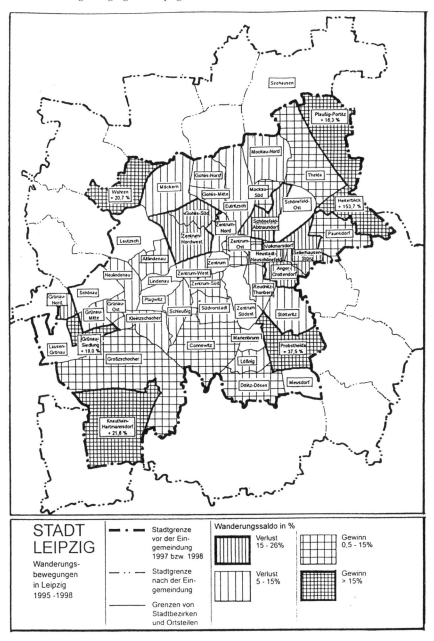

Der Bedeutung der Aufgabe entsprechend wurden in Leipzig 13 Sanierungsgebiete festgesetzt, die über 15 Prozent des Wohnungsbestandes und 12 Prozent der Bevölkerung umfassen. In diesen Räumen, weiteren Gebieten mit besonderem Erneuerungsbedarf und den Großsiedlungen wurden seit 1990 Fördermittel in Höhe von 2,4 Milliarden DM für die Stadterneuerung eingesetzt, wodurch private Investitionen von zusätzlich 15 Milliarden DM mobilisiert wurden. Auch wenn so durch die öffentliche Förderung allein die Sanierung von 80.000 Wohnungen ermöglicht wurde, hat die Aufgabe einer aktiven Stadterneuerungspolitik nichts von ihrer Brisanz verloren.

Trotz zurückgehender Bevölkerungszahl wurden an zahlreichen Standorten inner- und außerhalb der Stadt neue Baugebiete errichtet. Die Zuwanderung in diese Gebiete hat ihren Ursprung vor allem in den Gründerzeitvierteln, auf die sich der Bevölkerungsverlust der Gesamtstadt von über 70.000 Einwohnern konzentriert (Abb. 5). Der damit verbundene Rückgang der Wohnungsnachfrage bei gleichzeitig steigendem Angebot führte zu erheblichen Mieteinbrüchen. Waren sanierte Wohnungen noch 1993 nur ab 18 DM/m^2 erhältlich, gibt es heute im Alt- und Neubau bereits ab 10 DM/m^2 ein breites Angebot. (1)

Schon heute stehen in Leipzig etwa 40.000 Wohnungen leer. Dabei handelt es sich zwar überwiegend um unsanierte, teilweise unbewohnbare Wohnungen, aber auch im sanierten Bestand gibt es durchschnittlich 20 Prozent Leerstand. Da zum 1. Januar 1999 die Sonderabschreibung auf Sanierungen auslief, durch die mögliche finanzielle Verluste abgefangen werden konnten, ergibt sich nun ein erhebliches Problem für die weitere Sanierung. (2)

Noch etwa 4.000 Gebäude oder 35 Prozent des gründerzeitlichen Bestandes sind sanierungsbedürftig. Da ihr Zustand zum Teil sehr ernst ist, sind schnell Maßnahmen abzuleiten, die die Rettung dieses ‚letzten Drittels‘ ermöglichen. Nur so kann verhindert werden, daß durch deren baulichen Verfall ganze Viertel entwertet werden. Gleichzeitig sind langfristige Konzepte zur Stabilisierung der Bevölkerungsstruktur und zur Verbesserung der Wettbewerbsfähigkeit dieses Bestandes erforderlich. Dies sind die Aufgaben der Strategie „Neue Gründerzeit“. Es geht dabei um die Bündelung öffentlicher und privater Aktivitäten in einer Vielzahl von strategischen Ansätzen.

Bausteine des Programms „Neue Gründerzeit“

Aufbauend auf eine übergeordnete strategische Planung soll die Strategie „Neue Gründerzeit“ die baulichen und sozialen Aktivitäten, die sich in Leipzig mit der Gründerzeit befassen, koordinieren sowie ergänzend neue Instrumente entwickeln. Dabei werden drei Zielrichtungen verfolgt: Erhaltung, Umbau und Wettbewerb.

Die Erhaltungsstrategie zielt auf innovative Ansätze zur Erhaltung und Erneuerung der städtebaulich bedeutsamen Substanz. Dabei wird die Entwicklung vom Anleger- zum Selbstnutzermarkt durch Stärkung der lokalen Potentiale und Förderung der Eigentumsbildung intensiviert, die breite Mitwirkung der Mieter bei der Erneuerung von Wohnungen ist angestrebt. Angesichts des Wohnungsüberhangs sollen neue, flächenintensive Wohnformen Verbreitung finden, die über Qualitäten verfügen, die sonst nur im Einfamilien- oder Reihenhaus am Rande der Stadt zu finden sind.

Zu den vorhandenen ‚Löchern in der Stadtstruktur' (Baulücken, Brachflächen) werden weitere hinzukommen. Angesichts der Dimension des Wohnraumüberangebotes wird die gründerzeitliche Bausubstanz nicht vollständig erhalten werden können. Deshalb werden im Rahmen der Umbaustrategie Programmbausteine erarbeitet, die dies als Chance begreifen und die vorhandenen Flächenpotentiale zur Verbesserung der Wohnumfeldqualität nutzen. Dabei gilt es, neue städtebauliche und freiraumplanerische Leitbilder sowie neue rechtliche Instrumente und Kooperationsformen zu entwickeln, die brachliegende Grundstücke verfügbar machen für die beabsichtigte Umgestaltung.

Im Rahmen der Wettbewerbsstrategie werden Erkenntnisse der Bestandsaufnahme der Gebäudesubstanz, von Befragungen der Leipziger Bürger und der Umlandbevölkerung zu ihren Wohnwünschen sowie der neuen Angebote der Eigentumsbildung zu einer in sich geschlossenen Werbestrategie für die innerstädtischen Quartiere zusammengefaßt. Diese Strategie wird im Rahmen einer breit angelegten Kampagne als Gegengewicht zu den Anzeigen der Immobilienentwickler im Umland entwickelt. Gleichzeitig wird versucht, in Landes-, Bundes- und Europapolitik auf die Anpassung der rechtlichen Rahmenbedingungen an die neue Situation hinzuwirken.

Der Stadtentwicklungsplan ‚Wohnungsbau und Stadterneuerung' (Entwurf)

Der Stadtentwicklungsplan beinhaltet das theoretische Grundgerüst und die räumliche Prioritätensetzung für alle Maßnahmen, die unter der Strategie „Neue Gründerzeit" in Leipzig umgesetzt werden. Er hat die Aufgabe, einen gesamtstädtischen Rahmen für die zukünftige Entwicklung der Wohnfunktion in der Stadt abzuleiten. Während dieser prognostische Rahmen die Spielräume aufzeigt, die sich in den verschiedenen Segmenten des Wohnungsmarktes ergeben, hat eine exakte Erfassung und Bewertung der baulichen, strukturellen und sozialen Situation vor Ort die Aufgabe, eine Verbindung von Bestand und Perspektive zu ermöglichen. (3)

Der Stadtentwicklungsplan besteht (der Unterschiedlichkeit der Aufgaben entsprechend) aus zwei Teilplänen. In den Aussagen zum Wohnungsneubau werden die Potentialflächen für neue Bauvorhaben erfaßt und nach ihrer Eignung für unterschiedliche Marktsegmente und nach Standortqualitäten bewertet. Entsprechend der Analysen zur weiteren Entwicklung des Wohnungsmarktes in Leipzig wird ein sehr restriktives Mengengerüst für die zukünftige Flächeninanspruchnahme abgeleitet, das lediglich der Ergänzung des Wohnungsangebotes in den Teilmärkten dient, in denen die Stadt noch Nachholbedarf hat (z. B. Ein- und Zweifamilienhäuser). Dabei müssen auch Möglichkeiten geprüft werden, wie bestehende Baurechte für Wohnungsbau auch zurückgenommen werden können.

Die Aufgabe des Teilplanes Wohnungsneubau ist trotz einer Vielzahl möglicher Konflikte weniger komplex als die des Teilplanes Stadterneuerung. Dieser muß zum einen die grundsätzlichen Gebietskategorien mit Handlungsbedarf und -priorität definieren, z. B.

- konsolidierte Gebiete ohne Handlungspriorität,
- Erhaltungsgebiete, in denen die Blockrandstruktur aktiv gestützt und die
- Blockinnenbereiche entkernt werden sollen und
- Umbaugebiete mit differenzierten Möglichkeiten von Abriß und Umnutzung brachliegender Flächen sowie unterschiedlicher Handlungspriorität.

Zum anderen werden die Programmbausteine benannt, die zur Entwicklung der jeweiligen Gebietskategorien geeignet sind sowie dort erprobt und umgesetzt werden sollen.

Um wirksam die Sozialstruktur in den Vierteln zu stabilisieren und somit auch Identifikationsräume zu schaffen, in die ein Zuzug interessant ist, reicht es nicht, sich auf bauliche Rahmenbedingungen zu konzentrieren. Notwendig ist vielmehr, im Rahmen einer sozialen Stadterneuerung das vorhandene verwaltungsinterne und -externe Know-how in diesen Prozeß zu integrieren. Dabei kann auf die solide Basis vorhandener Konzepte wie den Lebenslagenreport und das Wohnungspolitische Konzept zurückgegriffen werden. Diese sollen auf räumlichen Ebenen gemeinsam mit den baulich strukturellen Aspekten weiterentwickelt werden.

Die Aufgaben der Strategie „Neue Gründerzeit" werden konzeptionell auf gesamtstädtischer Ebene vorbereitet und im Rahmen des Quartiersmanagements umgesetzt. Um das Quartiersmanagement effektiv betreiben zu können, müssen Ansprechpartner in den Quartieren präsent sein. Sie stellen die Verbindung zwischen der gesamtstädtischen Ebene (sowohl programmatisch als auch personell) und den Quartieren her. Darüber hinaus vermitteln sie die Angebote, die in den einzelnen Programmbausteinen erarbeitet werden.

Der Anspruch, städtebauliche und soziale Konzepte zu verbinden, auf der theoretischen Ebene gründlich zu recherchieren und Umsetzungsprogramme zu entwickeln sowie Strukturveränderungen im Bestand mit Wettbewerbsansätzen zu verbinden, ist sehr hoch gesteckt. Wir sind aber davon überzeugt, daß es nur dann möglich ist, aus dem Problem der Sanierung unseres ‚Letzten Drittels' ein Potential für unsere zukünftige Entwicklung zu machen.

(1) Stadt Leipzig, Stadtplanungsamt, Stadtentwicklungsplanung, 1998

(2) Stadt Leipzig, Amt für Stadtsanierung und Wohnungsbauförderung / Stadtplanungsamt, 1998: Städtebauliches Pilotprojekt ‚Behutsame Stadterneuerung'

(3) Stadt Leipzig, Stadtplanungsamt, 1999: Stadtentwicklungsplan Wohnungsbau und Stadterneuerung (Entwurf)

Clementin Deilmann, Cornelius Scherzer

Dresden

Vom Geschoßwohnungsbau zum individuellen Wohnungsbau – die städtebauliche Entwicklungsmaßnahme Dresden-Nickern

Hintergrund und Sachstand

Es ist einiges anders gekommen, als erwartet. Als im Mai 1993 der Aufstellungsbeschluß für den Wohnungsbau Dresden-Nickern gefällt wurde, war die Bautätigkeit in den neuen Ländern gezeichnet vom spekulativen Geschoßwohnungsbau. Der Geschoßwohnungsbau wurde aufgrund der steuerlichen Abschreibungsmöglichkeiten fast ausschließlich für Kapitalanleger errichtet. Die Mieten auf dem freien Wohnungsmarkt lagen bei 20 DM/m² Kaltmiete. Freifinanzierte Immobilien wurden nicht unter 5.000 DM/m² Wohnfläche auf dem Markt angeboten. In dieser Situation war es den Stadtplanern in Dresden eine Verpflichtung, dagegenzuhalten und auf städtischem Grund und Boden preiswerten Wohnungsbau im Landesförderprogramm zu erschwinglichen Preisen anzubieten. Mangels Grundbesitz konnten nur einige wenige Wohngebiete auf städtischem Grund und Boden entwickelt werden. Das Wohngebiet Dresden-Nickern ist eines der größten Entwicklungsgebiete der Stadt. Es liegt in ländlicher Umgebung, zugleich aber in Nähe zum Subzentrum Prohlis und ist damit gut vom Stadtzentrum erreichbar.

Auch für Dresden stand schon 1993 die Forderung nach Einfamilienhausbau im Raum. Der Suburbanisierungsprozeß war bereits in vollem Gange. In den kleinen Gemeinden und Umlandregionen entstanden Einfamilienhausgebiete und Geschoßwohnungsbau, die den Verlust der Einwohnerschaft Dresdens beschleunigen. Obwohl Wohnungswirtschaftler einen Nachholebedarf im Einfamilienhausbereich gesehen haben, schien es dennoch für eine stadtnahe Grundstückslage unvorstellbar, etwa anderes als Geschoßwohnungsbau anzubieten.

Für die Wohnbebauung Nickern wurde ein ehemaliges GUS-Militärgelände freigemacht und hergerichtet. Das Büro von Einsiedel Haeffner Partner erhielt einen Direktauftrag für den städtebaulichen Entwurf und den Bebauungsplan. Entsprechend den Vorgaben wurde ein städtebauliches Konzept vorgeschlagen, welches in fünf leichtgekrümmten hangparallelen Geschoßwohnungsbauzellen von etwa 450 Meter Länge und vier Geschossen eine sehr großstädtische Lösung vorsah. Die Haupterschließungsstraßen hatten den Charakter von Boulevards mit einer Breite bis zu 20 Meter. Es waren 1.900 Wohneinheiten im Geschoßwohnungsbau und 100 Wohneinheiten im individuellen Wohnungsbau vorgesehen (Abb. 6).

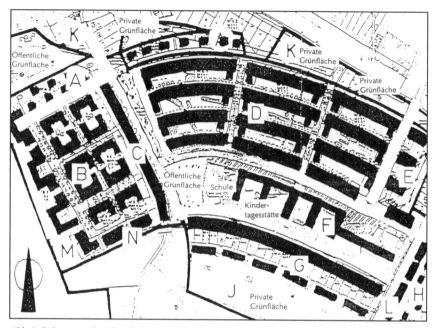

Abb. 6: Bebauungsplan Geschoßbau Dresden-Nickern, 1995.

Zu Beginn des Planungsverfahrens hatte es nur wenige kritische Stimmen gegeben, die das Konzept des Geschoßwohnungsbaues in Frage stellten und individuellen Wohnungsbau vorschlugen. Das Stadtplanungsamt aber plädierte beharrlich für Geschoßwohnungsbau und richtet die Entwurfsaufgabe auf große Bauträger aus. Um die zügige Vermarktung vorzubereiten, wurde die STESAD als treuhänderischer Entwicklungsträger der Landeshauptstadt Dresden eingebunden. Leider geschah dies zu einem Zeitpunkt, als das Entwicklungskonzept bereits festgelegt war. Als schließlich Baurecht geschaffen war durch Stadtratsbeschluß vom Juni 1996, war das Interesse der Investoren und Bauträger weit weniger hitzig als in den ersten fünf Nachwendejahren. Von den Bauträgern wurde nicht mehr der große Geschoßwohnungsbau nachgefragt, sondern allenfalls freistehende Würfelhäuser mit max. acht bis zehn Wohneinheiten. Bereits bevor man drüber nachdenken wollte, wie der bestehende Plan gelockert oder modifiziert werden könnte, war das Immobiliengeschäft im Geschoßwohnungsbau eingebrochen. Es gab keine nennenswerten Anfragen mehr von Bauträgern, die, wie erhofft, in einem Ruck gleich 150 Wohneinheiten oder mehr errichten wollten. Ohne aufwendiges Änderungsverfahren des Bebauungsplanes sah sich die Stadt nicht in der Lage, flexibel auf die geänderte Situation zu reagieren, hatte sie doch mit dem Bebauungsplan nicht nur Baufelder, sondern Baugrenzen und Baulinien vorgegeben.

Derzeit versucht die STESAD, gemeinsam mit dem Stadtplanungsamt, den Bebauungsplan etappenweise zu überarbeiten. Bis für das Gesamtgebiet die Zustimmung und Genehmigung der Überarbeitung vorliegt, werden noch einige Monate verstreichen. Bis dahin werden in einem ersten Baufeld bauträgerfreie Grundstücke angeboten, da große Bauträger wenig Interesse zeigen. Im ersten Schritt sollen 16 Doppelhaushälften und 56 Reihenhäuser von privaten Bauherren bzw. durch Bauherrengemeinschaften (nach den Vorgaben des Bebauungsplanes der Landeshauptstadt Dresden) bebaut werden. Die STESAD unterstützt dabei die Bauherrengemeinschaften durch eine Interessentenbörse: Bauwillige Bauherren können sich bei der STESAD melden, und man wird ihnen ggf. weitere Interessenten nennen, so daß sich eine Bauherrengemeinschaft bilden kann. Die STESAD hat in diesem Zusammenhang auch die Architektenkammer, Ortsgruppe Dresden, zur Zusammenarbeit aufgerufen. Das Konzept der Bauherrengemeinschaften – so gut es auch sein mag – kann in den ostdeutschen Stadtregionen noch nicht auf eine lange Tradition zurückblicken. Gebaute Beispiele sind in Sachsen rar. Die Skepsis vor Zwangs- oder Notgemeinschaften ist groß. Die ersten Vermarktungsversuche auf der Baumesse in Dresden im Februar 1999 zeigten dann auch, daß viele Bauinteressenten zunächst das Angebot eines Grundstückes in dieser stadtnahen Lage sehr interessant fanden. Bei Nachfrage, mit welchen Gestaltungsfreiräumen gebaut werden dürfe, mußte dann ernüchternd festgestellt werden, daß das individuelle Eigenheim – in freistehender Form – an dieser Stelle nicht realisiert werden kann, sondern daß möglichst in Reihenhausgruppen gebaut werden soll. Dämpfend auf die Begeisterung der Interessenten wirkte auch der Bodenpreis (Abb. 7).

Besondere Bodenrichtwerte

für den städtebaulichen Entwicklungsbereich E 1 - Dresden-Nickern

Wertermittlungsstichtag: 15.10.1995   Wertermittlungsstichtag: 02.05.1997

- Endwerte - 1. Fortschreibung -   - Endwerte - 2. Fortschreibung -

Wertzone	Bodenrichtwert DM/m² (erschließungsbeitragsfrei)	Art und Maß der baulichen Nutzung Bauweise[1]	Wertzone	Bodenrichtwert DM/m² (erschließungsbeitragsfrei)	Art und Maß der baulichen Nutzung Bauweise[1]
A	440	WA 0,75 III o	A	440	Geschoßwohnungsbau WA 0,75 III o
B	365	WR 1,0 III g	B	340	Geschoßwohnungsbau WR 1,0 III g
C	410	WA 1,3 III g	C	380	Geschoßwohnungsbau WA 1,3 III g
D	365	WA 1,1 II, III, V g	D	360	Geschoßwohnungsbau WA 1,1 II, III, V g
E	330	WA 0,8 II, III, V g	E	320	Geschoßwohnungsbau WA 0,8 II, III, V g
F	420	MI I, II	F	370	MI I, II
G	410	WR 0,8 II o, g	G	380	ind. Wohnungsbau WR 0,8 II o
H	350	WR 0,4 II o	H	400	ind. Wohnungsbau WR 0,4 II o
I	27	privat Grünfläche - Kleingärten	I	20	Kleingärten WR 0,8 II o BKleingG
K	33	privat Grünfläche - Kleingärten	K	40	private Grünfläche - Kleingärten
L	350	WR 0,6 II o	L	370	ind. Wohnungsbau WR 0,6 II o
			M	270	ind. Wohnungsbau WR 0,47 II o
			N	310	ind. Wohnungsbau WR 0,55 I, II o

Abb. 7: Besondere Bodenrichtwerte für den städtebaulichen Entwicklungsbereich E-1 – Dresden-Nickern.

Das ehemalige Militärgelände hatte man teuer vom Land eingekauft (90 DM je m²). Das Beseitigen der Altlasten und Abbruchkosten allein kostete weitere 50 DM/m². Die Erschließungskosten betrugen bis zu 150 DM je m² Brutto-Wohnbauland. Auf die Nettowohnbaulandfläche gerechnet beliefen sich die Kosten auf insgesamt 575 DM/m². Nur mit Hilfe von Städtebaufördermitteln war es möglich, die Kostensätze auf 340 DM/m² herunterzusubventionieren. Das, was 1995 noch mit einem Bodenrichtwert von 380 DM/m² bis 440 DM/m² bewertet wurde, wird 1999 für 280 DM/m² bis 340 DM/m² angeboten werden müssen. Diese neuen Bodenrichtwerte werden zudem den notwendig höheren Erschließungsaufwand für den nun angestrebten individuellen Wohnungsbau nicht berücksichtigen können.

Diskussion

Die Entwicklungsgeschichte von Dresden-Nickern ist zugleich ein Spiegel der Wohnungsmarktentwicklung in den großen ostdeutschen Städten. An diesem Beispiel wird zugleich deutlich, daß eine Stadt möglicherweise ein hohes Risiko eingeht, wenn sie versucht, selber zu entwickeln. Erfolgreich kann ein solches Vorhaben sein, wenn nachfolgend genannte Aspekte rechtzeitig berücksichtigt werden.

Ebene Markt und Wirtschaft

Auch eine Stadt muß schnell und flexibel handeln können. Die Marktbedingungen und der finanzpolitische Rahmen können sich rasch ändern. Mehrere Etappenziele erreichte die Stadt im Fall Nickern zu spät. Zum Zeitpunkt der zweiten Offenlegung des B-Planes 1995 waren die Investoren wegen sinkender Mieten und der Neudiskussion der Abschreibungsreglungen bereits verunsichert. Geschoßwohnungsbau war nur noch in Form kleinerer individueller Gebäude mit nicht mehr als acht bis zehn Wohneinheiten vermarktbar. Die Stadt agierte nicht flexibel genug und öffnete den Bebauungsplan nicht mehr für diesen ,höherwertigen' Geschoßwohnungsbau.

Das Umsteuern auf individuellen Wohnungsbau scheint nunmehr ebenfalls sehr spät zu kommen. In den z. T. eingemeindeten Umlandgemeinden ist reichlich Bauland ausgewiesen. Dort können individuell freistehende Einfamlienhäuser gebaut werden, und die freie Auswahl aus den Katalogen der Fertighaushersteller ist möglich. In Nickern geht das nicht. Mit dem neuen Strukturplan und der Überarbeitung des Bebauungsplanes versucht die Stadt weiterhin städtebauliche Qualität vorzugeben. Dies ist ein wohlgemeintes Ziel, aber eben mit Restriktionen für die Bauherren verbunden, die immer noch ihren Bauentschluß hinauszögern. Eine schnelle Bebauung aber ist jetzt für den ,Erfolg' des Projektes ausschlaggebend, denn die Marktsituation auch für Einfamilienhäuser wird schwieriger. Der wachsende Leerstand, auch im sanierten Altbaubestand, drückt die Mietpreise erheblich. Derzeit wohnt man auch längerfristig am preiswertesten zur Miete. Bürgerliche Wohnhäuser der Gründerzeit bieten große attraktive Wohnungen in guter Lage. Man wird sehen, ob die Umstrukturierung in ein Einfamilienhaus-Reihenhausgebiet für Nickern nicht wieder zu spät kommt.

Ebene Planungsstruktur

Für ein Entwicklungsgebiet dieser Größe fehlte eine anfängliche öffentliche Diskussion über mehrere grundsätzliche Entwicklungsvarianten.

Ein städtebaulicher Wettbewerb für ein Gebiet mit 5.000 Einwohnern ist sicherlich der bessere Weg als ein Direktauftrag wie im Fall Dresden-Nickern. Außerdem entwickelte offenbar das Planungsbüro das Bebauungskonzept ohne Rückkopplung mit Investoren. Das Bebauungskonzept hat zwar städtebauliche Qualitäten, aber es erscheint in seiner Geste zu großstädtisch und ist – möchte man sagen – ohne ausreichende Auseinandersetzung mit der örtlichen Situation festgelegt worden.

Die Trennung der Akteure in Planer (Stadtplanungsamt) und Vermarkter (STESAD als Treuhänder) hatte schwerwiegende Konsequenzen. Die Planung war nicht gezwungen, auf die Hinweise der Vermarkter zu reagieren. Überdies konnten sich die einzelnen Ämter der Stadt, ob Grünflächenamt, Umweltamt, Straßenverkehrs- und Tiefbauamt, Wasserwirtschaft, in ihren jeweiligen fachspezifischen Förderungen sehr stark einbringen. Dadurch entstand so etwas wie eine Maximallösung. Die finanziell restriktive Position eines Vermarkters fehlte, um zu einem Optimalkonzept zu kommen. Das Zusammenspiel kann nur funktionieren und produktiv sein, wenn Planer, Fachressorts und Vermarkter vorbehaltlos und positiv aufeinander eingehen.

Ebene Nutzerpräferenzen und Bauökonomie

Die Bau- und Nutzungsinteressenten der ersten Phase kamen zu 90 Prozent aus den in den 80er Jahren erbauten angrenzenden DDR-Großwohnsiedlungen Prohlis und Reick. Dem Interesse für das Neue folgte bald die Ernüchterung, daß das Wohngebiet nicht sehr viel anders aussehen sollte, als jenes, aus dem man bereit war, wegzuziehen. Schlimmer noch, man mußte feststellen, daß die Abstandsflächen zwischen den Siedlungszeilen im Neubaugebiet nur die Hälfte der gewohnten Abstandsflächen aus Geschoßwohnungssiedlungen der DDR aufweisen sollte. Das war kein besonders attraktives Angebot, vielleicht ein städtebaulich gutes Konzept, aber eben am falschen Ort und in Verkennung der tatsächlichen Interessen der künftigen Mieter oder Eigentümer.

Es taucht immer wieder die Frage auf, wie weit entfernt der Planer von den Vorstellungen und Wünschen der Bürger sein darf. Selbst so gut gemeinte Vorschläge wie das wachsende Haus, ein Ansatz, der nunmehr auch in Dresden-Nickern versucht werden soll, offenbart eine gewisse Realitätsferne. Die Idee, mit einem kleinen Kernhaus auf einem kleinen Grundstück zu beginnen, ist gerade für Haushalte, die an der Schwelle zur Eigentumsbildung liegen, ein interessantes Konzept. Bei näherer Betrachtung offenbaren sich die Schwierigkeiten. Die Idee, mit einem eingeschossigen Flachdachbau zu beginnen, der später aufgestockt werden könnte, erweist sich als unpraktikabel. Wenn nun mit einem Kernhaus, das denn doch zwei Geschosse mit Satteldach umfaßt, begonnen wird, so hat man bereits 80 Prozent des Endausbauzustandes erreicht. Dann stellt sich die Frage nach dem Anbau. Anbaumöglichkeiten lassen sich heute nicht ohne größere Verluste an Aufwendungen für außenliegende Bauteile realisieren. Das Freihalten der erforderlichen Grundstücksfläche für den eingeschossigen Anbau erfordert entsprechende Grundstücksgrößen. Die zögerliche Nachfrage nach diesen flexiblen Objekten zeigt auch, daß die dort geplante Realisierung eines Mehrgenerationshauses (Familie mit Schwiegereltern, Oma oder Tante) derzeit eher ein theoretisches Konzept ist als ein lebenspraktisches, das über Einzelfälle hinausgeht. Architekten müssen sich im Bereich des Wohnungsbaues eindeutig als Dienstleister verstehen. Planung muß auf die Nutzerpräferenzen eingehen, bzw. sie überzeugend entwickeln, um städtebaulich und architektonisch befriedigende Lösungen in großem Umfang bauen zu können.

Schlußbemerkung

• Städtebauliche Entwürfe sollten bei großen Baugebietsflächen zunächst eher als Rahmenpläne erstellt werden. Inhalte, Strukturen und Verfahren müssen offen genug sein für sich ändernde Markt- und Nachfragebedingungen. Ein solches Konzept kann abschnittsweise in die verbindliche Bauleitplanung umgesetzt werden. Die Erschließung sollte entsprechend in Teilbereichen möglich sein. Die von Planern oft favorisierte Idee des einheitlichen Stadtquartiers kann unter diesen Rahmenbedingungen aber nicht aufrechterhalten werden. Auf die Fragen, die diese Anforderungen aufwerfen, sind weiterhin sowohl prinzipielle als auch lokal orientierte Antworten zu finden, modellhaft zu erproben und mit wissenschaftlicher Forschung zu begleiten.

• Planer und Vermarkter sollten von Anfang an gemeinsam in der Verantwortung stehen. Städtebaulich und architektonisch müssen Nutzungs- und Gestaltungswünsche privater Bauherren und Mieter einbezogen werden. Architekten und Planern kommt allerdings bei der Entwicklung der Nutzervorstellungen im Hinblick auf funktional, ästhetisch, ökologisch und wirtschaftlich vertretbare Wohnformen eine Schlüsselrolle zu: Die Akzeptanz von kompakten, flexiblen Grundrissen, von reduzierten privaten Freiräumen und die Minimierung von Erschließungsflächen für den motorisierten Verkehr zugunsten nutzbarer halböffentlicher Räume ist durch Öffentlichkeitsarbeit und Beratungsangebote von Seiten der Kommunen, der Berufstände und Investoren zu fördern.

• Wohnungsbauplanung sollte generell von geringerer wirtschaftlicher Belastbarkeit der Bewohner ausgehen, ihnen jedoch in Fragen baulicher Standards und Organisation sowie Einzelheiten der Gestaltung Spielräume aufzeigen. Damit verbunden ist das Gebot vorsichtiger, glaubwürdiger und überzeugender fachlicher Argumentation und transparenter Informationspolitik gegenüber der Öffentlichkeit. Entscheidungsprozesse können gewinnbringend durch breite fachliche Diskussion der planenden Berufstände und Bauträger begleitet und sollten durch Demonstrationsbauvorhaben anschaulich gemacht werden. Die Planung ist schrittweise vorzunehmen und inhaltlich und zeitlich mit fachlichen, politischen und individuellen Entscheidungsprozessen auf den verschiedenen Ebenen der Bauleitplanung, Rahmenplanung und Entwurfsplanung zu verzahnen.

• Eine Stadt muß langfristig tragfähige Planungen erstellen und eine vorausschauende Boden- und Erschließungspolitik betreiben. Wohnungsbau mit hohem sozialen Gebrauchswert und großer Wohnumfeldqualität ist jedoch eine Basis für langfristig rentables Engagement von Investoren und Eigennutzern.

Die jüngste Gebietsreform in Sachsen und die derzeitige Nachfragestagnation bietet die Möglichkeit, raumordnerisch, ökologisch und erschließungsökonomisch problematische Standortentscheidungen für Baugebiete – vor allem an der städtischen Peripherie – einer fachlichen und politischen Revision zu unterziehen. Die Umstrukturierung der stadtnahen revitalisierten Militärbrache Dresden-Nickern vom Geschosswohnungsbau in ein dichtes Einfamilien-Reichenhausgebiet mit hoher Wohnumfeldqualität kommt dann vielleicht doch nicht zu spät und erweist sich als richtige Entscheidung.

Klaus Thomann

Erfurt
Ansätze für eine langfristige Wohnungsstrategie

Erfurt stellt sich zum Wettstreit

Planung und Entwicklung von Erfurt, der Landeshauptstadt des Freistaates Thüringen, sind auf das große Ziel gerichtet, die Stadt als Ort des Arbeitens und Wohnens mit interessanten Investitionsstandorten so attraktiv und damit so aussichtsreich wie möglich für den europäischen Wettbewerb zu gestalten. Mit dem Ausbau der Infrastruktur will die Stadt ihrer Aufgabe als zentraler Ort in der Region und als hochrangiges Kommunikationszentrum in Deutschland und in Europa gerecht werden. Für das 21. Jahrhundert hält die Stadt sich offen.

Bevölkerungsentwicklung und Wohnungsbedarf
Konflikte und Entwicklungsströme

Die Bestandsaufnahme nach der Wende 1989/1990 ergab, daß sich etwa 50 Prozent des Wohnungsbestandes in Plattenbauten befanden und ein Defizit im kleinteiligen Wohnungsbau (Einfamilienhäuser, kleine Stadthäuser mit privaten Freiflächen) bestand. Inzwischen nimmt der Wegzug der Bürger aus den Großwohnsiedlungen zu: 1998 verlor Erfurt ,nur' 1,5 Prozent seiner Einwohner durch Geburtenrückgang und negatives Wanderungssaldo, aber der Bevölkerungsrückgang in den Stadtteilen mit industriell errichteten Wohngebäuden lag bei – 6,2 Prozent. Handlungsbedarf für die Stadtverwaltung im Jahre 1997 resultierte aus

- dem Leerstand an Wohnungen in einer Größenordnung von etwa 6.300 Wohnungen (Stand: 1995) in der Altstadt, in Gründerzeitgebieten und in industriell errichteten Großwohnsiedlungen,
- den im Flächennutzungsplan-Vorentwurf (1996) konzipierten überproportionalen Flächenreserven für den Wohnungsneubau mit etwa 640 Hektar angesichts des akuten und des prognostizierten Bevölkerungsrückganges,
- der Eingemeindung von 18 Gemeinden des Stadtumlandes (1994), in denen Wohnungsneubau mit hoher Bau- und Wohndichte entstanden war bzw. begonnen wurde und zu Mehrfamilienhausgebieten mit städtischem Charakter in der Randlage von dörflichen Ortsteilen führte.

Erfurt hatte 1998 201.069 Einwohner; der jährliche durchschnittliche Bevölkerungsrückgang der letzten Jahre betrug etwa 3.000 Einwohner/Jahr (Anzahl Einwohner 1990: 220.000). Die Prognose für das Jahr 2010 liegt bei 197.600 Einwohnern (= 88 Prozent im Vergleich zu 1990).

Der Bestand an Wohnungen betrug im Jahr 1996 105.500 Wohnungen.

Der Ansatz für den Wohnungsneubaubedarf im Rahmenplan zur Flächennutzung (1993) mit etwa 24.700 Wohnungen, davon 14.700 Wohnungen als Erweiterung und 10.000 Wohnungen als Ersatz für Überalterung, Umwidmung und Abriß, war zu präzisieren und den zu erwartenden neuen Bedingungen anzupassen.

Auswirkungen der Gebietsreform 1994 und nachträgliche Schadensbegrenzung

Mit der Eingemeindung von 18 Gemeinden des ehemaligen Landkreises Erfurt vergrößerte sich das Stadtgebiet von etwa 10.700 Hektar auf 26.900 Hektar und die Anzahl der Einwohner von 196.234 Einwohner auf 213.171 Einwohner. Gleichzeitig ‚erbte‘ die Stadt z. T. rechtskräftige Bauleitplanungen mit einem Volumen von etwa 5.000 Wohnungen und vergrößerte damit das Erweiterungspotential auf 18.000 Wohnungen.

Die in den Jahren 1996 bis 1998 vorgenommene Prüfung sämtlicher übernommener Bebauungsplanentwürfe führte bei 23 Standorten zum Abbruch des Verfahrens durch den Stadtrat. Eine angemessene Eigenentwicklung der eingemeindeten Dörfer durch das Angebot von Baupotentialen bleibt dennoch erhalten. Im Ergebnis der Untersuchungen zum Wohnungsbau war auch der Vorentwurf zum Flächennutzungsplan zu überarbeiten.

Alternative Handlungsansätze für Bestand und Neubau Empfehlungen und politische Resonanz

Ansatzpunkt für die Bebauungsplanüberprüfung war neben der absoluten Reduzierung der vorgesehehenen Wohnungsanzahl die Veränderung vom Geschoßbau zum Ein- und Zweifamilienhausbau und der Vorschlag zeitlicher Prioritäten für die Realisierung von Baugebieten unter Beachtung städtebaulicher Aspekte (Beseitigung städtebaulicher Mängel, Lage im Stadtgebiet, Lage zur Stadtbahn und an Entwicklungsachsen).

Für den Wohnungsbau im Bestand (Abb. 8) gilt:
- Städtebauliche Aufwertung der Altstadt und ausgewählter Gründerzeitviertel als sogenannte Stabilisierungsgebiete mit etwa 25.000 Wohnungen durch Verbesserung der Wohnumfeldsituation,
- Städtebauliche Umstrukturierung in ausgewählten Großwohnsiedlungen in industrieller Bauweise (Plattenbau) und in der Innenstadt am Südring als sogenannte Umstrukturierungsgebiete mit etwa 32.000 Wohnungen,
- Stützung der übrigen Wohngebiete (Mehrfamilien-, Ein- und Zweifamilienhausgebiete, Dorflagen) mit insgesamt 40.500 Wohnungen insbesondere durch Verbesserungen für den ruhenden Verkehr.

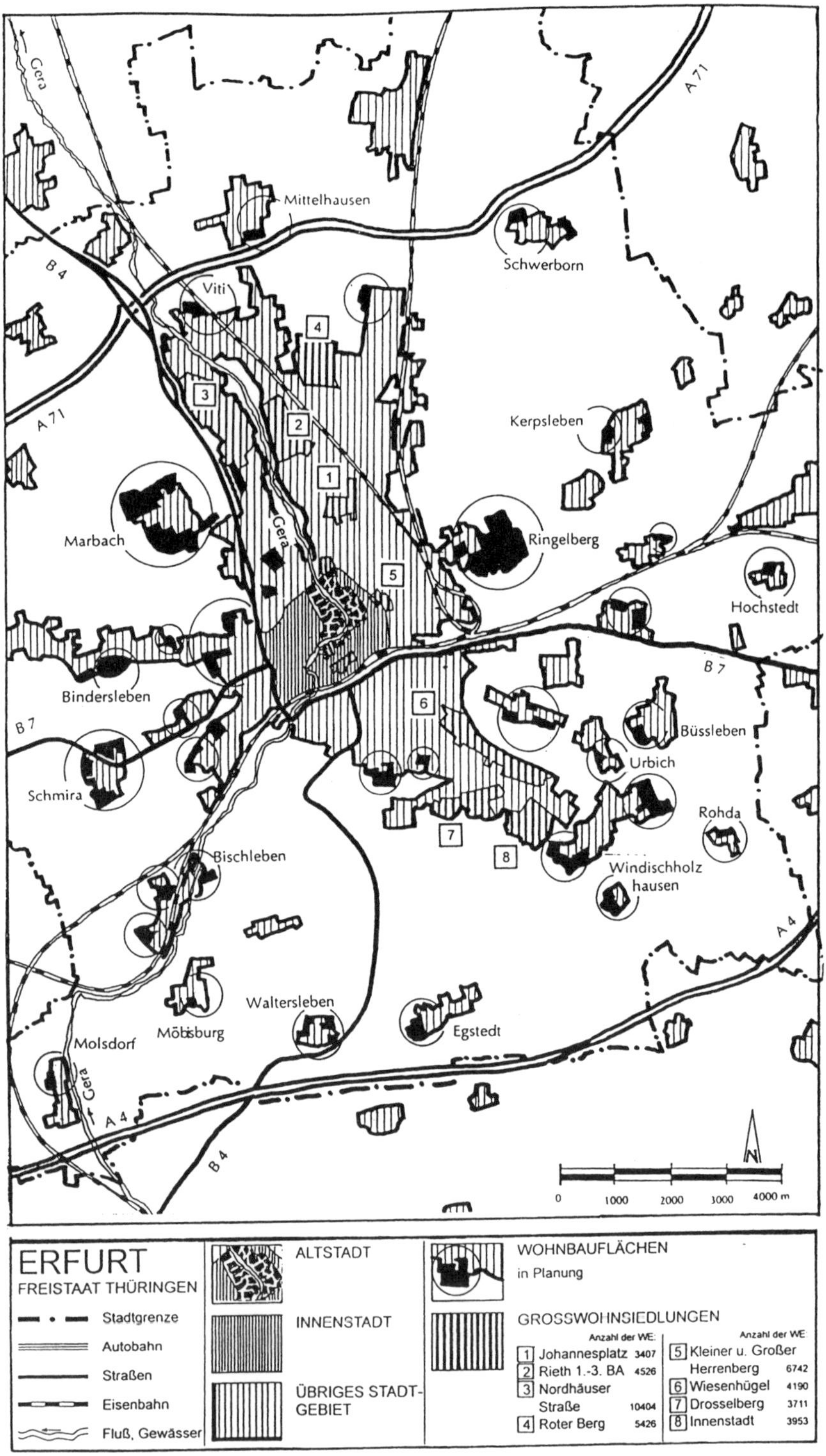
Gera
Mittelhausen
A 71
Schwerborn
B 4
Viti
4
3
2
1
Kerpsleben
Marbach
Ringelberg
5
Hochstedt
Bindersleben
B 7
6
Büssleben
Urbich
Schmira
Rohda
7
8
Bischleben
Windischholz hausen
A 4
Waltersleben
Egstedt
Molsdorf
Möbisburg
N
0 1000 2000 3000 4000 m
ERFURT
FREISTAAT THÜRINGEN
Stadtgrenze
Autobahn
Straßen
Eisenbahn
Fluß, Gewässer
ALTSTADT
INNENSTADT
ÜBRIGES STADT-GEBIET
WOHNBAUFLÄCHEN
in Planung
GROSSWOHNSIEDLUNGEN
Anzahl der WE:
1 Johannesplatz 3407
2 Rieth 1.-3. BA 4526
3 Nordhäuser Straße 10404
4 Roter Berg 5426
5 Kleiner u. Großer Herrenberg 6742
6 Wiesenhügel 4190
7 Drosselberg 3711
8 Innenstadt 3953

Abb. 8: Übersichtsplan der Stadt Erfurt.

Handlungsansätze für den Wohnungsneubau sind:
- Behutsame Steuerung des Neubaugeschehens bei einem Potential von insgesamt 12.000 Wohnungen in den nächsten 15 Jahren,
- Schließung von Baulücken und bessere Auslastung der Infrastruktur sowie Ortsarrondierungen in einer Größenordnung von 1.000 Wohnungen,
- Langfristige Inanspruchnahme von Reserven aus der Nutzungsumwandlung von Flächen für den Wohnungsbau mit 600 – 700 Wohnungen.

Eine Auseinandersetzung zu diesen Planungsansätzen auf der politischen Ebene steht noch aus, obwohl die Kürzungen für den Wohnungsneubau bereits in den Flächennutzungsplan eingearbeitet worden sind.

Szenarien zur Entwicklung der bestehenden und geplanten Wohnungsbaugebiete

Ausgehend von einem Bestand an 31.900 Wohnungen in den städtebaulichen Umstrukturierungsgebieten (Großwohnsiedlungen) wurden vier Rückbauszenarien entwickelt:

Variante	Rückbau		verbleibender Bestand			
1 Maximalvariante	– 15.242 WE	=	16.658 WE	=	52 % des Bestandes	1999
2 Mittlere Variante	– 11.586 WE	=	20.314 WE	=	64 % des Bestandes	1999
3 Minimalvariante	– 6.059 WE	=	25.841 WE	=	81 % des Bestandes	1999
4 Nullvariante	—	=	31.900 WE	=	100 % des Bestandes	1999

Durch die Stadtverwaltung wird dem Szenario 2 der Vorrang gegeben. Untersuchungen der Stadt mit der Arbeitsgemeinschaft Prof. Thomas Sieverts führten zu der Erkenntnis, daß lebensfähigere Wohngebiete nur über die Beseitigung städtebaulicher Mißstände, durch die Verhinderung von sozialen Problemlagen infolge von Leerständen und durch den Verzicht auf Belegungsrechte der Stadt geschaffen werden können. In diesem Zusammenhang entwickelte das Stadtplanungsamt alternative Rückbauszenarien für überwiegend elfgeschossige Gebäude.

Die Wohnungsbauentwicklung in den nächsten 10 bis 15 Jahren als Ansatz für die Stadtwicklung

Leitbilder und Entwicklungsziele

Positive Entwicklungsfaktoren sind die erwartete Ansiedlung von Wirtschaftsunternehmen und Dienstleistungsanbietern sowie der Aufbau der Universität. Erwünscht und erwartet wird auch der Trend ‚Zurück in die Stadt‘. Dem dient die Erweiterung des Stadtbahnsystems zu einem attraktiven schienengebundenen ÖPNV-Netz, der Ausbau der Verkehrsinfrastrukturen insgesamt und die Entlastung der Stadt vom Durchgangsverkehr einschließlich Ausbau randstädtischer Park-and-ride-Anlagen.

Weitere Ansätze sind:
- das Angebot von mehr Wohnfläche je Einwohner durch Wohnungszusammenlegung und von nutzungsneutralen Wohnungsgrundrissen durch entsprechenden Umbau,
- die Bereitstellung preisgünstiger kommunaler Baugrundstücke für den Eigenheimbau.

Auf der Grundlage der Mittleren Entwicklungsvariante (Szenario 2) ist für die nächsten 10 bis 15 Jahre konzipiert:

Wohnungsbestand 1996	etwa 105.500 Wohnungen
Rückbau/Abriß	etwa 11.600 Wohnungen
Zwischensumme	93.900 Wohnungen
Wohnungsneubau	11.800 – 12.100 Wohnungen
Baulückenschließungen	1.050 Wohnungen
Reserven	600 – 700 Wohnungen
Summe Wohnungen 2010	107.350 – 107.750 Wohnungen

Planungsziele im Entwurf zum Flächennutzungsplan

Die Bedeutung der Stadt Erfurt muß sich in einer angemessenen Anzahl der Wohnbevölkerung darstellen. Ein ‚Angebotsmarkt' muß Bauland- und Mietpreise niedrig halten.

Die Wohnfunktion der Altstadt ist zu stützen und weiterzuentwickeln.

Die Unterschiedlichkeit der Wohnquartiere und -blöcke als Identifikationsmerkmale ist unbedingt zu sichern.

Die Großwohnsiedlungen in industrieller Bauweise sind als Strukturen langfristig zu erhalten und als Wohnstandorte zu stabilisieren (Wohnumfeldverbesserung, städtebaulich begründete Eingriffe in die vorhandene Substanz).

Die Gestaltung des Wohnumfeldes im Altbau-Bestand und in neuen Wohngebieten ist sorgfältig vorzunehmen.

Wohnungsbestandserweiterungen sind vor allem dort vorzunehmen, wo die Infrastruktur gute Voraussetzungen bietet.

Im gewachsenen Stadtgebiet und in den dörflich geprägten Ortsteilen sind unterschiedliche Wohnformen anzubieten. Spezielle Wohnbedürfnisse von Studenten, Senioren, behinderten Menschen, jungen Familien, Haushalten und gehobene Wohnansprüche sind im Bestand und bei Neubau zu berücksichtigen.

Die Zukunft wird zeigen, ob der gewählte Planungsansatz für die Wohnungsentwicklung richtig ist oder ob aufgrund anderer realer Entwicklungen z. B. des weiteren Bevölkerungsrückganges einschneidende Korrekturen vorgenommen werden müssen. Es darf aber nicht der Fehler gemacht werden, wegen negativer Prophezeihungen die Wohnungsflächenpotentiale im Flächennutzungsplan so zu beschneiden, daß die zukünftige Stadtentwicklung keine oder zu enge Spielräume hat und dadurch behindert wird.

(1) Rahmenplan zur Flächennutzung der Stadt Erfurt (1990-1994)
Stadtverwaltung/Stadtplanungsamt Erfurt

(2) Vorentwurf zum Flächennutzungsplan der Stadt Erfurt (1996)
Stadtverwaltung/Stadtplanungsamt Erfurt

(3) Konzeptentwürfe zur Wohnungsbaustrategie (1997)
Stadtverwaltung/Stadtplanungsamt Erfurt

(4) Entwurf des Flächennutzungsplanes der Stadt Erfurt (1998)
Stadtverwaltung/Stadtplanungsamt Erfurt

(5) Entscheidungsgrundlagen für die Erneuerung von Großwohnsiedlungen in industrieller Bauweise
Arbeitsgemeinschaft Prof. Thomas Sieverts

Eckhart Wilhelm Peters

Magdeburg
Der Weg von der Stadt des Schwermaschinenbaues zur dienstleistenden Landeshauptstadt

Das Bauen zwischen 1945 und 1990 als Untersuchungsgegenstand

Die bauliche Entwicklung der Stadt Magdeburg zwischen 1945, nach der fast vollständigen Kriegszerstörung der überwiegend barocken Innenstadt, und 1990, dem Ende der ehemaligen DDR hat sich in den Grundriß und in das Bild der heutigen Stadt eingetragen. Sie führte zu nachhaltigen städtebauräumlichen Veränderungen, z.b. am Zentralen Platz, und erweiterte den Wohnungsbestand in der Stadt um mehr als das Doppelte. Großsiedlungen und Wohngebiete sind damit besondere Planungs- und Handlungsschwerpunkte für die nachzuholende und für die vorbeugende Erneuerung.

Die Zukunft der Großsiedlungen wird gemeinhin als problematisch dargestellt. Jüngste Ereignisse in Magdeburg-Olvenstedt haben diesen Stadtteil und damit ähnliche Stadtteile und Wohngebiete auch anderer Städte in den Mittelpunkt der Aufmerksamkeit durch die Medien gerückt.

Es haben massive soziale Veränderungen begonnen, die die kommunalpolitischen Strukturen und sozialen Netze der städtischen Gesellschaft in bisher nicht gekannter Weise herausfordern. Es entzündet sich der Streit über die Entwicklungsräume und Bauten der Nachkriegszeit. Sie werden als Bruch, Konfrontation, Zerstörung und Verlust historischer Qualitäten, mindestens aber wegen ihrer überdimensionierten und unangemessenen städtebaulichen Gestalt, thematisiert und kritisiert. Angesichts städtebaulicher Tatsachen stehen eine Bewertung und ein produktiver Umgang mit den Beständen aus einer mehr als 40jährigen Entwicklung noch aus.

Facetten eines wachsenden Konfliktes zwischen verschiedenen städtebaulichen Traditionen und Stadtvorstellungen sind offenbar:
• das integrierte innerstädtische Bauen auf Parzellen in einem mehr oder minder geschlossenen Block in der kompakten Stadt einerseits,
• die peripheren Siedlungsanlagen auf zusammenhängenden Bauflächen mit Zeilen und grünen Abständen dazwischen andererseits.

Das Stadtplanungsamt Magdeburg legte 1998 eine vom Büro für urbane Projekte Leipzig erarbeitete historische Studie über den Städtebau in Magdeburg 1945 bis 1990 vor. (1) Die Studie versteht sich als ‚Feldarbeit‘, Beitrag zur Spurensicherung, Aufbereitung von Bestandsunterlagen und als eine erste Ordnung des umfangreichen Stoffes. Durch Auswertung von Archiven, Befragungen von Zeitzeugen und durch Analyse der realisierten Wohnungsleerstände wird beispielhaft umfangreiches Material vorgestellt.

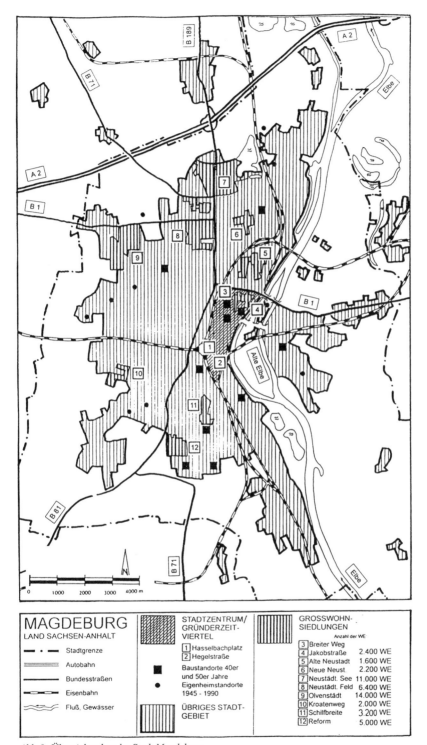

Abb. 9: Übersichtsplan der Stadt Magdeburg.

Magdeburgs Entwicklung im 20. Jahrhundert in der Kontinuität der Moderne

Als Erkenntnisse aus der historischen Studie werden abgeleitet, daß die Stadtentwicklung von Magdeburg seit Beginn des 20. Jahrhunderts eine signifikante Kontinuität der städtebaulichen Moderne aufweist, nicht zuletzt durch das Wirken von Bruno Taut (1921 – 1924) und Johannes Göderitz (1922 – 1933). Die in der Zwischenkriegszeit realisierten Wohnsiedlungen führten auf der Basis von Eingemeindungen zu einer erheblichen Vergrößerung der bebauten Stadtfläche. Die Stadtentwicklungskonzepte dieser Zeit zeichneten eine Bevölkerungszunahme bis zur Halbmillionenstadt und die spätere Inanspruchnahme von Bauflächen in der Zeit nach 1945 faktisch bereits vor.

Tendenzen der Stadtentwicklung bis in die 60er Jahre hinein waren:
• Stadterweiterung durch Siedlungsbau nach den Kriterien ‚Licht – Luft – Sonne‘,
• wachsende Bedeutung des öffentlichen und staatlich subventionierten Wohnungsbaus,
• verstärkte und zunehmend vereinfachte Typisierung der Wohngebäude aufgrund eines sozial nivellierenden und normierenden gesellschaftlichen Gestaltungs und Kontrollanspruchs.

Angesichts des extremen Zerstörungsgrades der ehemals dicht überbauten mittelalterlich geprägten und gründerzeitlich überformten Innenstadt von Magdeburg und von angrenzenden Wohnbereichen am Ende des Zweiten Weltkrieges bestand ein starker Wille für eine ‚Neue Stadt‘ und der Bezug des Gedankengutes der Moderne (funktionalistische wie traditionelle Ansätze) auf eine nur noch partiell erhaltene Altstadt.

Die Annäherung der Magdeburger Stadtplaner an das Gedankengut der ‚Charta von Athen‘ und später der „Gegliederten und aufgelockerten Stadt" beeinflußte eine lange Phase der Entwicklung im Stadtzentrum und vor allem in den Siedlungen und Wohngebieten der 60er und 70er Jahre. Eine in den 80er Jahren beginnende interne Auseinandersetzung der Magdeburger Stadtplaner zu den Umgestaltungsgebieten Neue Neustadt und Südliches Stadtzentrum greift die „Unwirtlichkeit der Städte" und Leitbilder zur ‚behutsamen Stadterneuerung‘ auf, die aber mit den offiziellen restriktiven politischen und wirtschaftlichen Positionen in der ehemaligen DDR kollidierten.

Es ist festzustellen, daß die Urbanisierung der Peripherie der wachsenden Groß- und Industriestadt Magdeburg nicht allein als Gefahr- und Feindbild für die gründerzeitliche, der Tradition der ‚europäischen Stadt‘ verpflichtete, kompakte Stadt betrachtet werden kann. Sie muß als Realität der gesellschaftlichen und siedlungsstrukturellen Entwicklung im Verlauf des 20. Jahrhunderts vor mehrfach gewandelten wirtschaftlichen und politischen Hintergründen akzeptiert werden.

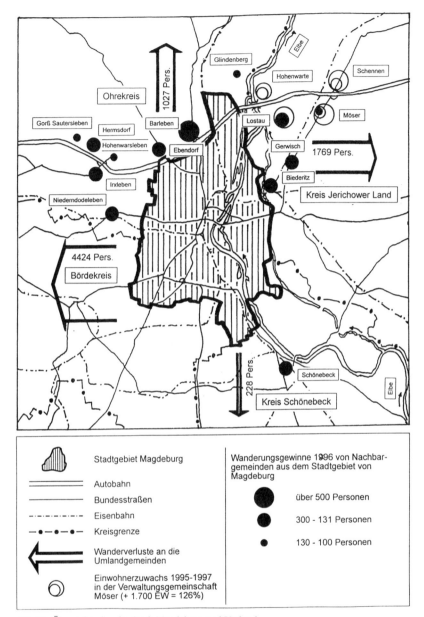

Abb. 10: Übersichtsplan der Stadt Magdeburg und Umland.

Der Wandel städtebaulicher Leitbilder in den Bauetappen

In den beiden Nachkriegsjahrzehnten fungierte der Wohnungsbau als Ersatz für kriegsbedingte Substanzverluste im Stadtzentrum und angrenzenden erschlossenen Stadtflächen. Um 1970 beginnt die eigentliche Stadterweiterungsphase der

DDR-Epoche am Stadtrand, die zum Teil bereits mit dem Generalsiedlungsplan von 1928 vorgesehene Wohnbauflächen ausfüllte oder sich in Form einer ganzen Anzahl ab 1972 kampagnenartig errichteter Eigenheimstandorte in Anknüpfung an Stadtrandsiedlungen der 20er und 30er Jahre vollzog (Abb. 10).

Die Entscheidung für den großen Experimentalkomplex Olvenstedt auf landwirtschaftlich wertvollem Bördeboden bedeutete eine weitere, den bisherigen Maßstab sprengende Ausdehnung der Stadt. Die hier errichteten Wohnungen waren aber weniger einem Migrationsgewinn des Industriestandortes Magdeburg geschuldet als vielmehr dem Ausgleich an massivem Substanzverlust von Wohnraum durch nicht erfolgte Modernisierungsmaßnahmen in den Altstadtquartieren von Buckau, Sudenburg oder Stadtfeld.

Erst in den 80er Jahren kehrte der Wohnungsbau aufgrund wirtschaftlicher Zwänge und eklatanter Fehlbedarfe in die Altstadt zurück.

Charakterisierung der historischen Abfolge der Bauetappen und zugrundeliegender städtebaulicher Leitbilder:

- Die frühen 50er Jahre: Der repräsentative Block im zentralen Bereich
(Ernst-Reuter-Allee, Breiter Weg)
- Die späten 50er Jahre: Die aufgelockerten Zeilen als Siedlungsensemble
(Alte Neustadt)
- Die 60er Jahre: Das Schema für eine Häusergruppe im
sozialistischen Wohnkomplex – der Q6-Stempel
(Wohnkomplex Jakobstraße)
- Die späten 60er Jahre: Der silhouettenprägende vielgeschossige
Wohnungsbau an markanten Standorten
(Bereich Jakobstraße / Elbufer)
- Um 1970:   Die ‚Hochhauswiese' und
das vielgeschossige Karree
(Neustädter See)
- Die 70er und
frühen 80er Jahre: Verdichtete Großplattenbauweise mit getrennten
Erschließungs- und Grünräumen
(Wohngebiet Reform)
- Die späten 70er Jahre: Differenzierung der Großplattenbauweise durch
Sonderelemente wie 45°-Winkel, Würfelhäuser
(Neustädter Feld)
- Um 1980:   Die angewandte Wohnungsbauserie
70 WBS 70
(Olvenstedt 1. Bauabschnitt)
- Die späten 80er Jahre: Die modifizierte Wohnungsbauserie Magdeburg
1986 WBS M 86 zur städtebaulichen Raumbildung
(Olvenstedt 5. Bauabschnitt)
- Die späten 80er Jahre: ‚Dekorierte Platte' und rekonstruierter
Altbau für innerstädtische Anforderungen
(Südliches Stadtzentrum)

Neue Chancen und neue Probleme für die Stadt

Die 90er Jahre brachten große Erfolge und gleichzeitig große Verluste, insbesondere an gewerblichen Arbeitsplätzen, mit sich. Auf der Haben-Seite stehen u. a.

- der Ausbau als Landeshauptstadt von Sachsen-Anhalt,
- die Entwicklung der Universität Magdeburg,
- die Ausfüllung von Lücken im Stadtzentrum durch Handels-, Dienstleistungseinrichtungen, Hotels, Gaststätten und Bürogebäude (u. a. 80.000 m² Verkaufsfläche in drei Gebäudekomplexen),
- die Konversion ehemals militärischer Flächen für die Bundesgartenschau 1999, für ein neues Messegelände, für Einrichtungen der Landesregierung und für eine Fachhochschule.

Auf der Verlust-Seite sind festzuhalten:

- eine offizielle Arbeitslosigkeit zwischen 22 und 20 Prozent (1998),
- mehr als 11.000 Sozialhilfeempfänger und zahlreiche Frührentner,
- ein Verlust von 45.000 Einwohnern (= 16 Prozent) zwischen 1988 und 1997 (der nach Prognosen bis zum Jahr 2010 weitere 45.000 bis 65.000 Einwohner betragen könnte); auch für Magdeburg macht sich zunehmend die Suburbanisierung im Stadtumland negativ bemerkbar,
- sinkende Steuereinnahmen und höhere kommunale Verschuldung,
- das Entstehen von Industriebrachen, z. B. auf Flächen des Schwermaschinenbau-Kombinates ‚Ernst Thälmann‘ SKET,
- geringere Bautätigkeit, soziale Erosion in den Großwohnsiedlungen und Wohnungsleerstände,
- Vorhaltung zwar notwendiger, aber nicht ausgelasteter kultureller, sozialer und technischer Einrichtungen mit erheblichen Kosten,
- Schließung von Einrichtungen (z. B. 80 Kindertagesstätten seit 1990), verbunden mit Konflikten zwischen Stadtverwaltung und betroffenen Bürgern,
- die Zersiedlung des Stadtumlandes (Abb. 10) bei wachsender Verkehrsbelastung durch das tägliche Pendeln zwischen dem Arbeitsplatz in der Stadt und dem Wohnort auf dem Lande (1998: 42.000 Einpendler nach Magdeburg, 12.000 Auspendler in das Umland).

Bezogen auf den Umgang mit dem Wohnungsbestand und dem absehbaren Rückgang der Wohnungsnachfrage in Magdeburg hat die konzeptionelle Arbeit der Stadtverwaltung und der Wohnungsunternehmen begonnen.

---

(1) Städtebau in Magdeburg 1945 – 1990
Teil 1: Planungen und Dokumente
Teil 2: Baustandorte und Wohngebiete
Stadtplanungsamt Magdeburg / Büro für urbane Projekte Leipzig
(Reuther, Schulte) Schriftenreihe der Stadt Magdeburg, Stadtplanungsamt, Heft 34 1998

(2) Stadt Magdeburg, Stadtplanungsamt, 1998
Regionalplanerische Probleme der Landeshauptstadt Magdeburg (unveröffentlicht)

Kurt Ludley

Halle (Saale)

Arbeitsplatzabbau führt zu Einwohnerverlusten

Die tiefgreifenden strukturellen Veränderungen auf dem Arbeitsmarkt seit der Wende, die in den letzten Jahren zu einem erheblichen Verlust insbesondere an gewerblichen Arbeitsplätzen und damit einer steigenden Arbeitslosenquote in der Stadt Halle und in der Region führten, haben unmittelbare Auswirkungen auf den Wohnungsmarkt, sie sind Ursache für den strukturellen Leerstand von Wohnungen in den großen Wohnsiedlungen Halle-Silberhöhe und Halle-Neustadt.

Für die Ansiedlung von Arbeitskräften aus einem großen ländlichen Einzugsbereich für die Chemiekombinate Buna-Schkopau, Leuna und Bitterfeld, wo insgesamt etwa 100.000 Menschen vor der Wende Beschäftigung fanden, waren außer in Merseburg und Wolfen-Nord große Wohnsiedlungen in Halle und die selbständige ‚Chemiearbeiterstadt Halle-Neustadt' errichtet worden (Abb. 11). Heute werden in den wieder gesunden und entwicklungsfähigen sog. ‚industriellen Kernen' im Stadtumland in Unternehmen mit hoher Produktivität und auf modernstem technologischen Niveau etwa noch ein Zehntel bis ein Fünftel der früheren Arbeitsplätze angeboten. Von dem Arbeitsplatzabbau sind die genannten Wohnsiedlungen am umfangreichsten und nachhaltigsten betroffen.

Der Mangel an Arbeitsplätzen führte zu einem starken Wegzug aus der Stadt Halle (Saale). Die Anzahl der Erwerbstätigen ging von 1991 mit 152.000 auf 135.000 im Jahre 1997 um 17.000 = 11 Prozent zurück, die Arbeitslosenquote betrug 1997 20,3 Prozent. Von 1989 bis 1998 verließen etwa 69.000 Bürger (= 21 Prozent des Bestandes von 1989) ihre Heimat, zunächst in die alten Bundesländer, und ab 1993 zu einem großen Teil in die Einfamilienhaussiedlungen im städtischen Umfeld (etwa 22.000 Personen in den Saalkreis und etwa 8.000 Personen in den Kreis Merseburg-Querfurt).

Die Bevölkerungsprognosen des Statistischen Landesamtes Sachsen-Anhalt gehen von einem weiteren drastischen Bevölkerungsrückgang in Größenordnungen von 60.000 bis 80.000 Personen bis zum Jahre 2010 aus.

In den großen Wohnsiedlungen wirken sich Wegzüge als Wohnungsleerstand aus

Die Stadt Halle (Saale) blieb im Krieg weitgehend von Zerstörungen verschont, damit blieben der Stadtgrundriß und ein Großteil der Bebauung, darunter viele Baudenkmale erhalten. Unterlassene Instandsetzung und Modernisierung der Bausubstanz in den Jahrzehnten nach dem Krieg brachte dennoch Verluste an wertvoller Bausubstanz mit sich.

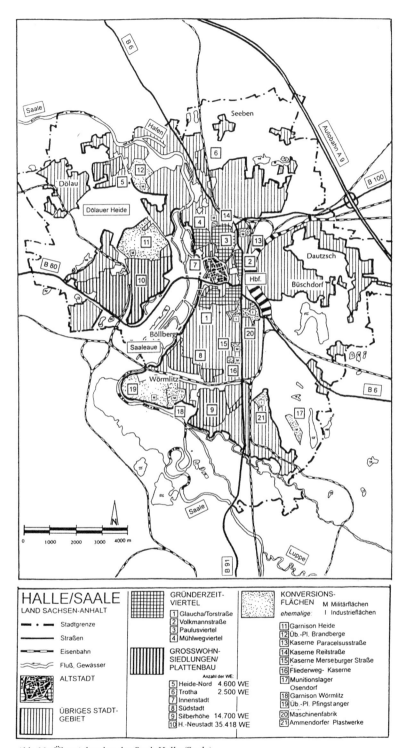

Abb. 11: Übersichtsplan der Stadt Halle (Saale).

Teilbereiche der Innenstadt wurden abgebrochen und mit modifiziertem Plattenbau neubebaut (Brunoswarte, Domplatz, Großer Berlin, Wallstraße, Harz, Unterplan, Steg, Steinweg).

Der noch hohe Anteil erneuerungsbedürftiger Altbausubstanz ist einerseits ein großer städtebaulicher Wert und Ansatzpunkt für eine Stadtreparatur, aber er bedeutet andererseits wegen des enormen Sanierungsaufwandes auch eine ökonomische Last.

Im Bestand wurden 1998 etwa 13.900 leerstehende Wohnungen in etwa 4.100 Gebäuden erfaßt, davon sind 2.000 Gebäude mit ehem. 9.280 Wohnungen vollständig leer. Mindestens 200 Gebäude sind nicht sanierungsfähig. 7.500 leere Wohnungen (54 Prozent aller leerstehenden Wohnungen im Altbaubestand) konzentrieren sich im Stadtgebiet Mitte (Altstadt und nördliche und südliche Innenstadt) mit insgesamt 23.800 Wohnungen. Weitere Stadtviertel mit hohem Leerstand sind Paulusviertel und Giebichenstein.

In den Großwohnsiedlungen der Stadt Halle stehen derzeit (1999) etwa 3.000 Wohnungen leer. Der Leerstand wächst infolge des anhaltenden Einwohnerverlustes und der damit sinkenden Wohnungsnachfrage rasch weiter an und führt zu kleinräumigen Problembereichen in den einzelnen Siedlungen. Am stärksten betroffen ist das Wohngebiet Silberhöhe (mit 18,7 Prozent Einwohnerverlust von 1992 – 1997), danach folgen Halle-Neustadt (mit 17,8 Prozent) Heide-Nord (mit 11,9 Prozent) und Südstadt (mit 9,3 Prozent).

Neben Einwohnerverlusten aus der negativen natürlichen Bevölkerungsentwicklung und der Abwanderung der Einwohner über die Stadtgrenzen hinweg ist auch durch den Wohnungsneubau im Stadtgebiet selbst eine interne Wanderung ausgelöst worden. Die Stadtplanung konnte sich dem Wunsch nach Wohnungseigentum in Form von Eigenheimen und verbessertem Wohnstandard im Geschoßbau nicht verschließen und hat selbst ein sog. ‚1000-Häuser-Programm' für den kurzfristigen Eigenheimbau in der Stadt Halle im Zusammenwirken mit privaten Bauträgern entwickelt. Auf den kommunalen Flächen wurden ausschließlich Grundstücke für den individuellen Eigenheimbau erschlossen und veräußert, auch Bauträger stellten gemäß städtebaulicher Verträge mit der Stadt neben fertigen Häusern erschlossene Baugrundstücke für ‚Selberbauer' zur Verfügung. Außer dem Entwicklungsgebiet Heide-Süd mit etwa 600 Wohnungen unterschiedlicher Bauformen im 1. Bauabschnitt Wohnungsbau waren es die Ortsteile Böllberg/Wörmlitz (+48 Prozent), Seeben (+48 Prozent), Dautzsch (+36 Prozent), Dölau (+30 Prozent) und Büschdorf (+24 Prozent), die durch Wohnungsneubau zu Bevölkerungszuwachs kamen. Von 1990 bis 1997 erteilte das Bauordnungsamt etwa 1.070 Baugenehmigung für Eigenheime, während im Jahr 1998 die Zahl der Baugenehmigungen bei mehr als 500 lag, d. h. in einem Jahr bei der Hälfte des Wertes der vorher genannten acht Jahre.

Das Wohngebiet Silberhöhe als Stadtteil mit besonderem Entwicklungsbedarf

Der Stadtteil Silberhöhe – in den 80er Jahren mit fünf-, sechs- und elfgeschossigen Gebäuden errichtet – bildet zusammen mit dem Neubaugebiet Südstadt (aus den 70er Jahren) nach Halle-Neustadt das zweitgrößte zusammenhängende Gebiet des industriellen Wohnungsbaues in Halle. Es bildet die südliche und südwestliche Stadtkante an den Uferhängen zur Elster- und Saale-Aue und ist durch den öffentlichen Nahverkehr sehr gut erschlossen.

Auf einer Fläche von 203 Hektar lebten 1998 27.8050 Einwohner (davon zwei Prozent ausländische Bürger) in 14.470 Wohnungen (= zehn Prozent des Bestandes insgesamt). Die Arbeitslosenquote lag mit 21,4 Prozent etwas höher als im Stadtdurchschnitt (20,2 Prozent).

Nachteilig sind die hohe Bebauungsdichte, der große Anteil elfgeschossiger Gebäude und der Mangel an PKW-Stellplätzen.

Die Stadt Halle (Saale) hat an die Landesregierung Sachsen-Anhalt den Antrag gestellt, das Wohngebiet Silberhöhe im Rahmen des vorgesehenen Programmes „Soziale Stadt und URBAN" in den nächsten Jahren als „Stadtteil mit besonderem Entwicklungsbedarf" zu fördern.

Konzipierte Maßnahmen sind
* zur Stärkung des wirtschaftlichen Wohnstandes und der Beschäftigung
  * die Ansiedlung kleinerer und mittlerer Unternehmen, der Aufbau eines Innovations- und Gründerzentrums, das Angebot von Aus-, Fort- und Weiterbildungsmaßnahmen insbesondere von Jugendlichen durch Nutzung von geeigneten leerstehenden Wohnungen und freiwerdenden ehem. Gemeinbedarfseinrichtungen,
  * die Erweiterung des sozio-kulturellen Zentrums ‚Bäumchen' durch einen Bürgersaal,
  * der Rückbau/Abriß von Wohnungen in überverdichteten Bereichen als Ordnungsmaßnahme zur Behebung städtebaulicher Mißstände,

* zur Förderung von Gleichheit, sozialer Eingliederung und Erneuerung
  * die Verbesserung der Gebietsausstattung mit Freizeitangeboten (Jugendtreff, generationenübergreifende Angebote nach dem Leitsatz ‚Brücken-Schaffen in Silberhöhe', Sportanlagen),
  * die Einrichtung eines Stadtteilbüros/URBAN-Centrums als Anlauf- und Koordinierungsstelle für alle Beteiligten,
  * die Gestaltung des unmittelbaren Wohnumfeldes,
  * die Sanierung von langzeitig zu nutzenden Schulen,
  * die Umsetzung von Spielflächenkonzepten,

- zur Gestaltung von Plätzen und Freiflächen im öffentlichen Raum
  - die Fertigstellung der zentralen Grünzüge im Wohngebietsinneren,
  - die Gestaltung der Freiflächen in den Zentrumsbereichen,
  - die Umsetzung des Verkehrskonzeptes,

- zur Stärkung der kommunalen Selbstverwaltung
  - die Koordinierung und Entwicklung bestehender Initiativen und Aktivitäten,
  - die Verbesserung der Öffentlichkeitsarbeit,

- zur Förderung des Arbeitskräftspotentials sowie der Chancengleichheit
  - die Umsetzung von Qualifizierungsprojekten und von Konzepten zur Schaffung zusätzlicher Arbeitsplätze.

(1) Stadt Halle (Saale), Dezernat Planen und Umwelt, 1999
    Bericht zum strukturellen Leerstand von Wohnraum in der Stadt Halle

(2) Stadt Halle (Saale), Dezernat Planen und Umwelt, 1999
    Antrag an die Landesregierung Sachsen-Anhalt zur Förderung des Wohngebietes Silberhöhe im Rahmen des Programmes „Soziale Stadt und URBAN"

Ursel Grigutsch

Weimar
Eine Stadt zum Wohnen

Die unterschiedlichen Wege zum Ziel

Weimar – Kulturstadt Europas 1999 – verfolgt neben Erhalt und Ausbau von Kultur und Tourismus die Entwicklung zu einem attraktiven Wohnstandort für ältere Menschen, für Studenten (bis zu 6000 pro Jahr) und für Beschäftigte der Hochschulen, der kulturellen Einrichtungen, der Dienstleistungsbetriebe und Verwaltungen.

Weimar hat bewußt frühzeitig nach 1990 auf ein vielfältiges Wohnangebot gesetzt. Ausgang war die Sanierung des Bestandes einschließlich der Nachverdichtungsmöglichkeiten, Innenentwicklung vor der Außenentwicklung. Die Wohnungsbaukonzeption von 1992 wurde umgesetzt durch Sanierungsplanungen für die Altstadt (90 Hektar) und für das Gründerzeitviertel Bahnhofsvorstadt (70 Hektar), durch eine Entwicklungsmaßnahme, sowie durch Rahmenplanungen für drei Großwohnsiedlungen / Plattenbaugebiete und für Konversionsflächen.

Die älteste Plattenbausiedlung aus den 60er Jahren konnte durch Modernisierung der Gebäudesubstanz und Wohnumfeldverbesserung stabilisiert werden. Gefährdet ist die Plattenbausiedlung der 70er Jahre wegen ihrer geschlossenen, hochverdichteten Baustruktur sowie wegen der Altersstruktur und sozialen Zusammensetzung ihrer Bewohner. Die jüngste Wohnsiedlung Weimar-Nord am nördlichen Stadtrand ist aufgrund ihrer Lage, ihres Alters und der offenen städtebaulichen Gestaltung noch wenig vom Wegzug ihrer Bewohner bedroht (Abb. 12).

Bei Annahme einer gleichbleibenden Einwohnerzahl und dem Erhalt des Wohnungsbestandes wird für die nächsten 15 Jahre ein Bedarf von etwa 30 Hektar Wohnbauland eingeschätzt. Dieser Bedarf kann an kleinen Standorten mit unterschiedlichen Wohnungsbauformen gedeckt werden.

Mit drei Wohnprojekten sollen das Entwicklungsziel ‚Stadt zum Wohnen‘ und der Weg dahin näher erläutert werden (Abb. 13):

‚Weimar-Nord‘ – die Entwicklung einer Plattenbausiedlung mit ihrem Umfeld zu einem Stadtteil,

‚Über der großen Sackpfeife‘ – die Entwicklungsmaßnahme für einen großen nutzungsgemischten Standort,

‚neues bauen am horn‘ – die Entwicklung einer Konversionsfläche als Wohnungsbaustandort.

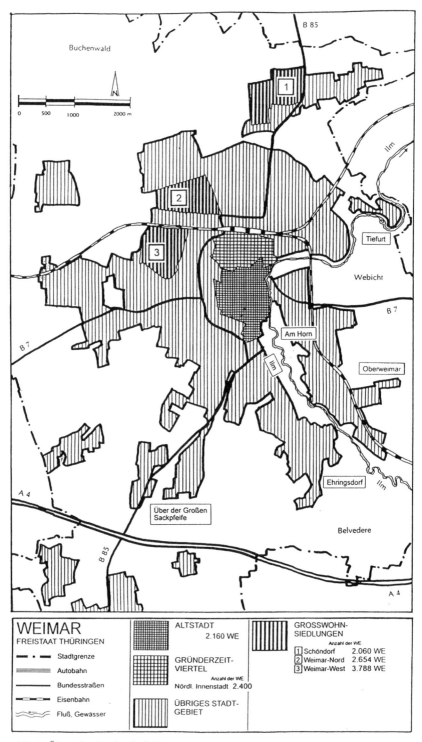

Abb. 12: Übersichtsplan der Stadt Weimar.

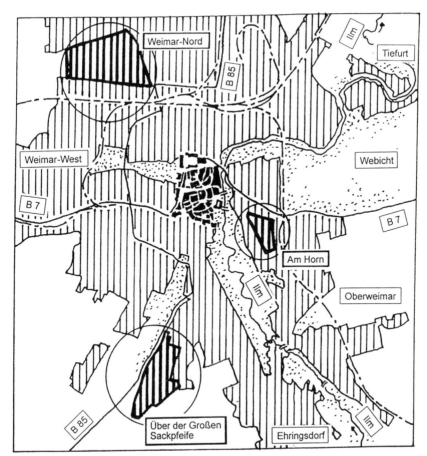

Abb. 13: Übersicht über die Wohnprojekte.

,Linie in den Stadtteil bringen'
Weimar-Nord im Umbruch als Chance zum Umbau

Auf 40 Hektar Fläche im Norden Weimars zwischen Stadtmitte und Ettersberg entstanden von 1962 bis 1986 in fünf-, acht- und elfgeschossiger Bebauung etwa 2400 Wohnungen für etwa 4500 Einwohner. Ohne städtebauliches Grundkonzept entstand über die Zeiten ein heterogenes Stadtteilgefüge ohne inneren Zusammenhang und ohne funktionelle Ordnung, eingeschlossen von Nutzungsbarrieren unterschiedlicher Art (Kasernen, Truppenübungsplätze, Lagerhallen, Gleisanlagen). Über 80 Prozent der rund 4500 Bürger fühlen sich in ihrem Stadtteil fest verwurzelt. Die Belegung mit 1,8 Einwohner/Wohnung ist sehr gering; die Eltern bewohnen nach Auszug der Kinder die Wohnung wieder allein.

Mit dem Planungsansatz „Zivilisierung im Spannungsfeld zwischen Buchenwald und Goethehaus – Linie in den Stadtteil bringen" wurde Weimar-Nord ein dezentrales Projekt der EXPO 2000.

Abb. 14: Planungskonzept für Weimar-Nord.

Eine funktionelle Anbindung an die Kernstadt soll durch Zuordnung zentraler Funktionen und durch neue Wegeverbindungen erreicht werden. Erschließung des Landschaftsraumes und Einbindung von Freiflächen sowie Aufwertung der Plattenbauten und Ergänzungen des Wohnens durch Neubauten und Umnutzung ehem. Kasernen sind weitere Handlungsfelder (Abb. 14).

Neue genossenschaftliche Wohnform im ‚normalen' Einfamilienhausgebiet

Am Südrand der Stadt entstanden in günstiger Verkehrslage auf 34 Hektar als städtebauliche Entwicklungsmaßnahme ‚Über der Großen Sackpfeife / Im Merktale' ein neues Wohngebiet mit Zentrum und ein Sondergebiet für den Neubau einer Klinik und von Dienstleistungs-, Büro- und Verwaltungseinrichtungen (Abb. 15).

Abb. 15: Bebauungsplan für das Entwicklungsgebiet ‚Über der großen Sackpfeife'.

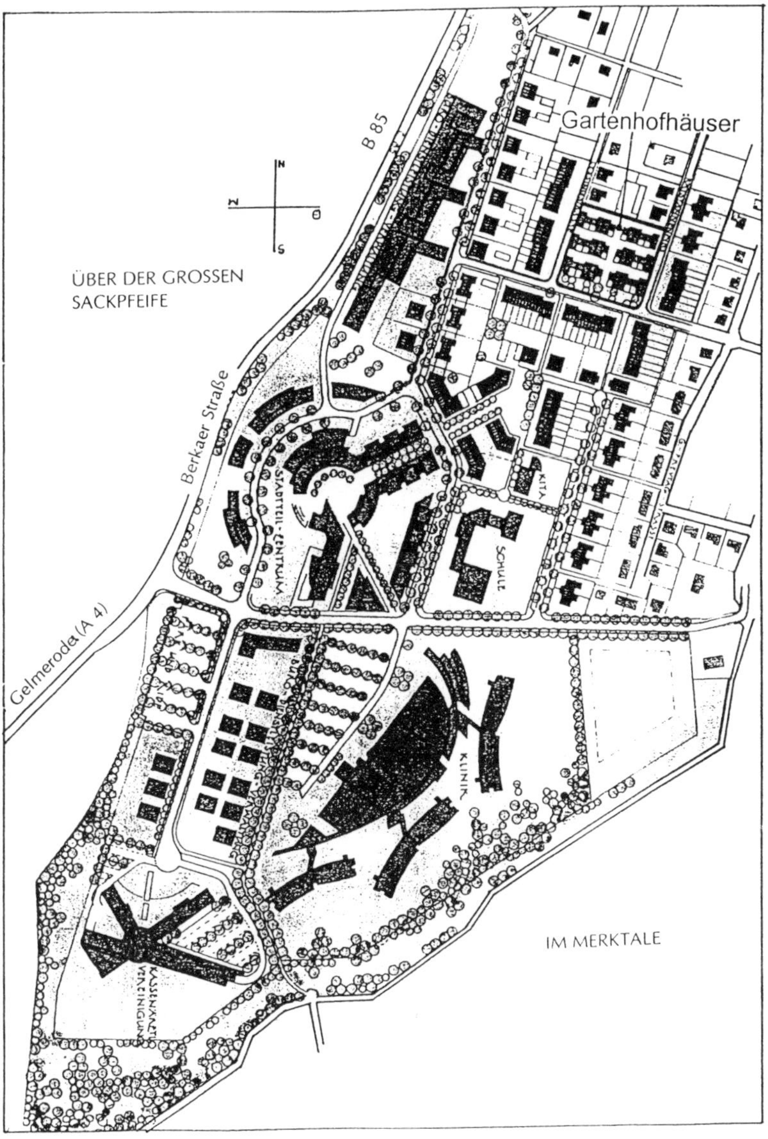

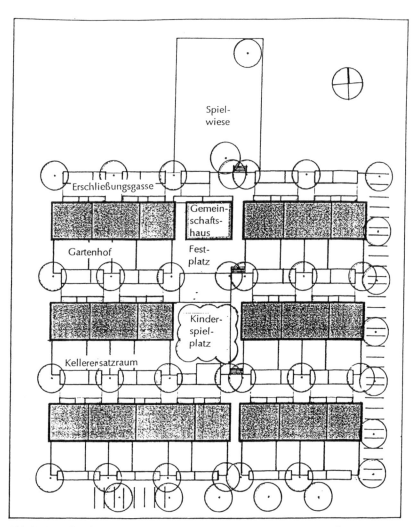

Abb. 16: Lageplan der Gartenhofhäuser Lessingstraße im Entwicklungsgebiet ‚Über der großen Sackpfeife‘.

In dem Wohngebiet mit herkömmlichen Einzel-, Doppel- und Reihenhäusern ist nach Plänen des Architekten Walter Stamm-Teske, Weimar, eine Siedlung in flächensparender, verdichteter Form mit 26 Wohneinheiten und einem Gemeinschaftshaus entstanden, die ‚Gartenhofhäuser Lessingstraße‘ als Eigentümergenossenschaft. Der Realisierung dieses ganzheitlichen sozialen, gestalterischen, ökonomischen und ökologischen Konzeptes ging ein intensiver und langwieriger Vorbereitungsprozeß unter Beteiligung der zukünftigen Bewohner voraus. Autos werden am Rand der Anlage geparkt. Das Grundrißsystem für die Wohngebäude ermöglicht Wohnungsgrößen mit 34, 60, 76, 97 und 118 m². Ein Jahr nach der Fertigstellung ist einzuschätzen, daß die Bewohner ihr Wohngebiet angenommen haben (Abb. 16).

Eine alte Konversionsfläche regt wieder
'neues bauen am horn' an

Die Nachnutzung eines unter Denkmalschutz stehenden Ensembles von Militär-bauten aus der Zeit des späten 19. Jahrhunderts, der Streichhan-Kaserne, und sei-ner Ergänzung zu einem neuen Stadtteil war die städtebauliche Aufgabe für das zehn Hektar große Gebiet in unmittelbarer Nachbarschaft des Goethe-Parkes an der Ilm. Das Ergänzungskonzept für das 'neue bauen am horn' entstand über ein städtebauliches Gutachterverfahren (1997) mit elf Teilnehmern aus fünf europäi-schen Ländern, durch die Ausarbeitung eines Bebauungsplanes durch eine Büro-arbeitsgemeinschaft (Diener & Diener, Basel; Krischanitz, Wien; Snozzi, Locar-no) und durch einen Hochbauwettbewerb für das Baufeld einer neu gegründeten Genossenschaft (Siegerentwurf: Büro Winking, Hamburg). Im Wohngebiet mit etwa fünf Hektar Fläche wird die in der Nachbarschaft vorhandene villenartige Bebauung fortgesetzt; es können etwa 220 Wohneinheiten entstehen.

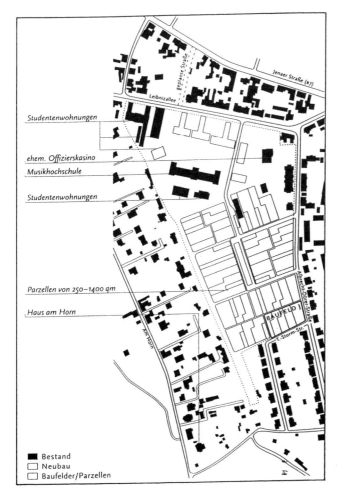

Abb. 17: Lageplan für 'neues bauen am horn'.

Die ehem. Kaserne ist für Nutzungen durch die Musikhochschule vorgesehen. Sie wird durch Neubauten ergänzt. Zwei Kuben an der östlichen Seite, drei T-förmige Gebäude an der Nordseite und das Turmhaus an der Hangkante fassen einen prägnanten öffentlichen Platzraum. Das Turmhaus bildet den Auftakt zur Promenade, die als langgestreckter Grünraum mit Rampe entlang der Hangkante bis zum Zugang zum tiefer gelegenen Park an der Ilm führt. Das ‚neue bauen am horn' ist als städtebaulicher Beitrag zur EXPO 2000 registriert (Abb. 17).

(1) Stadt Weimar, Dezernat für Planen, Bauen und Umwelt / Amt für Planung, Vermessung und Denkmalschutz, Amtsleiterin Ursel Grigutsch, 1999

(2) EXPO 2000 Hannover: Weimar-Nord – Umbruch als Chance zum Umbau, 1999

(3) Landesentwicklungsgesellschaft Thüringen mbH, Erfurt, in Zusammenarbeit mit der Bauhaus-Universität Weimar: Genossenschaftliche Wohnanlage am Horn, Weimar Dokumentation zum Realisierungswettbewerb, 1999

Bernd Hunger, Jochen Kirchner

Wittenberg
Die Suche nach dem entwicklungstragenden Leitbild

Die Entwicklungsphasen der Lutherstadt Wittenberg

Residenzstadt des sächsischen Kurfürsten Friedrich der Weise ab 1486 bis 1547 mit drei wichtigen Infrastrukturentscheidungen: der Ausbau des Schlosses für den Residenzbetrieb, der Bau der festen Brücke über die Elbe zur besseren Erreichbarkeit der Stadt und die Gründung einer Universität (1502); mit der Residenzstadt verbunden sind die Titel Universitäts- und Reformationsstadt (Dr. Martin Luther 1508-1546, Philipp Melanchthon 1518-1560), Buchdruckerstadt (Hans Lufft) und Malerstadt (die Malerakademie der Cranachs ab 1515 bis 1547).

Provinzialität und Niedergang Mitte des 16. Jahrhunderts bis Anfang des 19. Jahrhunderts.

Garnisonsstadt in der neuen preußischen Provinz Sachsen seit 1815, Mittelstadt für fünf Städte und 98 Dörfer mit etwa 34.600 Einwohnern.

Kapitalistische Industriestadt ab 1875 mit Hafenausbau, Schleifung der Festungswallanlagen und flächiger Ausdehnung der Industriegebiete nach Westen, ohne die traditionellen Erwerbszweige Gemüseanbau und Maiblumenzucht anzutasten; 13.000 Einwohner (1910), weitere Entwicklung zwischen den Kriegen durch Rüstungsbetriebe.

Sozialistischer Chemiestandort von 1949 bis 1989 einschließlich Kasernen der Sowjetischen Armee, Kreisstadt, 53.700 Einwohner (1990)

Stadt im Umbruch ab 1990 mit Verlust von zwei Dritteln der industriellen und der Hälfte der landwirtschaftlichen Arbeitsplätze und einer Expansion des Dienstleistungssektors, die aber den Verlust an Arbeitsplätzen nicht ausgleicht. Günstige Faktoren sind:

- Abbau der Umweltbelastungen (Reinigung der Elbe, Beseitigung der Industrieabgase und -stäube aus den chemischen Anlagen im Westen der Stadt),
- Abzug des Militärs,
- Ansiedlung neuen intellektuellen Potentials durch Institute der Martin-Luther-Universität Halle-Wittenberg,
- Stärkung der zentralörtlichen Bedeutung durch Ansiedlung.

Das Leitbild für das Milieu und Image der Stadt

Als Stärken des Wittenberger Stadtmilieus werden benannt:
* das Milieu der Altstadt mit Struktur und Teilen der Bebauung aus dem 16./17. Jahrhundert, der Spätrenaissance,
* das Zusammenspiel von Stadt und Landschaft mit der Elbaue und der Gemüse- und Gartenbaukultur,
* die Ablesbarkeit einer widerspruchsvollen Stadtgeschichte.

Schwächen sind die Auswirkungen einer fast 100jährigen einseitigen Industriedominanz und das Fehlen eines gewichtigen intellektuellen Potentials.

Leitbilder für die Stadtentwicklung auf der Grundlage des Zusammenspiels von Kultur, Industrie und Landschaft könnten sein:
Leitbild 1: „Stadt mit Weltgeschichte",
Leitbild 2: „Stadt in der Kulturlandschaft" bis hin zum ‚Industriellen Gartenreich' Dessau – Wörlitz – Gräfenhainichen – Bitterfeld,
Leitbild 3: „Stadt mit Industriekultur", z. B. mit der Werksiedlung Piesteritz der Stickstoffwerke AG von Gerlach und Otto Salvisberg 1916–1919.

Stadt und Umland in Konkurrenz und Zusammenarbeit

Die verkehrsgeografische Lage der Stadt am Kreuzungspunkt der zwei Kommunikations- und Transportachsen Berlin – Halle/Leipzig (Nord-Süd) und Magdeburg – Dresden (West-Ost), gebildet durch Fluß, Schiene und Straßen, ist gut. Wittenberg mit etwa 52.500 Einwohnern (1996) ist Mittelzentrum mit Orientierung auf das Oberzentrum Dessau; im Landkreis leben etwa 138.500 Einwohner (1996). Etwa jeder zweite Arbeitsplatz des Kreises befindet sich in Wittenberg (etwa 22.700 Arbeitsplätze 1996 von 44.300 insgesamt). Verarbeitendes Gewerbe mit etwa 26 Prozent und Dienstleistungen mit etwa 24 Prozent der Arbeitsplätze insgesamt bestimmen die Wirtschaftsstruktur. Land- und Forstwirtschaft sind mit 6,5 Prozent der Arbeitsplätze relativ stark vertreten (Landesdurchschnitt: 3,2 Prozent), ein Grund dafür sind Blumenkohl und Maiglöckchen. Wittenberg ist Handelszentrum. Großflächiger Einzelhandel im Stadtumland ist nicht von Bedeutung und keine Konkurrenz für die Innenstadt (Abb. 18).

Der Trend „Wohnen im Umland – Arbeiten in der Stadt" wirkt auch in Wittenberg: Von 1992 bis 1997 betrug das Wanderungssaldo –1.472 Einwohner. Im Umland entstanden 1.425 Wohnungen im 1- und 2-Familienhäusern sowie 4.730 Wohnungen in Mehrfamilienhäusern, in die viele ehemalige Wittenberger Bürger einzogen. In elf Umlandgemeinden im Umkreis von etwa zehn Kilometer ist desweiteren etwa 45 Hektar neues Wohnbauland für etwa 4.500 Einwohner ausgewiesen, das nicht dem Eigenbedarf der Landgemeinden dient. Erst ab 1995 konnte die Stadt durch Flächenangebote für den Eigenheimbau im eigenen Stadtgebiet den laufenden Suburbanisierungsprozeß beeinflussen und den Abwanderungsprozeß verlangsamen. Drei Gemeinden – Pratau, Reinsdorf und Seegrehna mit 6.100

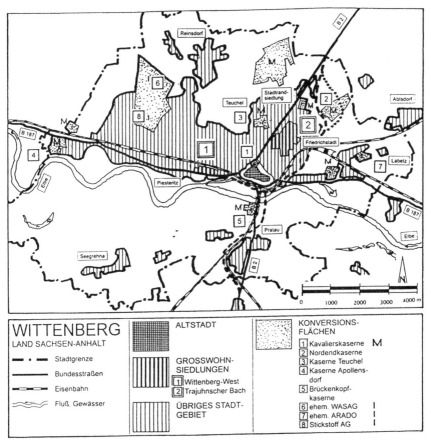

Abb. 18: Übersichtsplan der Stadt Wittenberg.

Einwohnern – wurden am 1. Januar 1994 nach Wittenberg eingemeindet. Zugunsten von Wittenberg ist die überproportionale Entwicklung des Wohnungsbaues in den Umlandgemeinden zurückzunehmen.

Konversionsflächen im Stadtgebiet von Wittenberg als Entwicklungsreserven

Rings um das Stadtgebiet liegen z. T. große Konversionsflächen, die in die städtebauliche Entwicklung, trotz vieler noch nicht gelöster Aufgaben (Altlastenbeseitigung!) schrittweise einzubeziehen sind. Industrielle Konversionsflächen sind das Gelände der WASAG nördlich von Piesteritz mit 260 Hektar (eine ehemalige Sprengstoffabrik, die noch zu beräumen ist) und das ARADO-Flugzeugwerk-Gelände in der östlichen Elstervorstadt, außerdem gibt es durch Rückbau entstandene Flächenpotentiale von etwa 60 Hektar auf den Werksgeländen der Stickstoffwerke AG und der Gummiwerke. Die Entwicklung der militärischen Konversionsflächen ist wie folgt vorgesehen:

- Kavalierskaserne (Innenstadt) für Büros und Verwaltungen,
- Nordendkaserne für gewerbliche und Wohnnutzung,
- Kaserne Teuchel (im Nordosten) als gemischte Baufläche,
- Kaserne Apollensdorf (im Westen) als Wohnstandort und für die Entwicklung von Landschaft,
- Brückenkopfkaserne Pratau (im Süden) für Freizeit und Tourismus,
- Beständelager (zehn Hektar) als gewerbliche Baufläche,
- Funkstation Apollensberg (im Westen) als Naturschutzgebiet,
- Truppenübungsplatz Teuchel im Norden (206 Hektar) als Natur- und Erholungsraum,
- Mutzschgen (Labetz) als Schutzgebiet für Natur und Landschaft,
- Kirschberg (Trajuhn) für den Schutz, die Pflege und die Entwicklung von Natur und Landschaft.

Wohnen in Wittenberg soll auch in den großen Wohnsiedlungen attraktiv bleiben

Das Szenario für die Stadtentwicklung „Moderates Wachstum" geht von einer kurz- und mittelfristigen Stärkung als Arbeitsplatzstandort durch Ansiedlung von Verwaltungs-, Bildungs- und Dienstleistungseinrichtungen aus. Für die Bevölkerungsentwicklung wurden zwei Trendszenarien aufgestellt:

Trendszenario 1	„Bevölkerungsentwicklung auf heutigem Niveau" Jahr 2010: 52.000 – 54.000 Einwohner
Trendszenario 2	„Bevölkerungsrückgang auf 47.000 Einwohner" (= 92 Prozent des Standes von 1990 mit etwa 51.000 Einwohner) Prognose des Landesamtes für Statistik Sachsen-Anhalt

Von 1992 bis 1997 verringerte sich die Einwohnerzahl um 3.811 = 7,7 Prozent, durch die Eingemeindung 1994 erfolgte eine ‚Auffüllung' um 6.100 Einwohner. Dennoch setzt sich die Einwohnerabnahme fort. Gründe sind das Geburtendefizit, die Überalterung der Bevölkerung und der Wegzug in das Stadtumland und ‚zur Arbeit hin'.

Die Zahl der Haushalte nimmt insgesamt ab aufgrund der Wanderungsverluste. Die Zahl der 1- und 2-Personen-Haushalte wird zunehmen. Die durchschnittliche Haushaltsgröße veränderte sich bisher von 2,26 (1993) auf 2,19 (1996), die Prognose liegt bei 1,9 Einwohner/Haushalt. Die künftige Entwicklung der Haushalte ist damit zusammen mit der Entwicklung der Bevölkerungszahl die wichtigste Einflußgröße für den künftigen Wohnflächenbedarf.

Wittenberg hatte 1996 einen Bestand von etwa 24.200 Wohnungen, davon etwa 7.200 Wohnungen = 30 Prozent kommunal, etwa 4.000 Wohnungen = 17 Prozent genossenschaftlich, 1.110 Wohnungen = 5 Prozent gehörten einer Siedlungsgesellschaft und 11.875 Wohnungen = 48 Prozent waren privat einschließlich Betriebswohnungen. Je Einwohner stand eine Wohnfläche von 33 m² zur Verfügung.

1998 standen etwa 1.700 Wohnungen (= 7 Prozent) leer, davon 500 Wohnungen wegen schlechten Bauzustandes, wegen Sanierung und wegen geplanten Abganges in Betriebsgeländen. 1.200 Wohnungen = 5 Prozent sind nicht vermietet, überwiegend in den Geschoßwohnungsbauten Wittenberg-West (Blockbauweise der 50er und 60er Jahre) und Trajuhnscher Bach/Lerchenberg (Plattenbauten der 70er und 80er Jahre).

Für 500 Wohnungen wird eine Wiedernutzung z. B. durch Wohnungs-Zusammenlegungen angenommen, 700 Wohnungen werden im Flächennutzungsplan als Fluktuationsreserve eingestellt.

Der künftige jährliche Gesamtbedarf an Wohnungen wird mit etwa 150 Wohnungen (Trendszenario 2) bzw. etwa 350 Wohnungen (Trendszenario 1) angesetzt, davon sind bei beiden Ansätzen je 50 Wohnungen/Jahr als Ersatzbedarf angenommen worden.

Die Stabilisierung des Wohngebietes Trajuhnscher Bach/Lerchenberg als Aufgabe für viele Partner

Das Plattenbaugebiet im Nordosten der Stadt hat mit etwa 6.700 Wohnungen (1996) einen Anteil von 28 Prozent des Gesamtwohnungsbestandes und wurde von etwa 15.250 Einwohnern = 29 Prozent der Stadtbewohner insgesamt besiedelt (zum Vergleich andere wichtige Wohnbereiche wie Altstadt: 1.260 Wohnungen = 5 Prozent für 1.700 Einwohner = 3 Prozent; Piesteritz: 2.300 Wohnungen = 10 Prozent und 4.661 Einwohner = 9 Prozent; Wittenberg-West: 1.971 Wohnungen = 8 Prozent für 3.428 Einwohner = 7 Prozent).

Das Wohngebiet Trajuhnscher Bach dient der sozialverträglichen Wohnungsversorgung breiter Bevölkerungsgruppen. Das Gebiet hat in den letzten Jahren einen überdurchschnittlich hohen Anteil der sozialen Lasten in der Stadt übernommen, was an der hohen Zahl einkommensschwacher Zuzieher, Arbeitsloser und Sozialhilfeempfänger ablesbar ist. Aus diesem Grunde muß es im öffentlichen Interesse liegen, das Wohngebiet durch städtebauliche und modernisierungsbezogene Förderung zu unterstützen. Eine nachhaltige Stabilisierung des Gebietes ist für die Stadt als Gemeinwesen unabhängig vom konjunkturellen Auf und Ab auf dem Wohnungsmarkt unverzichtbar. Sie kann aber nur gesichert werden, wenn

- die Qualitäten der Familien- und Seniorenfreundlichkeit erhalten und ausgebaut,
- die Funktionen Arbeit und Freizeit verstärkt,
- das Wohnungsangebot entsprechend der differenzierten Nachfrage vielseitig gemacht,

- die Wohnumfelder weiter modernisiert,
- die Fassaden unabhängig vom Plattentyp durchgängig erneuert und
- die städtebauliche und architektonische Qualität durch punktuelle Eingriffe aufgewertet werden.

Notwendig sind integrierte Anstrengungen von öffentlicher Hand, von Wohnungsunternehmen und Bewohnern. Für den Wittenberger Wohnungsmarkt gelten:

- Größere Wanderungsgewinne werden sich nicht einstellen, mit einem weiteren Wegzug jüngerer Erwerbsfähiger mit guter Ausbildung muß gerechnet werden.
- Breite Bevölkerungsgruppen sind auf sehr preiswerten Wohnraum angewiesen.
- Die Spielräume zur Angebotserweiterung in den gehobenen Segmenten des Wohnungsbaus sind (wegen des Mangels an Arbeitsplätzen mit hoher Wertschöpfung und entsprechendem Einkommen) begrenzt.
- Einfamilienhausbauer mit eher moderatem Einkommen werden verstärkt in das preiswerte Umland drängen, was die Standortkonkurrenz verstärkt.
- Aufgrund der rückläufigen Bevölkerungszahl wird der Wohnungsmarkt nachhaltig entspannt bleiben.
- Der Bedarf an altengerechten Wohnformen wird steigen, ebenso an kleinen und preiswerten Wohnungen.
- Die Konkurrenz zwischen Stadt und Umland beim Werben um neue Bewohner verschärft sich.

Im Wohngebiet Trajuhnscher Bach – Friedrichstadt konzentrieren sich die genannten kritischen Faktoren. Derzeit stehen 13 Prozent der Wohnungen leer. Von einer sozialen Entmischung kann dennoch vorerst nicht gesprochen werden. In der Einkommensstruktur liegt das Gebiet im Durchschnitt ostdeutscher Großsiedlungen, die mittleren Einkommensklassen überwiegen mit 60 Prozent.

Es haben Segregationsprozesse eingesetzt, die längerfristig die soziale Stabilität und die Zukunftschancen des Gebietes beeinträchtigen können: Besserverdienende Hauhalte wollen aus dem Wohngebiet wegziehen (88 Prozent der Haushalte mit einem Einkommen von mehr als 4.500 DM und 47 Prozent der Haushalte mit einem Einkommen zwischen 3.500 und 4.500 DM), 60 Prozent der zuziehenden Haushalte verfügen über weniger als 2.000 DM Einkommen, jeder dritte Haushalt ist von Arbeitslosigkeit betroffen, im Gebiet wohnt die Hälfte aller Sozialhilfeempfänger Wittenbergs.

Die Unzufriedenheit der Bewohner mit ihrer Wohnsituation hat sich gegenüber 1992 verringert, aber die Zufriedenheit ist trotz großer Sanierungsmaßnahmen nicht größer geworden. Die Fluktuationsdynamik ist gewachsen, unterscheidet sich aber innerhalb des Wohngebietes deutlich je nach Image der einzelnen Teilbereiche. Das gleiche trifft für den Leerstand zu; er betrug 1998 820 Wohnungen = 13 Prozent des Bestandes, davon lagen 5/6 nördlich der Annendorfer Straße, und es betraf zu 90 Prozent Dreiraumwohnungen und die 6. und 5. Geschosse in den Gebäuden ohne Aufzüge.

Strategische Zielstellung für das Wohngebiet Trajuhnscher Bach – Friedrichstadt ist es, jährlich etwa 980 bis 1.090 Haushalte zu binden, um die Leerstände zu kompensieren oder sogar zu vermindern. Als aussichtsreiche Angebote werden eingeschätzt:

- kleine und preiswerte Wohnungen für Haushaltsgründer und 1- bis 2-Personen-Haushalte mit geringem Einkommen,
- größere Wohnungen als Familienangebot,
- altengerechte kleinere Wohnungen mit entsprechender Ausstattung,
- eine begrenzte Zahl von hochwertig modernisierten Wohnungen zur Angebotsabrundung für Besserverdienende und zur sozialen Aufwertung des Gebietes als Wohnstandort.

Die Angebotspalette soll durch Grundrißänderungen und entsprechende Wohnwerterhöhungen bzw. Instandhaltungsmaßnahmen in größerem und damit kostendämpfendem Umfang ausgeweitet werden. Staffelung der Mieten, soziales Wohnungsmanagement, städtebauliche Erneuerung und eine gezielte positive Öffentlichkeitsarbeit sind weitere Schwerpunkte für alle vom Problem Betroffene und an der Lösung Beteiligte.

---

(1) Flächennutzungsplan der Stadt Wittenberg
Erläuterungsbericht Mai 1998
- Abschnitt Stadt und Umland
- Abschnitt Wohnen
Stadtverwaltung Wittenberg/Stadtbüro Hunger, Berlin

(2) Wohngebiet Trajuhnscher Bach/Lerchenberg
Oktober 1998
Stadtbüro Hunger, Berlin

Lutz Penske

Görlitz
Kann die „Perle der Oberlausitz" ihren Glanz retten?

Der Umbruch in der Wohnungsnachfrage mit der Wende

1989 herrschte in Görlitz Wohnungsnot: Etwa 5.000 Wohnungssuchende waren registriert, 1.800 Haushalte davon verfügten über keine eigene Wohnung. Etwa 75.000 Einwohner (1989) in etwa 30.100 Haushalten lebten in der Stadt in etwa 36.200 Wohnungen unterschiedlicher Qualität und Ausstattung. Die Komfort-Neubauwohnung in Stadtrandlage mit relativ geringer Miete war das Ziel der Wünsche vieler Bürger, die in der Altstadt in schlechten Wohnungen lebten (Abb. 19).

1998 lebten noch etwa 61.500 Einwohner (= 82 Prozent im Vergleich zu 1989) in der Stadt. Es standen etwa 36.100 Wohnungen zur Auswahl, davon waren etwa 3.125 Wohnungen neugebaut worden (davon 200 Wohnungen in der Innenstadt und 3.925 Ein- und Zweifamilienhäuser überwiegend in Stadtrandlage). Mindestens 2.000 Wohnungen waren modernisiert worden, darunter 10.000 Wohnungen in der Innenstadt und 2.000 Wohnungen (= 14 Prozent des Gesamtbestandes von 14.282 Wohnungen) in den Großwohnsiedlungen Königshufen, Rauschwalde und Weinhübel.

Etwa 13.500 Einwohner haben innerhalb von zehn Jahren die Stadt verlassen (obwohl 1994 vier Orte eingemeindet wurden), davon zogen etwa 4.500 Einwohner in das Stadtumland. Im Jahr 1995 (jüngere Werte liegen nicht vor) standen etwa 5.850 Wohnungen leer. Etwa 2.100 wiesen schwerwiegende Mängel auf, bei etwa 2.200 Wohnungen wurden Umbau- und Modernisierungsmaßnahmen vorgenommen, etwa 1.550 Wohnungen waren aus sonstigen Gründen nicht bewohnt.

Die Leerstände in den drei großen Wohnsiedlungen (Plattenbauten) wurden mit etwa 550 Wohnungen (= vier Prozent des Bestandes) ermittelt, während sich etwa 6.000 leerstehende Wohnungen in der Innenstadt befinden und sich daraus eine Leerstandsquote von 39 Prozent ergibt.

Der Wohnungsleerstand bedroht die Innenstadt

Die Regionalisierte Bevölkerungsprognose (Statistisches Landesamt Kamenz 1997) mit Basisjahr 1995 gibt für das Jahr 2010 in der Positivvariante einen Wert von etwa 47.400 Einwohnern (= 63 Prozent im Vergleich zu 1989) an (Die Negativvariante 2010 weist 45.000 Einwohner = 61 Prozent) aus.

Bei Annahme einer durchschnittlichen Haushaltsgröße von 2.12 Einwohner/HH ergibt sich ein (rechnerischer) Bedarf von etwa 22.400 Wohnungen, dem ein nach

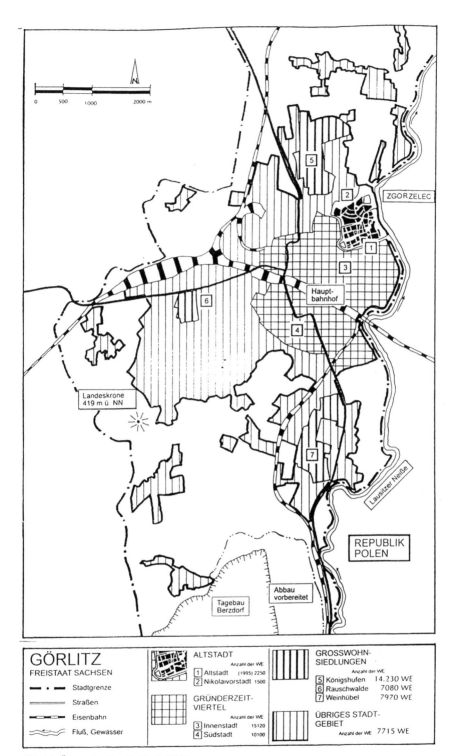

Abb. 19: Übersichtsplan der Stadt Görlitz.

Anzahl etwa gleichbleibender Bestand von 37.000 Wohnungen gegenübersteht und der damit einen strukturellen Leerstand von etwa 13.700 Wohnungen befürchten läßt. Absehbare Folgen des Wohnungsleerstandes, der sich vor allem – und leider

- mit zunehmender Tendenz in der Innenstadt lokalisiert sind,
- der Imageverlust der Stadt Görlitz infolge des Funktionsverlustes der Innenstadt als Kulturzentrum und Tourismusmagnet „Städtebauliches Flächendenkmal",
- der Rückgang der Wohnungsmodernisierung, des Um- und Ausbaus und der Wiederherstellung von unbewohnbarem Wohnraum als Investition und als wichtiger Arbeitsmarktfaktor,
- die abnehmende Auslastung und Wirtschaftlichkeit von Gemeinbedarfseinrichtungen, Handels- und Dienstleistungsstätten,
- die Infragestellung der vorgesehenen Aufwertung der Innenstadt und der Stadt Görlitz insgesamt als prosperierendes, lebendiges Zentrum der Oberlausitz und als „Kulturstadt und städtebauliche Perle Europas".

Gründe für die bisherige und die prognostische Entwicklung

Den größten Anteil am Einwohnerverlust (insbesondere von Familien mit Kindern bzw. Einwohnern im Alter zwischen 20 und 40 Jahren) dürfte der Zusammenbruch des ersten Arbeitsmarktes und des Ausbildungsmarktes in Görlitz und Umgebung und damit die Abwanderung ‚zur Arbeit hin' einnehmen. Ein in den letzten Jahren verstärkter Trend zum Eigenheim führte zur Suburbanisierung im bodenpreisgünstigeren Stadtumland; seit 1989 zogen etwa 4.560 Bürger der Stadt Görlitz auf das Land. Noch 1997/98 verzogen immer noch mehr Haushalte aus der Innenstadt in die Randgebiete (große Wohnsiedlungen) als von außen in die Innenstadt hinein. Neuansiedler ziehen dagegen die Innenstadt als Wohnort vor.

Lösungsansätze

- Grundvoraussetzung für eine Trendwende in der bisher vorausgesagten negativen Entwicklung wäre eine entscheidende Verbesserung der Arbeitsmarktlage, die aber nicht in Sicht ist.

- Im Rahmen ihrer Einflußmöglichkeiten sieht die Stadt Görlitz als Schwerpunkte
  - Maßnahmen zur Stärkung der Innenstadt,
  - Maßnahmen zur Stabilisierung und Entwicklung der großen Wohnsiedlungen einschließlich des Umganges mit dem zu erwartenden Leerstand,
  - weitere wohnungspolitische Maßnahmen.

- Damit Mieter aus den Randgebieten einen Umzug in die Innenstadt in Erwägung ziehen könnten, müßten gegeben sein:
  - eine annähernd gleiche Höhe der Miete in der Innenstadt wie in den großen Wohnsiedlungen (Schwierigkeit: Größere Wohnungszuschnitte in der Innenstadt),
  - ein qualitativ hochwertiges Wohnumfeld einschließlich privatem Grün,
  - attraktive Wohnmöglichkeiten für ältere Menschen,
  - ein Angebot von preiswertem Wohneigentum,
  - ein ausreichendes PKW-Stellplatzangebot,
  - ein Angebot von mehr und besseren Kultur- und Freizeiteinrichtungen und niveauvolleren Einzelhandelswaren,
  - mehr und günstigere Angebote an Waren des täglichen Bedarfs, die zu Fuß erreichbar sind,
  - Spielplätze für Kinder.

- Studentisches Wohnen kann ein innenstadtrelevantes Marktsegment sein, wenn etwa 2.000 Studenten an der Hochschule für Technik, Wirtschaft und Sozialwesen lernen und in der Stadt wohnen sollen und wollen.
  Innenstadtfördernd wäre auch finanzielle Hilfe beim Abriß unbewohnter Seiten- und Hinterhäuser in Innenstadtquartieren mit dem Ergebnis der Wohnungsreduzierung einerseits und der Möglichkeit einer großzügigeren Hof- und Freiflächengestaltung andererseits.

- In den drei großen Wohnsiedlungen
  Königshufen mit 6.422 Wohnungen
  Rauschwalde mit 3.784 Wohnungen
  Weinhübel mit   4.976 Wohnungen
  sind überwiegend die Wohnungsbaugesellschaft e. G. Görlitz und die Wohnungsgenossenschaft Görlitz als Vermieter von Wohnungen tätig.

Das Saldo der Weg- und Zuzüge in den drei Gebieten insgesamt weist aus (in Personen):
1995   521 Wegzüge
1996   798 Wegzüge
1997   558 Wegzüge
1998   624 Wegzüge

Der Altersdurchschnitt betrug 1998 in Königshufen 42,7 Jahre, in Rauschwalde 48,7 Jahre und in Weinhübel 46,2 Jahre. Der Saldo von Geburten und Sterbefällen in den drei Gebieten insgesamt lag
1995   bei − 259
1996   bei − 281
1997   bei − 252
1998   bei − 260

Diese Faktoren sprechen dafür, daß die Wohnungsleerstände in diesen Gebieten zunehmen werden.

Ziel der Stadt ist es dennoch weiterhin, diese Wohngebiete städtebaulich zu verbessern bei schrittweiser behutsamer Reduzierung des Wohnungsbestandes. Diese Aufgabe kann nur durch enge Zusammenarbeit mit den Wohnungsunternehmen und mit einer gezielten positiven Öffentlichkeitsarbeit gelöst werden.

- Weitere wohnungspolitische Schwerpunkte sind:
  - altenfreundliches und altersgerechtes Wohnen,
  - die Unterbringung von Obdachlosen und deren soziale Betreuung,
  - die Erarbeitung des 2. Görlitzer Mietspiegels,
  - die Einflußnahme auf die Förderpolitik des Landes, des Bundes und der
  - Europäischen Union u. a. zur Modifizierung des Eigenheimzulagegesetzes zugunsten der Innenstadtentwicklung zur ausschließlichen Förderung von Modernisierungsmaßnahmen an vorhandener Wohnbausubstanz, zur Förderung der Wohnumfeldgestaltung auch in der Innenstadt, zur Finanzierung von Rückbaumaßnahmen an Wohngebäuden, zur Gewährleistung von Gemeinschaftseinrichtungen für das altengerechte Wohnen.

(1) Wohnungspolitisches Konzept der Stadt Görlitz 11. März 1999 Bauverwaltungsamt, Abt. Wohnungsförderung

(2) Statistische Daten der Stadt Görlitz und des Statistischen Landesamtes Kamenz 1997

(3) Dokumentation des Erfahrungsaustausches am 27. August 1998 in Hoyerswerda: Städtebaulicher Umgang mit Wohnungsleerstand in großen Neubaugebieten der neuen Bundesländer

(4) Abschätzung des Bedarfes an neuen Wohnsiedlungsflächen bis 2010 Stadtplanungsamt Görlitz 1998

(5) Stadtentwicklungskonzeption – Komprimat Stadtplanungsamt Görlitz März 1998

Rainer Schöne

Halberstadt
Der Wiedergewinn der Mitte

Der Aufbau der Innenstadt nach dem Krieg

Halberstadt, nördlich des Harzes gelegen, ist im Landesentwicklungsprogramm des Landes Sachsen-Anhalt (1992) als Mittelzentrum mit Teilfunktionen eines Oberzentrums ausgewiesen. Eingemeindungen erfolgen 1995 (Emersleben mit 767 Einwohnern) und 1996 (Klein Quenstedt mit 640 Einwohnern). Das heutige Stadtgebiet umfaßt 8.250 Hektar mit 42.500 Einwohnern (1998).

Am 8. April 1945 wurde die Stadt durch einen Bombenangriff stark zerstört, vor allem die östliche Altstadt und die südlich angrenzenden Gründerzeitviertel waren betroffen. Der Wiederaufbau begann zunächst im Stadtinneren mit der Wiederherstellung von Wohnquartieren in traditioneller Bauweise. In den 60er Jahren wurden ausschließlich viergeschossige Wohngebäude in Großblockbauweise am Breiten Weg und Lindenweg errichtet. Ab Ende der 60er Jahre entstanden in Plattenbauweise insgesamt 7.100 Wohnungen, so in den Bereichen Hermann-Matern-Ring, Clara-Zetkin-Ring, südlich der Kühlinger Straße und westlich der Heinrich-Julius-Straße als Wiederbebauung und südlich der Richard-Wagner-Straße/Nordring als Stadterweiterungen (70er und 80er Jahre). Dieser innerstädtische Umzug in die Komfortwohnungen machte aus der verbliebenen, nur in Ansätzen sanierten Fachwerk-Altstadt eine ‚Geisterstadt‘, die zunehmend weiter zerfiel (Abb. 20).

Das große Ziel – ein neues Stadtzentrum in hoher Qualität

Anfang der 80er Jahre setzte in der Standortwahl für den Wohnungsbau eine Trendwende ein mit der „sozialistischen Umgestaltung der Altstadt". Der Mangel an traditionellen Baukapazitäten für die Sanierung des Bestandes führte aber zu flächenhaftem Abriß und dem Neubau von angepaßten Typengebäuden.

Dieser für die Stadt letztlich unheilvolle Weg konnte erst durch die Wende 1989/1990 und die Aufnahme der Stadt in das Modellstadtprogramm für Stadtsanierung der Bundesregierung gestoppt werden. Im Sanierungsgebiet ‚Innenstadt‘ wurden durch staatliche Förderung und durch private Initiativen mit großem Mitteleinsatz städtebauliche Mißstände beseitigt und bereits ein bedeutender Teil der historischen Bausubstanz erhalten und saniert. 1995 wurden in Halberstadt 20.546 Wohnungen gezählt, die bis 1997 um etwa weitere 1.200 Neubauwohnungen anwuchsen. Etwa 1.600 Wohnungen standen leer, davon wiesen 500 Wohnungen schwerwiegende Mängel auf.

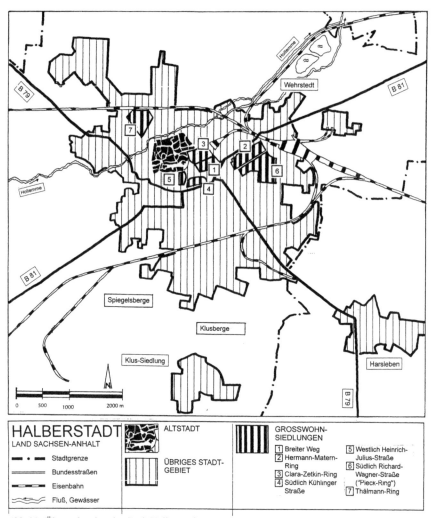

Abb. 20: Übersichtsplan der Stadt Halberstadt.

Der Anteil von Wohnungen in 1- und 2- Familienhäusern ist mit 3.500 Wohnungen = 17 Prozent sehr gering (neue Länder: 34 Prozent; alte Länder: 49 Prozent). Inzwischen (1999) stehen etwa 2.000 Wohnungen = 12 Prozent des Bestandes leer, überwiegend in den Plattenbauten am Stadtrand in den Erdgeschossen und 5. Obergeschossen.

1996 bis 1998 konnte auch großflächig das im Zweiten Weltkrieg zerstörte Stadtzentrum einschließlich eines Rathausneubaues neu entstehen (Abb. 21).

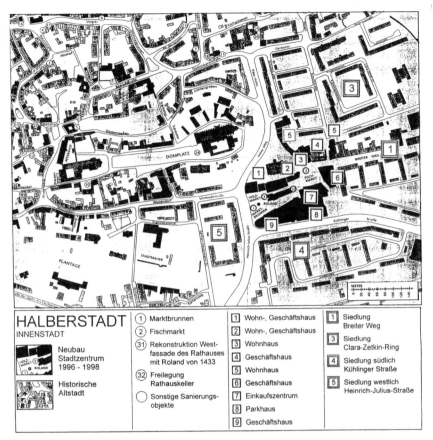

HALBERSTADT
INNENSTADT

Neubau
Stadtzentrum
1996 - 1998

Historische
Altstadt

1 Marktbrunnen
2 Fischmarkt
31 Rekonstruktion West-
fassade des Rathauses
mit Roland von 1433
32 Freilegung
Rathauskeller
◯ Sonstige Sanierungs-
objekte

1 Wohn-, Geschäftshaus
2 Wohn-, Geschäftshaus
3 Wohnhaus
4 Geschäftshaus
5 Wohnhaus
6 Geschäftshaus
7 Einkaufszentrum
8 Parkhaus
9 Geschäftshaus

1 Siedlung
Breiter Weg
3 Siedlung
Clara-Zetkin-Ring
4 Siedlung südlich
Kühlinger Straße
5 Siedlung westlich
Heinrich-Julius-Straße

Abb. 20: Übersichtsplan der Stadt Halberstadt.

Die innerstädtischen Wanderungen

Die Zahl der Einwohner Halberstadts nahm seit 1988 kontinuierlich ab (kurzzeitig unterbrochen durch die Eingemeindungen von Emersleben 1995 und Klein Quenstedt 1996). Ursachen dafür sind wie in allen anderen Städten der drastische Rückgang der Geburten und die Abwanderungen nach der Wende zunächst in die Altbundesländer und danach in das Stadtumland.

Es zeichneten sich drei Phasen des Mobilitätsüberganges ab:
• 1992 das (jetzt im Rückgang befindliche) Abwandern über mittlere und große Distanzen,
• 1994 das rasche Einsetzen einer ‚nachholenden' Suburbanisierung mit ausgeprägter Stadt- Umland-Wanderung und aufkommender innerstädtischer Migration (1994 betrug der Wanderungsverlust in den Landkreis fast 400 Personen = 75 Prozent des Gesamtverlustes im Jahr),

- 1996 die Migration auf Nahwanderungen mit Fortgang der Suburbanisierung und der Konzentration auf innerstädtischen Wohnungswechsel (1996 vollzogen 21 Prozent der Gesamtbevölkerung Halberstadts einen Wohnungswechsel).

Es erfolgten in jedem Jahr Zuzüge (1996 z. B. durch 1.766 Personen), aber es überwogen in jedem Jahr auch die Wegzüge (1996 1.846 Personen).

Der Wohnungsneubau in Halberstadt, einschließlich des Einfamilienhausbaues insbesondere seit 1994, hat starke interne Wanderungsbewegungen ausgelöst, die im wesentlichen erst den Standorten des Wohnungsbaues folgten und in diesem Sog weitere Standorterschließungen auslösten. Besonders herausragende Ausgangs-, aber auch Zielpunkte innerhalb des alten Wohnungsbestandes waren die Plattenbaugebiete in der Stadt.

Die Siedlungserweiterungen in den letzten Jahren sind also nicht zuwanderungsbedingt, sondern Ergebnis eines erhöhten Wohnflächenkonsums einer insgesamt schrumpfenden Stadtbevölkerung (Ø Wohnfläche/Einwohner 1995: 30,7 m², neue Länder: 30,9 m², alte Länder: 36,8 m²).

Die Potentiale für die künftige Stadtentwicklung

Seit dem Sommer 1996 ist in gewissen Marktsegmenten eine zunehmende Sättigung der Wohnungsnachfrage (freifinanzierter Wohnungsbau) mit Rückgang der Preise für Miet- und Eigentumswohnungen zu verzeichnen. Bei den zwei großen Wohnungsunternehmen der Stadt (Halberstädter Wohnungsgesellschaft mbH mit 7.100 Wohnungen und Wohnungsgenossenschaft Halberstadt mit 6.100 Wohnungen) bestand noch 1997 eine starke Nachfrage (1.200 Anfragen) nach modernisierten Wohnungen aus dem eigenen Bestand (auch aufgrund der Mietpreisbindung auf niedrigem Niveau).

Potentiale für eine Erweiterung des Wohnungsbestandes sind:
- die Sanierung leerstehender Fachwerkhäuser in der westlichen Altstadt (etwa 800 Wohnungen),
- die Konversion ehem. militärisch genutzter Flächen (östlich der Klus-Siedlung),
- die Baulückenschließungen im Sanierungsgebiet ‚Innenstadt' (etwa 500 Wohnungen) und im übrigen Stadtgebiet (etwa 400 Wohnungen),
- die Umnutzung von gewerblichen Brachflächen (etwa 300 Wohnungen) und von bisherigen Gewerbeflächen (etwa 100 Wohnungen).

Stadtgebietserweiterungen sind nur in geringstem Umfang als Abrundungen vorgesehen.

Leitsätze

Leitsätze für die Wohnflächenplanung im Flächennutzungsplan sind:
- Der Zuzug von Einpendlern und qualifizierten Arbeitskräften ist zu fördern.
- Innenentwicklung hat Vorrang vor einer weiteren Außenentwicklung; im Außenbereich der Stadt werden keine neuen Wohnbaustandorte ausgewiesen.
- Die Stadt nimmt Einfluß auf das Angebot möglichst preisgünstiger Bauflächen (zeitliche Steuerung von Erschließungsmaßnahmen, Angebot preisgünstiger kommunaler Grundstücke).
- Die großen Wohnsiedlungen des industriellen Bauens müssen als Ganzes und in Teilbereichen so attraktiv entwickelt werden, daß sie auch in Zukunft möglichst von allen sozialen Schichten als Wohnstandort angenommen werden.
- Die Stadt fördert im Rahmen ihrer Möglichkeiten die Bildung von Wohneigentum.

Teilflächennutzungsplan der Stadt Halberstadt
Oberbürgermeister/Baudezernat/Stadtplanungsamt Halberstadt, November 1998

Landesgruppe Sachsen, Sachsen-Anhalt, Thüringen

Uwe Reinholz

Wolfen Nord
die Chance zur Qualitätsverbesserung

Entwicklung

Über Jahrhunderte ist Wolfen ein Dorf an der Fuhneaue nördlich von Bitterfeld. Die Entwicklung beginnt im Jahr 1846 mit der Eröffnung der Braunkohlengrube ‚Johannes‘ und setzt sich fort mit dem Bau der Farbenfabrik 1895 und der Filmfabrik 1910. Von 1895 bis 1927 wächst das Dorf von 270 Einwohner auf 5.610 Einwohner durch den Bau von Werkssiedlungen.

1958 wird der Gemeinde mit inzwischen 12.000 Einwohnern das Stadtrecht verliehen. Wolfen und Bitterfeld bilden zusammen mit Buna und Leuna den bedeutendsten Chemiestandort in der ehemaligen DDR. Die Anzahl der Arbeitskräfte und damit der Bedarf an Wohnungen steigt an. Ein erstes Neubaugebiet entsteht in den 50er Jahren im unmittelbaren Anschluß an die Ortslage Wolfen südlich der Fuhne, das Wohngebiet Krondorfer Straße.

Ab 1960 bis 1989 wurden im Ortsteil Wolfen-Nord nördlich der Fuhneaue 13.560 neue Wohnungen, zunächst in Großblock-, dann in Plattenbauweise errichtet. Die Einwohnerzahl Wolfens stieg auf 45.000, davon wohnten zwei Drittel in Wolfen-Nord (Abb. 22).

Potentiale und Defizite des Wohngebietes Wolfen-Nord

Während die älteren Wohnkomplexe I und II (1961 – 1970) zumindest jetzt noch eine relativ stabile Bevölkerungsstruktur aufweisen und eine gute Wohnqualität gewährleisten, konzentrieren sich die sozialen und städtebaulichen Probleme in den Wohnkomplexen III (1971 – 1979) und IV (1980 – 1990). Der Wohnkomplex IV läßt den durch die Wende eingetretenen ‚Bruch‘ deutlich erkennen: Lücken in der Bebauung, große Freiflächen, dichte sechsgeschossige Bebauung, unzureichende Straßenerschließung. Die Nachfrage nach Baugrundstücken mit kleinteiliger Bebauung im Umfeld der Plattenbausiedlung hält sich (noch) in Grenzen.

Bevölkerungsentwicklung und Wohnungsleerstand

Von 1980 bis 1997 nahm die Einwohnerzahl von Wolfen von 45.000 auf 36.500 = 81 Prozent, im Wohngebiet Wolfen-Nord von 33.000 auf 26.000 = 79 Prozent ab, d. h. die Entvölkerung erfolgte vor allem in diesem Wohngebiet. Die Prognosen liegen für das Jahr 2000 bei weniger als 26.000 und für das Jahr 2005 bei etwa

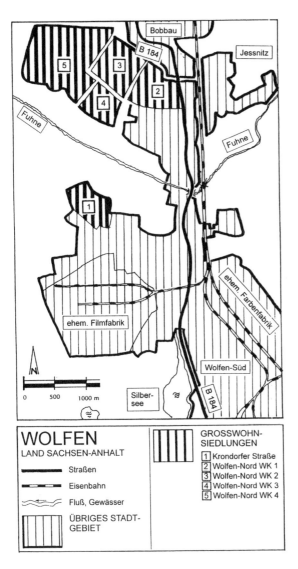

Abb. 22:
Übersichtsplan der Stadt Wolfen.

20.000 Einwohnern in Wolfen-Nord. Die Arbeitslosigkeit in Wolfen-Nord betrug 1998 39 Prozent zuzüglich Umschüler und Vorruheständler.

1998 standen von 13.400 Wohnungen insgesamt in Wolfen-Nord 2.215 Wohnungen = 16,5 Prozent leer, davon waren zu annähernd gleichen Anteilen die Wohnungs- und Baugesellschaft mbH Wolfen, die Wohnungsgenossenschaft Wolfen e. G. und die Wohnstättengenossenschaft Bitterfeld-Wolfen i. G. betroffen. Es wird einge- schätzt, daß mittelfristig in Wolfen 2.000 bis 3.000 Wohnungen nicht mehr benötigt werden. Bei den Ursachen für den Wohnungsleerstand ist keine Rang- und Reihen- folge festzustellen. Maßnahmen wie Wohnungszusammenlegungen, Zuschnitts- änderungen, Nutzung als Gästewohnungen u. a. mindern die Leerstandsprobleme punktuell, lösen sie aber nicht dauerhaft und in ihrer Gesamtheit.

Das städtebauliche Leitbild für die Entwicklung von Wolfen-Nord

Ziel ist die Erhaltung des Stadtteiles mit gleichzeitiger Reduzierung des Wohnungsbestandes für dann 20.000 bis 22.000 Einwohner gegenüber 33.000 Einwohnern 1990. Stadtplätze und Quartiersplätze sollen die Wohnquartiere gliedern, Quartiersgärten werden die Freiflächen nutzen. „Preisgünstiges Wohnen in guter Qualität" ist die Devise.

Der strukturelle Leerstand als Folge der radikalen De-Industrialisierung in Wolfen und Bitterfeld kann nur bedingt durch die betroffenen Wohnungsunternehmen vertreten werden. Das sind Erblasten der Abwicklung und des Rückbaus der Industriebetriebe durch die Treuhand.

Die von dauerndem Leerstand betroffenen Wohnungsbestände sind auch von den Restschulden in Höhe von 150 DM/m² Wohnfläche gemäß Altschuldenhilfegesetz zu entlasten.

Die städtebaulich begründeten Rückbau- und Abrißmaßnahmen sind durch Länder und Bund zu fördern, da sie weder von den Wohnungsunternehmen noch von den Kommunen finanziert werden können.

Dokumentation des Institutes für Regionalentwicklung und Strukturplanung, Erkner, über den Erfahrungsaustausch am 27. August 1998 in Hoyerswerda zum Städtebaulichen Umgang mit Wohnungsleerstand in großen Neubaugebieten der neuen Bundesländer
Problemlösungsstrategie für Wolfen-Nord
Uwe Reinholz, Erneuerungsgesellschaft Wolfen-Nord

Axel Achilles, Marion Jantsch

Stendal
Großsiedlungen in einer industriell geprägten Mittelstadt

So wie in Wolfen und Sangerhausen kann die Stadtentwicklung in den großen Wohnsiedlungen nicht losgelöst von der Politik für die Gesamtstadt gesehen werden. In diesen Städten sind die neuen Wohnsiedlungen als Folge von industriellen Großvorhaben geschaffen worden, deren Beschäftigte in relativer Nähe zum Arbeitsort angesiedelt werden sollten. Diese Siedlungen spiegeln nicht den ‚normalen‘ Bedarf der Stadt wider.

In Stendal wurden im Vorlauf des geplanten Atomkraftwerkes zwei Großsiedlungen mit 13.000 Wohneinheiten errichtet und bezogen. Der Stopp für den Kraftwerksbau führte dazu, daß die Anzahl der Einwohner beider Siedlungen seit 1993 um 10.000 Personen zurückgegangen und eine Leerstandsquote von über 20 Prozent eingetreten ist.

Bei einem Gesamtbestand von 23.500 Wohnungen in Stendal und einer angenommenen Haushaltsgröße von Ø 2,3 Einwohner/Haushalt würde ausreichend Wohnraum für 54.000 Einwohner zur Verfügung stehen – aber z. Z. leben nur 41.000 Einwohner in Stendal!

Der errechnete jährliche Verlust für die von Leerstand betroffenen Wohnungsunternehmen wird mit 16 Millionen DM als Folge von fiktiven Mietausfällen und der trotz Leerstand anfallenden Betriebskosten angegeben.

Der Abriß von Wohngebäuden ist keine Patentlösung und muß stets im konkreten Siedlungszusammenhang analysiert und bewertet werden. Er kann nur ein Bestandteil der städtebaulichen Aufwertung und Umgestaltung innerhalb allseits abgestimmter Entwicklungskonzepte sein.

Zu berücksichtigen ist, daß bei der angespannten Haushaltslage des Landes und der Kommunen eine Politik zugunsten von Großsiedlungen fast automatisch einen Verzicht auf den Einsatz finanzieller Mittel an anderer Stelle, zum Beispiel im Sanierungsgebiet Innenstadt, bedeuten kann.

Argumente und Informationen aus der SPD-Landtagsfraktion Sachsen-Anhalt April 1999
Thomas Felke, Arbeitskreis Wohnungswesen, Städtebau und Verkehr der SPD-Landtagsfraktion

Landesgruppe Sachsen, Sachsen-Anhalt, Thüringen

Der vorbereitende Bericht 1999 der Landesgruppe Sachsen · Sachsen-Anhalt · Thüringen entstand aus Sachdiskussionen in der Landesgruppe, aus Beiträgen einzelner Mitglieder und aus weiteren Unterlagen, die im Bericht genannt werden. Die redaktionelle Bearbeitung und Zusammenfassung einschließlich Aufbereitung der Pläne nahm Kurt Ludley, Halle vor, Zuarbeiten erfolgten durch die DASL-Mitglieder Wolfgang Kunz, Leipzig; Clemens Deilmann und Cornelius Scherzer, Dresden; Eckhard Wilhelm Peters, Magdeburg; Klaus Thomann, Erfurt; Ursel Grigutsch, Weimar; Rainer Schöne, Halberstadt; Bernd Hunger, Berlin, und Jochen Kirchner, Wittenberg; Lutz Penske, Görlitz. Der Inhalt der einzelnen Beiträge wird von den genannten Mitgliedern verantwortet.

Volker Zahn

Wohnungsbestand und Stadtentwicklung

Langfristig wirksame Stadtteilerhaltung und städtebauliche Entwicklung im Bestand ist ohne ein vielfältiges Wohnungsangebot einschließlich zugehöriger Quartiers- und Stadtteilinfrastruktur weder gesellschaftspolitisch noch ökonomisch realisierbar. Diese keineswegs neue Erkenntnis belegen die Fallbeispiele der Landesgruppe Hamburg, Mecklenburg-Vorpommern, Schleswig-Holstein auf jeweils individuelle Weise. In den 60er Jahren entstanden und von sehr unterschiedlicher Größe und Siedlungsstruktur, weisen diese Beispiele vergleichbare Problemlagen auf, die nicht nur in Norddeutschland bestehen:

• Mangelnde Wohnungsvielfalt, schlechte Wohnumfeldqualität,
• Vernachlässigte Bauunterhaltung, bauphysikalische Mängel,
• Falsche Wohnungsbelegung, einseitige Bevölkerungsstruktur,
• Wohnungsleerstand und fehlende Infrastrukturangebote,
• Vandalismus und Aggression,
• Vernachlässigte Sozialbetreuung, soziale Brennpunkte.

Äußerlich wahrnehmbar werden diese Defizite zunächst in vernachlässigten öffentlichen Räumen, leerstehenden Gebäuden oder Wohnungen und in ‚Angsträumen' (Hauszugänge, Tiefgaragen, Wohnwege u.ä.). Diese haben ihre Ursachen unter anderem in einer hohen Arbeitslosigkeit, in einer Zunahme einkommensschwacher Haushalte, einer wachsenden Zahl von nicht in das Wirtschaftsleben integrierten Ausländern und Aussiedlern sowie in der zunehmenden Perspektivlosigkeit Jugendlicher, die häufig einhergeht mit steigender Kriminalität.

Für die Stadtentwicklung stellt sich die Aufgabe, der skizzierten sozialen Abwärtsentwicklung in gefährdeten Stadtteilen und Quartieren mit geeigneten Instrumenten und Maßnahmen entgegenzuwirken. Das Thema der Jahrestagung „Stadt zum Wohnen – Wohnen in der Stadt" impliziert die Frage, welchen Stellenwert die Wohnfunktion für die Erhaltung und Entwicklung bestehender Stadtteile und Wohnquartiere besitzt, mit welchen wohnungsbezogenen Maßnahmen die Funktionsfähigkeit von Stadtteilen dauerhaft gesichert bzw. wieder hergestellt werden kann und wie bauliche und soziale Maßnahmen zusammengeführt werden können.

Die Landesgruppe Hamburg, Mecklenburg-Vorpommern, Schleswig-Holstein hat diese Thematik vertiefend am Beispiel des Hamburger Stadtteils Wilhelmsburg dargestellt. Dies wird ergänzt durch drei Fallbeispiele, die sich stichwortartig mit der Bedeutung des Wohnens für die Stadtteilerhaltung befassen. Es geht um Wohnen im Bestand um Sanierung und Instandsetzung von Wohnquartieren und die dafür geeigneten Lösungsstrategien, die auch unter wohnungswirtschaftlichen Gesichtspunkten diskutiert werden.

Dazu beschreiben Dittmar Machule und Jens Usadel aus Hamburg in ihrem vertiefenden Beitrag ein Bürgerbeteiligungsverfahren zur qualifizierten Entwicklung des Stadtteils Hamburg-Wilhelmsburg mit seinen etwa 19.000 Wohneinheiten und 47.000 Einwohnern.

In den drei ergänzenden Fallbeispielen geben Ute Baumbach aus Rostock Hinweise zur Erhaltung und Entwicklung der Rostocker Südstadt, einem ehemals „sozialistischen Wohnkomplex" in Plattenbauweise mit etwa 14.000 Einwohnern; Peter Schroeders aus Flensburg eine Kurzcharakteristik des Erhaltungsprojektes für den Flensburger Stadtteil Engelsby und schließlich erläutert Peter Dresel aus Hamburg den Stand der Überlegungen zum Abbruch und Neubau einer Wohnanlage mit 273 Wohnungen in Hamburg-Alsterdorf.

So unterschiedlich die Beispiele auch sind, sie bestätigen die eingangs genannte Voraussetzung für eine – auch ökonomisch – erfolgversprechende Stadtplanung: Ohne eine intensive Bewohnerbeteiligung und ein dauerhaftes soziales Betreuungsangebot wird eine auch wohnungswirtschaftlich unabdingbare Erhaltung von Wohnquartieren und Stadtteilen nicht möglich sein. Stadtplanung hat dabei weniger das architektonische und städtebauliche Detail des Wohngebäudes zu entwerfen, sondern vielmehr den Erhaltungs- und Erneuerungsprozeß gemeinsam mit den Bewohnern zu organisieren.

Dittmar Machule, Jens Usadel

Das Beispiel Hamburg-Wilhelmsburg

Der in der Elbe-Marsch als eine große Elbinsel stadtgeographisch zentral gelegene Stadtteil Wilhelmsburg ist Wohn- (und Arbeits)ort für rund 49.000 Menschen, davon sind ein Drittel Migranten. Politisch ist der große Ortsamtsbereich Wilhelmsburg im Bezirk Harburg eingegliedert und wird durch einen kleinen Ortsausschuß vertreten. Ein Datenüberblick läßt die Problemlagen ahnen, die Anfang der 90er Jahre eskalierten – auch erkennbar in einem veränderten, radikal orientierten Wahlverhalten bei der Bürgerschaftswahl von 1993 (15 Prozent für die Republikaner, 45 Prozent Nichtwähler).

Allgemein:
Fläche Wilhelmsburg: 3.525 Hektar; Einwohnerdichte: 13,45 EW/ha
Bevölkerung:
Gesamt: etwa 47.256 Einwohner (100 Prozent);
unter 18: etwa 10.285 Einwohner (21,8 Prozent);
über 65: etwa 6.261 Einwohner (13,2 Prozent);
Ausländeranteil: etwa 15723 Einwohner (33,3 Prozent)
Ausländerstruktur in Prozent:
Gesamt: etwa 15723 Einwohner (100 Prozent); unter 18: etwa 44,6 Prozent;
zwischen 18 – 60: etwa 34,7 Prozent; über 60: etwa 9,5 Prozent
Sozialstruktur:
Sozialhilfeempfänger: 13,8 Prozent (HH gesamt: 8,1 Prozent)
Arbeitslose: 12,1 Prozent (HH gesamt: 7,9 Prozent)
Kriminalität:
Straftaten je 1000 Einwohner/innen: 148 (HH gesamt: 175)
Wohnen:
Wohneinheiten gesamt: etwa 19.000 Wohnungen
davon Mietwohnungen: etwa 17.000 Wohnungen
davon Eigentumswohnungen: etwa 2.000 Wohnungen
Wohnungsstruktur:
Wohnungen in EFH: etwa 14,1 Prozent aller Wohnungen
(HH gesamt: etwa 20,5 Prozent)
Wohnungen öffentlich gefördert: etwa 8.000 Wohnungen
Wohnfläche je Einwohner: etwa 27,9 m2 (HH gesamt: etwa 34,8 m2)
Wohnungsgröße: durchschnittlich etwa 66,2 m2 (HH gesamt: etwa70,7 m2)

Im Jahr 1994 wurden von der Wilhelmsburger Politik und von Wilhelmsburger Bürgerinitiativen verändernde staatliche Aktivitäten gefordert und ein langfristiges, noch laufendes Verfahren angestoßen. In ihm nimmt der Sektor Wohnen eine Schlüsselstellung ein. Das Verfahren hat im Stadtteil Grundlegendes bewirkt. Die Gestaltung der Stadt zum Wohnen im umfassenden Sinn wird inzwischen zunehmend als eine aktiv zu verantwortende Gemeinschaftsaufgabe aller Bürger und nicht allein als Aufgabe staatlicher Fürsorge und Versorgung begriffen.

Ein Bürgerbeteiligungsverfahren zur qualifizierten Entwicklung des ganzen Stadtteils

Seit Oktober 1994 wird im Auftrag der Hamburger Stadtentwicklungsbehörde (STEB), Amt für Stadterneuerung und Bodenordnung, ein systematisiertes Bürgerbeteiligungsverfahren zur „In-Wert-Setzung" des Stadtteils stufenweise durchgeführt. Unter der Leitung von Prof. Dr.-Ing. Dittmar Machule (Technische Universität Hamburg-Harburg) und Dipl.-Ing. Jens Usadel (Büro d*Ing-Planung) begleitet eine Gutachtergruppe das Verfahren. Es hat einen experimentellen, streng handlungsorientierten Charakter. Die einzelnen Schritte des Vorgehens wurden im Prozeß mit Verwaltung und Politik sowie mit interessierten Wilhelmsburgern entwickelt.

Ziele sind die nachhaltige Stabilisierung der sozialen Situation und die Verbesserung der Lebenslagen der ansässigen Bevölkerung in einem Prozeß der Revitalisierung des ganzen Stadtteils. Das in seinen Einzelheiten offene Verfahren zielt damit auf eine von möglichst vielen Einwohnern sowie Entscheidungsträgern auf den verschiedenen Ebenen von Politik, Verwaltung und Wirtschaft akzeptierte und mitgetragene spezifische Erneuerung und In-Wert-Setzung des Stadtteils. Als Anschubfinanzierung für umzusetzende Projekte und Maßnahmen im Stadtteil hat die STEB drei Millionen DM bereitgestellt. Die Schritte des Verfahrens waren und sind:

1994/1995: Arbeitskreis Wilhelmsburg (AK Wil).
Diskussion und Aufbereitung der Wilhelmsburger Themen zur Stadtteilentwicklung und Zusammenstellen in einem Handlungs- und Maßnahmekonzept von 127 Maßnahmen; Vorschlag von sieben Sofortmaßnahmen zur Umsetzung.

1996: Wilhelmsburger Inselgespräche (WIGE).
Weiterentwicklung und Konkretisierung der vorgeschlagenen Maßnahmen zu umsetzbaren Bausteinen der Stadtteilentwicklung; Einbindung des Bürgerbeteiligungsverfahrens in die vorhandenen politischen Entscheidungsstrukturen über die Installation eines 32-köpfigen (Bürger-) ‚Beirates für Stadtteilentwicklung'. Einrichten eines Vor-Ort-Büros im Rathaus Wilhelmsburg.

1997–1999: MITwirken in Wilhelmsburg (MIT-Wil 97, 98, 99).
Erarbeiten von Maßnahmen und Vorschlägen zur Umsetzung in themenbezogenen ‚Arbeitsgruppen des Beirates für Stadtteilentwicklung'. Aufbereitung der Maßnahmen zu Anträgen im Ortsausschuß Wilhelmsburg. Selbständige Umsetzung einzelner Projekte. Arbeit des MIT-Büros im Rathaus Wilhelmsburg.

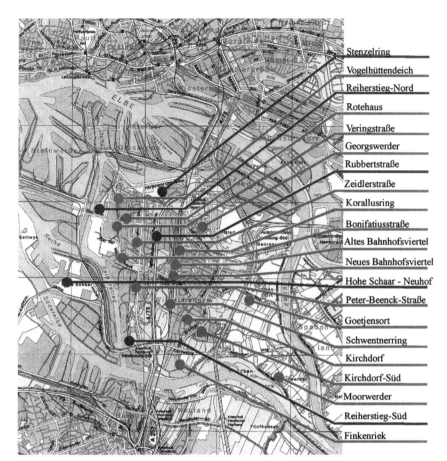

Stenzelring
Vogelhüttendeich
Reiherstieg-Nord
Rotehaus
Veringstraße
Georgswerder
Rubbertstraße
Zeidlerstraße
Korallusring
Bonifatiusstraße
Altes Bahnhofsviertel
Neues Bahnhofsviertel
Hohe Schaar - Neuhof
Peter-Beenck-Straße
Goetjensort
Schwentnerring
Kirchdorf
Kirchdorf-Süd
Moorwerder
Reiherstieg-Süd
Finkenriek

Übersichtsplan von Hamburg-Wilhelmsburg.

Wohnen in Wilhelmsburg – Wilhelmsburg zum Wohnen

In den Diskussionen über die Weiterentwicklung Wilhelmsburgs geht es vor allem um Qualitäten: die Belegung öffentlich geförderter Wohnungen, die Konzentration bestimmter Bevölkerungsgruppen in einigen Wohnquartieren, die Realisierung neuer hochwertiger Wohnungsbauvorhaben, die Suche nach weiteren Flächen und Wohnstandorten oder um die Miethöhen.

Viele Probleme und Perspektiven der Stadtteilentwicklung hängen eng mit Veränderungen der Wohnsituation zusammen und beeinflussen (negativ) das Image und die Identität des Wohnorts „in den Köpfen":

- Jüngere Familien ziehen aus Wilhelmsburg weg, wenn sie keinen adäquaten Wohnraum finden.
- Die Neubaumieten in geförderten Wohnungen müssen vom Sozialamt übernommen werden, weil sie für viele Haushalte zu hoch sind – die Belegungs-

praxis führt häufig zu Problemen. Es gibt Leerstände, sowohl neuer Wohnungen als auch im Bestand (z. B. im Vogelhüttendeich als auch in Kirchdorf-Süd).

- Um neue Bewohner auf die Elbinsel zu ‚locken‘, müssen attraktive Angebote gemacht werden.
- Die Entwicklung bislang unbebauter oder anders genutzter Flächen ist schwierig. So muß im Wilhelmsburger Osten zwischen den Ansprüchen landwirtschaftlicher, naturräumlicher und wohnbezogener Nutzungen vermittelt werden. Im Wilhelmsburger Westen wiederum sind die Grenzen zwischen Wohnen und Arbeiten (Gewerbe-/Industriegebiet) sehr eng. Möglichkeiten für Nachverdichtungsmaßnahmen sind oft umstritten, so zum Beispiel im Bereich der Kirchdorfer Eigenheimer.

Die Hamburger Politik hat die Bedeutung des Themas „Wohnen für die Stadtteilentwicklung" erkannt, auch was Veränderungen ‚in Köpfen‘ betrifft. Sie hat 1997 auf der Grundlage vorangegangener Diskussionen im Stadtteil in den unterschiedlichsten Gremien vor Ort – z.B. im AK Wil, im FORUM (Zusammenschluß von Initiativen) und im Zusammenschluß der Einzelhändler – drei rahmenverändernde politische Entscheidungen getroffen:

- Aussetzung der Fehlbelegungsabgabe zunächst bis Ende 1999,
- Freistellung öffentlich geförderter Wohnungen zunächst bis Ende 1999,
- Einrichtung eines Mieterzentrums im Ortsamt Wilhelmsburg zur Beratung und Vermittlung von Wohnraum.

Mit diesen Maßnahmen wird versucht, sowohl besserverdienende Bewohner im Stadtteil zu halten als auch Zuzüge neuer Haushalte nach Wilhelmsburg zu fördern.

Bürgerbeteiligung als ein Fundament für die Qualitätssicherung des Wohnens in der Stadt

Parallel zu den übergeordneten Aktivitäten wird zum Thema „Wohnen in Wilhelmsburg" vor Ort gearbeitet. Dafür hat sich im ‚Beirat für Stadtteilentwicklung‘ eine ‚Arbeitsgruppe Wohnen‘ gegründet. Diese ‚Arbeitsgruppe Wohnen‘ wird von der Gutachtergruppe mit dem MIT-Büro unterstützt. Die Arbeitsgruppe diskutiert anstehende Projekte, schiebt eigene Maßnahmen an, begleitet das Mieterzentrum und die Wohnungsunternehmen bei relevanten Fragestellungen rund um das Thema Wohnen und gibt Anstöße an Politik und Verwaltung. Es geht um viele Aktivitäten.

Übergeordnete Planungen für Wilhelmsburg

Informationen über die übergeordneten Planungen für Wilhelmsburg (z. B. Flächennutzungsplan 1997, Stadtentwicklungskonzept, Programmplan 1983, Sanierungsverfahren) dienen der Klärung der Rahmenbedingungen für alle Entwicklungen im Bereich Wohnen. Auf dieser Grundlage werden anschließend räumliche und thematische Einzelbereiche zur weiteren Diskussion eingegrenzt.

Förderprogramme und Erneuerungsprogramme

Vertreter der Stadtentwicklungsbehörde und der Baubehörde informierten über die unterschiedlichen Förderprogramme der Wohnungsbaukreditanstalt in den Bereichen Wohnungsbau und Eigentumsförderung sowie die Sanierungsverfahren und das Revitalisierungsprogramm. Die Arbeitsgruppe diskutiert mit den Behördenvertretern über die Relevanz dieser Programme für den Stadtteil.

Das Mieterzentrum Wilhelmsburg

Durch die regelmäßige Mitarbeit des Leiters des Mieterzentrums in der ‚Arbeitsgruppe Wohnen' wird ein Informationsaustausch hergestellt und die Multiplikatorenfunktion der Arbeitsgruppen-Mitglieder genutzt. Die Arbeitsgruppe unterstützt das Mieterzentrum bei seiner Arbeit. Derzeitige Co-Produktionen sind:

- Präsentation des Wohnungsangebotes in Wilhelmsburg im Internet in Kooperation mit den Wohnungsunternehmen,
- Präsentation auf der Verbrauchermesse ‚Du und Deine Welt',
- Zentrale Zielsetzung des Mieterzentrums ist eine Verbesserung und Stabilisierung der Mietersozialstruktur im Stadtteil. Neben Informationsangeboten für Mieter und Wohnungssuchende organisiert das Mieterzentrum verschiedene Aktionen, um neue Interessenten auf den Wilhelmsburger Wohnungsmarkt aufmerksam zu machen (z.B. Wohnungen für Studierende). In Zusammenarbeit mit den großen Wohnungsunternehmen wurden ein Reader sowie ein Faltblatt erarbeitet, die über das breite Wohnungsangebot im Stadtteil informieren.

Wohnprojekte/Alternative Wohnformen

Auf mehreren Sitzungen wurde in der Arbeitsgruppe über den Themenkomplex „Wohnprojekte und alternative Wohnformen" gesprochen. Es wurden unterschiedliche Ansätze und Ideen vorgestellt und diskutiert. In diesen Gesprächen wurden auch Kontakte zu potentiellen Investoren, Betreibern und Nutzern gesucht. Derzeit begleitet die Arbeitsgruppe die Konzeptionierung eines Mehr-Generationen-Wohnprojektes, das am Wilhelmsburger Einkaufszentrum realisiert werden soll.

Ökologische Wohnprojekte

In der Arbeitsgruppe wurde über Möglichkeiten eines ökologischen Wohnungsbauvorhabens im Wilhelmsburger Osten gesprochen. Hierbei wurde eine Fläche an der Kirchdorfer Straße betrachtet, die dafür in Frage kommen könnte. Erste konzeptionelle Ansätze und Kriterien für eine Öko-Siedlung wurden gesammelt und konkrete Schritte für eine Weiterbearbeitung des Themas verabredet.

Entwicklungsmöglichkeiten in Kirchdorf-Süd

Auf Anregung des Vertreters der Wohnungsbaugesellschaft SAGA wurden die Situation in der Großsiedlung Kirchdorf-Süd und potentielle Entwicklungsmöglichkeiten besprochen. Die SAGA sieht sich in ihrem Wohnungsbestand in Kirchdorf-Süd mit einer zunehmenden Polarisierung der Mietersozialstruktur, ansteigenden Leerständen und baulichen Problemen konfrontiert. Neben der Nutzung der Potentiale innerhalb der Siedlung und im direkten Umfeld wurde eine erste Diskussion über Möglichkeiten des behutsamen Rückbaus geführt. Die Arbeitsgruppe regt an, unter Einbeziehung des Sanierungsträgers und des Koordinierungsausschusses eine breite Diskussion über Entwicklungsmöglichkeiten zu führen, die Maßnahmen wie z. B. Rückbau, Abtragung einzelner Geschosse, Eigentumsförderung und Nachverdichtungsmaßnahmen einschließt. Dabei soll auch über die Grenzen der Siedlung hinausgeschaut werden. Der Einbau von Pförtnerlogen in den Hochhäusern und Neugestaltungen von öffentlichen Außenräumen haben sich bewährt.

Entwicklungsmöglichkeiten in Alt-Kirchdorf

Über das kontroverse Thema „Nachverdichtung" im Bereich Alt–Kirchdorf wird diskutiert. Die Arbeitsgruppe bemüht sich um eine Vermittlung zwischen konträren Interessen und um eine Offenlegung von Schwierigkeiten und Bedenken sowie der Potentiale und Möglichkeiten.

Gewerbehöfe im Wilhelmsburger Westen und Nutzungsmischung

Mit Vertretern eines Unternehmens und der Hamburger Gesellschaft für Gewerbebauförderung (HaGG) wurde über die Situation der Gewerbehöfe im Wilhelmsburger Westen (Puhsthof und Veringhof) diskutiert. Neben grundsätzlichen Fragen zu Vermietungschancen und zum Gewerbestandort Wilhelmsburg ging es dabei auch um das Thema „Nutzungsmischung". Dieses Thema, das für die Arbeitsgruppe im Bereich des Veringkanals von Interesse ist, wird im Stadtteil kontrovers diskutiert, weil Konflikte zwischen Wohn- und Gewerbenutzungen befürchtet werden.

Die Erfahrungen der beiden Unternehmen zeigen, daß nur eine gewerbebezogene Wohnnutzung in diesem Bereich vorstellbar ist. Die Diskussion über den ‚Standort Wilhelmsburg' verdeutlicht zugleich, wie schwierig es ist, neue Unternehmen von einer Ansiedlung im Stadtteil zu überzeugen, da das Image des Standortes in der Gesamtstadt weiterhin eher negativ ist. Daher wird eher eine Stärkung des lokalen und bezirklichen Handwerks als realistisch und sinnvoll betrachtet. Um über Entwicklungsmöglichkeiten am Veringkanal zu diskutieren, wird die Durchführung eines Investorenwettbewerbes sowie die Realisierung eines Standortmarketings (‚Hauptsache Wilhelmsburg') angeregt.

Wettbewerb „Wohnen in der Stadt" am ehem. ‚Freibad Zeidlerstraße'

Die Ergebnisse zum ‚Wettbewerb Zeidlerstraße' (Aktivität der Bausparkasse Schwäbisch Hall und der Zeitschrift STERN), wobei es um Wohnungsneubauten auf dem ehemaligen ‚Freibad Zeidlerstraße' ging, wurden im November im Architekturforum der STEB ausgestellt. Für die Wilhelmsburger gab es Gelegenheit, an einer Führung des Stadtplanungsamtes Harburg durch die Ausstellung teilzunehmen. Auf Anregung der Arbeitsgruppe fand im Ortsausschuß eine öffentliche Vorstellung der Wettbewerbsergebnisse und der weiteren Planungen statt. Das Projekt wird von der Arbeitsgruppe weiter begleitet, z. B. bei der Pressearbeit. Die Ergebnisse des Wettbewerbsverfahrens inklusive der Kriterien der Grundstücks- und Wohnungsvergabe wurden vom Beirat einstimmig begrüßt. Die Beschlüsse wurden mehrheitlich vom Ortsausschuß getragen.

Wohneigentumsförderung im Bestand

Aus Sicht der Arbeitsgruppe ist Eigentumsbildung ein wichtiger Aspekt der Wohnungspolitik im Stadtteil. Aufgrund der knappen räumlichen Ressourcen hält die Arbeitsgruppe es für notwendig, Möglichkeiten zu prüfen, wie in Wilhelmsburg auf Wunsch der Mieter die schrittweise Umwandlung von Mietwohnungen im Bestand in Wohneigentum möglich gemacht werden kann.

Qualität ist relativ
Wege und Verfahren sind mitentscheidend

Die bereitgestellten drei Millionen DM Anschubfinanzierung haben bis Mitte 1999 Investitionen in verschiedenste abgestimmte Projekte in Höhe von insgesamt 11,5 Millionen angestoßen. Nach knapp zweijähriger Laufzeit werden derzeit die Effekte des Aussetzens der Fehlbelegungsabgabe zwecks Entscheidung über eine Verlängerung überprüft. Die Entwicklung des Stadtteils ist durch eine Kombination aufeinander abgestimmter übergeordneter Maßnahmen einerseits und Aktivitäten vor Ort mit breiter Bürgerbeteiligung andererseits in Gang gesetzt worden. Eine eigene Entwicklungsdynamik wird vor Ort spürbar. Die Bemühungen um das Wohnen – und damit um Wohnqualität und Wohnzufriedenheit – werden als ein integrierter Bestandteil von Stadtentwicklungspolitik und -planung eingestuft.

Wohnen und Wohnungspolitik sind bei der Weiterentwicklung und ‚Inwertsetzung‘ eines ganzen Stadtteils mit breiter aktivierender Bürgerbeteiligung das zentrale Themen- und Handlungsfeld. Die ‚Experten für ihren eigenen Alltag‘ sind betroffen und können kompetent mitdiskutieren.

Gewohnt wird nicht nur in der Wohnung. Das „Wohnen in der Stadt" und die Stadt zum Wohnen werden entscheidend mitgeprägt vom Gestaltungsspielraum, den die Nutzer über ihre ‚eigenen vier Wände‘ hinaus haben und ausfüllen.

Es gibt bei den (aktivierten) Wilhelmsburgern allgemein ein breites Interesse, an der Gestaltung der unmittelbaren Lebensumwelt teilzunehmen. Die Kreativität bei der Entwicklung pragmatischer, schnell wirkender Problemlösungen ist groß. Es motiviert, etwas Konkretes zu machen und dessen Werden, bei dem man (selbstbestimmt) mitmacht, erleben zu können. Vielen bringt es offensichtlich einfach Spaß und Freude, sich an solchen Aktivitäten zu beteiligen, durch die die eigenen Wohn- und Lebensumwelten sichtbar verbessert werden, also eine, auch noch so kleine Problemlösung aufscheint und damit eine Steigerung der Lebensqualität gegeben ist. Das in einem Stadtteil existierende Maß an Lebensqualität wird von Außenstehenden leicht falsch unterschätzt.

Die Wilhelmsburger Erfahrungen zeigen, daß mit steigenden Erfolgsaussichten einzelner Maßnahmen die Unterstützung verschiedener Kräfte im Stadtteil zunimmt. Wohn- und Arbeitsumfeldgestaltung und kleinteilige projektorientierte Stadtteilentwicklung ist insofern wesentlich Politikgestaltung auf lokaler Ebene. Die Vertreter der etablierten Kommunalpolitik sind in hohem Maße gefordert.

Wenn Bürgerbeteiligung wirklich politisch gewollt ist, so ist eine gezielte Motivation für ein derartiges Engagement notwendig. Das Bürgerbeteiligungsverfahren in Wilhelmsburg zeigt, daß ‚faßbare‘, konkret umzusetzende Maßnahmen individuelle Anreize zum ‚Mitmachen‘, zum ‚Seinen-Beitrag-leisten‘ schaffen. Derartige Beiträge können jedoch im Einzelfall sehr unterschiedlich sein. Sie müssen koordiniert und sinnvoll aufeinander abgestimmt werden. Bedingend sind dafür die Tranzparenz der Verfahren und Maßnahmen für alle Beteiligten und Betroffenen und das gegenseitige Sich-Ernst-Nehmen. In einem konkreten Realisierungsprozeß können vielfältige kleine Erfolgserlebnisse zu erheblichen Motivationssteigerungen der Beteiligten führen.

Als eher motivationshemmend wirken sich die teilweise langwierigen Verfahren und unübersichtlichen Entscheidungsstrukturen bei einzelnen Entwicklungsmaßnahmen aus. Defizite sind hier auch innerhalb der etablierten kommunalen Politik auf lokaler Ebene zu verzeichnen. Die gewählten Vertreter sind häufig zeitlich überlastet, so daß notwendige Vermittlungen und Aufklärungen von Entscheidungen zu kurz kommen und Entscheidungsprozesse nach außen hin unverständlich wirken. Vertrauensentwicklung durch Vermittlungen, Klärungen und Steigerung der Einsichten in komplizierte Verfahrensgänge sind notwendig, um ein konstruktives Mitwirken zu erreichen und zu sichern.

Das gewünschte, demokratisch legitimierte Zusammenwirken und zielgerichtete Vernetzen von Wirtschaft, Politik, Verwaltung und Betroffenen erfordert gezielte und konkrete Inszenierung. Konkrete Stadtteilentwicklung, die lokalen und übergreifenden städtischen Zielkorridoren gleichermaßen folgt, kann nach den Ergebnissen des Wilhelmsburger Verfahrens, heute weder mit einem ‚Plan‘, noch mit der ‚Federführung‘ einer Stabsstelle oder mit einer behördenübergreifenden ‚Arbeitsgruppe‘ gesteuert werden.

Nach den Erfahrungen (nicht nur) in Wilhelmsburg bedarf es einer für jeden einzelnen Beteiligten einschließlich der Behördenapparate ‚interessenneutralen‘, für die Gesamtentwicklung jedoch ‚interessengebundenen‘ agierenden Kraft mit generalistischer Kompetenz. Sie muß sich ein breites Vertrauen bei möglichst allen in den jeweiligen Prozeß unterschiedlich eingebundenen und betroffenen Menschen erworben haben. Sie hat, in für alle Beteiligten tranzparenter Form, als eine Art ‚Entwicklungsmotor‘ in die gewünschte Richtung voranzutreiben und zwar ohne daß die demokratisch legitimierten Zuständigkeiten und Verantwortungen konterkariert werden. Insofern zeichnet sich mit den Wilhelmsburger Verfahren ein neues Qualifikationsprofil für professionelle Beihilfe zur Stadtteilentwicklung ab, das mit dem Begriff „Stadtteilmanagement" nicht hinreichend gekennzeichnet ist.

Ute Baumbach

Das Beispiel Rostock-Südstadt

Die Rostocker Südstadt ist ein Wohngebiet im Südosten der Hansestadt Rostock mit derzeit 14.000 Einwohnern. Die Südstadt wurde Anfang der 60er Jahre in industrieller Bauweise errichtet und nach den Prinzipien des „sozialistischen Wohnkomplexes", d. h. mit elementaren Planungseinheiten für 4.000 bis 5.000 Einwohner (Einzugsgebiet einer Schule) mit stets wiederkehrender Ausstattung an Einrichtungen des Gemeinbedarfs geplant.

Das gesellschaftliche Leitbild hierbei war die vollbeschäftigte Gesellschaft, deren überwiegender stabilster Bestandteil die ‚normale‘ Kleinfamilie mit ein bis zwei Kindern ist. Das städtebauliche Leitbild war die ‚gegliederte aufgelockerte Stadt‘, in der in Weiterführung der Ideen des modernen Städte- und Wohnungsbaus stadthygienischen Belangen wie Besonnung, Belüftung, Ruhe ein großer Stellenwert beigemessen wurde und in der gleichwertige Wohnungen mit zeitgemäßer Ausstattung allen Schichten dieser Gesellschaft zur Verfügung gestellt werden sollten.

Entsprechend diesen Leitbildern entstand mit der Südstadt eine ‚Großwohnsiedlung‘ mit den seit 1990 vielfach diskutierten bekannten und in der Öffentlichkeit meist sehr pauschalisierten Merkmalen, wobei konzeptionell bedingte Erscheinungsformen in der Regel vermischt werden mit den Auswirkungen wohnungspolitischer Entscheidungen wie Überbelegungen oder bautechnischer Mängel aufgrund begrenzter ökonomischer Möglichkeiten zu DDR-Zeiten.

Es steht die Frage
* inwieweit diese Wohn- und Siedlungsform, die einen beträchtlichen Teil des Wohnungsbestandes der neuen Bundesländer ausmacht, den jetzigen und künftigen Erwartungen an Wohnen unter nun anderen gesellschaftlichen Voraussetzungen (veränderte Haushaltsstrukturen, geringerer Grad an Beschäftigung, größere Unterschiede an Vermögen, Möglichkeiten individueller Entscheidungen) gerecht werden kann,
* wie flexibel derartige Strukturen auf gewünschte Veränderungen reagieren können,
* mit welchen Mitteln Veränderungen herbeigeführt werden können.

Es steht aber auch die Frage nach dem Erscheinungsbild dieser Siedlungen und nach dem Umgang mit der Bausubstanz, die Ausdruck der gesellschaftlichen und städtebaulichen Realität einer bestimmten Zeit ist.

Die Südstadt hat im Gegensatz zu anderen stadträumlich isolierten Großwohnsiedlungen den Vorteil eines innenstadtnahen Wohngebietes mit guter Infrastruktur in unmittelbarer Nähe zu Einrichtungen der Universität und einem großen Krankenhaus. Einrichtungen des Gemeinbedarfs, über die Grundversorgung hinaus wie z. B. ein Shopping-Center, ein Frauenhaus und Büroflächen sind auf den

Vorhalteflächen aus der Planungszeit und durch Umnutzung nicht mehr benötigter Schulen und Kindertagesstätten ergänzt worden.

Durch die Behebung bautechnischer Mängel und bauliche Verbesserungen an Dächern, Fassaden, Sanitärausstattung ist ein Wohnungsbestand in den vier- und fünfgeschossigen Zeilen entstanden, der eine lange Nutzungsdauer erwarten läßt.

Hierdurch und durch Maßnahmen der Wohnumfeldverbesserung im Rahmen der sogenannten ,Zweiten Sanierungswelle' ist, wie in vielen Großwohnsiedlungen, aber auch eine Qualität entstanden, die aufgrund ihres ursprünglichen und nun durch hohe Summen von Fördermitteln erhöhten Wertes nicht mehr einfach als ,Platte' abqualifiziert werden kann – differenziertere Betrachtungsweisen und ein größerer konzeptioneller Einsatz als bisher sind in der nun erreichten Phase notwendig.

Möglichkeiten der weiteren, teilweise schon begonnenen Verbesserung der Wohnungen sind Erneuerung/Verbesserung/Veränderung der konstruktiv vom Hauptgebäude unabhängigen Balkone, die Veränderung des allgemein als zu klein kritisierten Küche–Bad–Bereiches auf Kosten eines Zimmers, die Vergrößerung von Wohnräumen durch Entfernen leichter Trennwände. Damit allerdings würde sich der Anteil an $1^1/_2$ bis 2-Zimmerwohnungen im Gegensatz zum Anteil der 3- und 4-Raumwohnungen weiter erhöhen – ein Wohnungsangebot, an dem auch in Zukunft nur ein beschränkter Nutzerkreis interessiert sein kann.

Derzeit werden die Wohnungen zum großen Teil noch von den Erstmietern bewohnt, d. h. daß nach dem „Kinderberg" und dem „Schülerberg" mit ihren baulichen Konsequenzen nun ein Überhang an Einwohnern über 65 Jahre über das Wohngebiet hinweggeht – die Südstadt ist mit mehr als 25 Prozent dieser Altersgruppe der ,älteste' Stadtteil Rostocks.

Verständlicherweise ist diese Bewohnergruppe nicht an weiterreichenden Veränderungen der Wohnsubstanz interessiert, zumal sie die Mieterhöhungen für die erste Sanierungswelle zu tragen hat, – hier zeigen sich die Grenzen der Bewohnerbeteiligung und das Problem, in den alten Bundesländern bewährte demokratische Methoden unreflektiert auf die neuen Bundesländer übertragen zu wollen.

Mit erheblichem Aufwand sind einige der grundsätzlich nicht alters- oder rollstuhlgerechten Wohnungen auf die Bedürfnisse dieser Bewohnergruppe verändert worden. Obwohl auch diese Möglichkeiten im Rahmen des Ex-Wost-Programmes für die Südstadt untersucht worden und akzeptable Lösungen gefunden worden sind, stellt sich die Frage, ob hier nicht Ergänzungen statt Veränderungen ökonomisch sinnvoller gewesen wären, zumal Ergänzungen nicht nur den Effekt der Erweiterung von Wohnformen und Wohnungsgrößen haben könnten, sondern auch zur Verbesserung städtebaulicher Raumbildungen und durch zugeordnete Tiefgaragen zur Minderung des in Großwohnsiedlungen akuten Stellplatzproblems beitragen könnten.

Trotz der relativ großen Abstände zwischen den Wohnzeilen sind die Möglichkeiten der Nachverdichtung nicht so groß wie oft angenommen, so daß sehr genau über baurechtlich mögliche Gebäudeformen und das Maß an Verdichtung nachgedacht werden muß. Inzwischen hat sich auch das Grün in diesen Räumen zum echten ,Großgrün' entwickelt – die Wohngebäude der Südstadt stehen in einem Park.

Könnte ein ,Wohnpark' in der tatsächlichen Bedeutung des Wortes, in dem Wohnzeilen, die ergänzt werden durch deutlich als neue Generation gestaltete und erkennbare Gebäude, inmitten eines öffentlichen allen zugängigen Parkes nicht auch ein Leitbild für eine Großwohnsiedlung sein?

Als Idee derartiger Ergänzungen wäre aus städtebaulicher, gestalterischer und baurechtlicher Sicht die Überlagerung des Zeilenbaus mit einem Netz punktförmiger Gebäude denkbar, das sowohl auf Platzreserven als auch auf räumliche Defizite reagiert und die Wohnungsgrößen und Wohnformen aufnimmt, die in den Wohnzeilen nicht oder nur mit erheblichem Aufwand zu realisieren sind.

Das würde allerdings eine Planung über die gerade mühsam gebildeten Grundstücksgrenzen hinaus bedeuten, eine Verzahnung zwischen Wohnungs- und Städtebau auch unter dem Gesichtspunkt der Nachhaltigkeit.

Verbunden mit den positiven Elementen wie Stadtnähe, Infrastruktur, räumliche Nähe zu Arbeitsplätzen, sanierte Wohnsubstanz könnte so für die Zukunft ein Wohngebiet entstehen, das – im Gegensatz zu vielen Großwohnsiedlungen – die Chance zu einer Mischung von Einkommens- und Interessensschichten und eine Wohnqualität bietet, die viele der nach 1990 in den neuen Bundesländern errichteten Wohnsiedlungen nicht erreichen können.

Peter Schroeders

Das Beispiel Flensburg-Engelsby

Das Gebiet Engelsby ist in den letzten Jahren mit Mitteln der Städtebauförderung und mit Mitteln der Europäischen Union weiterentwickelt worden. Im Ergebnis ist heute ein Imagewechsel von einem Stadtteil mit erheblichen sozialen und städtebaulichen Problemen hin zu einem Stadtteil mit recht guten Freiflächenqualitäten und guten Ausstattungsmerkmalen festzustellen. Die Fördermittel haben bei den Wohnungsbaugesellschaften erhebliche zusätzliche Investitionen in die Wohnungsmodernisierung ausgelöst. Wichtige methodische und strategische Entwicklungsschritte waren:

• Iterative Beteiligung der Bewohner über Workshops, Zukunftswerkstätten, Vortragsreihen und Runde Tische.
• Vernetzung sozialer und schulischer Aktivitäten.

Wichtige bauliche Maßnahmen sind realisiert:

• Stadtteil- und Freizeitpark, der Aufenthaltsqualitäten für alle sozialen und demographischen Gruppen hat.
• Umbau von Straßenräumen, Neuorganisation von Stellplatzanlagen, Spielräumen.
• Modernisierung von Punkthäusern, die ein negatives Image entscheidend mitgeprägt haben und heute eher positive ‚Wahrzeichen' sind.
• Umbau einer alten Heizzentrale zu einem Bürgertreff.

Der staatlich geförderte und begleitete Prozess wird im Jahr 2000 abgeschlossen sein. Die Hoffnung ist berechtigt, daß ein sich selbst tragender positiver Prozess der Weiterentwicklung eingeleitet werden konnte. Die Siedlung ist in den 60er Jahren geplant worden, als die Beseitigung der Wohnungsnot in Flensburg wie in anderen Städten der Bundesrepublik im Vordergrund der Wohnungspolitik stand. Die Schaffung möglichst vieler, preiswerter Wohnungen innerhalb kurzer Bauzeit war die Devise, nicht die Verwirklichung anspruchsvoller städtebaulicher Konzepte oder Architektur.

Seit ihrer Entstehung haben sich städtebauliche Leitbilder und Wohnansprüche der Menschen drastisch gewandelt. Engelsby wurde jedoch – wie viele andere Siedlungen dieser Zeit – nicht an veränderte soziale und kulturelle Bedürfnisse angepaßt. Es kann als Wohnstandort weder mit dem reichhaltigen Kulturangebot innerstädtischer Wohnstandorte noch mit dem Wohnkomfort von Neubauwohnungen oder den individuellen Entfaltungsmöglichkeiten im Einfamilienhaus konkurrieren.

In Zeiten von Wohnungsknappheit bietet Engelsby folglich immer noch denen Wohnraum, die sonst nur geringe Chancen auf dem Wohnungsmarkt haben, in Zeiten sinkender Nachfrage droht jedoch der Leerstand von Wohnungen und damit eine Gefährdung der sozialen Strukturen und des sozialen Klimas und ein weiter fortschreitender gravierender Imageverlust der Siedlung.

Eine solche Entwicklung zeichnete sich Anfang der 90er Jahre in Engelsby ab, es war deutlich, daß ein erheblicher Handlungsbedarf bestand, um Wohngebäude auf einen zeitgemäßen Standard zu bringen, im Wohnumfeld Aneigungsmöglichkeiten zu schaffen und das sozio-kulturelle Angebot im Stadtteil zu verbessern.

Die Stadt Flensburg initierte 1994 das Pilotprojekt Engelsby, ein Gutachterverfahren zur Nachverbesserung und faßte Anfang 1995 den Beschluß, in Engelsby vorbereitende Untersuchungen nach dem Baugesetzbuch durchzuführen. Die Nachbesserung Engelsbys wurde in einer Phase eingeleitet, in der öffentliche Mittel knapp waren und Städtebauförderungsmittel in großem Umfang in die neuen Bundesländer flossen. Die finanziellen Spielräume in diesem Projekt waren also gering.

Dies stellte die Verantwortlichen vor die Aufgabe, Konzepte zu entwickeln, die ein breites Spektrum an Akteuren – nicht nur aus dem Planungs- und Bausektor, sondern auch aus anderen Bereichen – ansprechen sollten. Dabei sind auch die Potentiale im Gebiet einbezogen worden. Es sind unkonventionelle Wege der Finanzierung und Förderung sowie der Kombination von Mitteln gefunden worden. Öffentliche wie private Mittel wurden über einen längeren Zeitraum konzentriert in Engelsby eingesetzt. Kommunale Planungsprojekte und Investitionen der Wohnungsbaugesellschaften jeweils in abgestimmten Gesamtmaßnahmen verknüpft.

Es galt kurzfristige Maßnahmen umzusetzen, die auf hohe Akzeptanz von Seiten der Bewohner treffen und gleichzeitig in ein auf langfristige Umsetzung angelegtes Konzept eingebunden sind. Der Bewohnerbeteiligung kommt bei der Planung von Verbesserungsmaßnahmen in Engelsby also eine entscheidende Bedeutung zu, dabei ist über die projektgebundene Beteiligung hinaus eine langfristige Umorientierung im Wohnungsmanagement der Wohnungsbaugesellschaften in Engelsby anzustreben.

Peter Dresel

Das Beispiel Hamburg-Alsterdorf

Bauherr, Architekten und Bewohner setzen sich intensiv mit den Möglichkeiten der Wohnwert-Verbesserung auseinander. Nach langer Bearbeitung, Prüfung, Diskussion der beiden Alternativen ‚Modernisierung des Wohnungsbestandes' ‚Ersatz des Bestandes durch Neubau' sprechen die ökonomischen Daten und die zu erreichende Wohnqualität – in diesem Fall – eindeutig für die zweite Alternative. In Stichworten beschrieben stellt sich die Situation wie folgt dar:

Wohnanlage Hamberg-Alsterdorf, Bilserstraße mit 273 Wohnungen in sechs dreigeschossigen Gebäuden.
Eigentümer: Allgemeine Deutsche Schiffszimmerer-Genossenschaft, Hamburg.
Baujahr: 1951/52 im sozialen Wohnungsbau als Einfachwohnungen, Belegungsrechte und Mietpreisbindung bis 1993.
Architektur: ASK Hassenstein + Pfadt GmbH, Hamburg

Standort	Gute, relativ zentrale Wohnlage, 6,0 km von Stadtmitte, 1,5 km vom Stadtteilzentrum, 0,5 km Radius für Einrichtungen des Tagesbedarfs, einschließlich Bus- und U-Bahn-Haltestellen. Schöne alleenartige Straßenräume, gut proportionierte Freiräume ins Wohngebiet.

Wohnungsgrößen

19	1	Zimmer-Wohnungen	à 20 m²
27	1¹/₂	Zimmer-Wohnungen	à 27 m²
66	2	Zimmer-Wohnungen	à 33 m²
148	2¹/₂	Zimmer-Wohnungen	à 39 m²
12	2¹/₂	Zimmer-Wohnungen	à 57 m²
1	3¹/₂	Zimmer-Wohnungen	à 51 m²

Konzeption	Insgesamt 273 Wohnungen mit 9.856,25 m² Wohnfläche, ein gewerbliches Objekt, Laden, mit 301 m² Nutzfläche.
Ausstattung	Vierspänner-Grundrisse mit Kleinwohnungen, einfacher Mauerwerksbau, Fassaden mit Vormauersteinen, relativ kleine Fenster, keine Freiflächen bei der Wohnung. Sehr sparsame Ausstattung, Kochnischen, WC mit Waschbecken, 260 der 273 Wohnungen besitzen kein Bad, Sammelbäder im Kellergeschoß, Einzelofenheizung. Einige Mieter haben die Ausstattung auf eigene Kosten verbessert.
Miete	5,57 DM/m² Wohnfläche/Monat, ohne Betriebskosten.

Vermietung	Die Vermietung ist an Genossenschaftsmitglieder schwierig, starke Fluktuation führt zu sozialen Spannungen.
1994/95	Entscheidung der Genossenschaft, die Wohnungen zu verbessern.
Modernisierungs-planung	Auftrag an die Architekten ASK-Hassenstein und Pfadt zur Modernisierungsplanung und Kostenermittlung: beson-ders Zusammenlegung von Wohnungen, Verbesserung von Schall- und Wärmeschutz, Schaffung von Balkonen, Terrassen bei der Wohnung, Ausbau der Dachgeschosse, zeitgemäßer Innenausbau.
Ergebnis	Modernisierung: 208 Wohnungen, davon 52 neue Dachgeschoßwohnungen in Zweispännern, insgesamt etwa 12.400 m^2 Wohnfläche, also etwa 25 Prozent Wohnflächen-Zuwachs.
Kosten	Gesamtbaukosten: 2.808 DM/m^2 WF Für Dachgeschoß: 3.035 DM/m^2 WF Jeweils einschließlich Abfindungen für die Mieter, deren Höhe allerdings unter einem Prozent der Gesamtkosten liegt.
Miete	10,50 – 12,60 DM/m^2 WF/Monat, ohne Betriebskosten, je nach Förderungsart 1 – 3. Angesichts der hohen Kosten und der Tatsache, daß einige Nachteile der alten Gebäude nicht ganz beseitigt werden können (z. B. Schallisolierung im Gebäude), beauftragt die
1997/98 Neubauplanung	Genossenschaft die Architekten, die Alternative Ersatz durch Neubau zu untersuchen.
Ergebnis	Neubau
	Weitgehende Beibehaltung der Bauflächen, um schönen Baumbestand zu erhalten. zwei Drittel dreigeschossige Gebäudeteile, ein Drittel viergeschossiger Gebäudeteil, im wesentlichen Zweispänner-Grundrisse, 2-, 2^1/$_2$- und 3-Zimmerwohnungen, Wohnflächen zwischen 60 und 90 m^2. Flächenzuwachs durch teilweise Viergeschossig-keit und größere Gebäudetiefe um etwa 30 Prozent. Stellplätze für etwa drei Viertel der Wohnungen werden als Tiefgarage vorgesehen. Anordnung eines Teils der Garage im Kellergeschoß des Wohngebäudes zum Schutz des Baumbestandes.

| Kosten | Gesamtbaukosten: ohne Tiefgarage 2.273 DM/m² WF mit Tiefgarage 2.828 DM/m² WF. Die Neubaukosten liegen deutlich unter den Modernisierungskosten. Dieses entspricht nicht verbreiteter Erfahrung, nach der Modernisierungskosten maximal Neubaukosten erreichen. |

Kosten

Gesamtbaukosten: ohne Tiefgarage 2.273 DM/m² WF mit Tiefgarage 2.828 DM/m² WF. Die Neubaukosten liegen deutlich unter den Modernisierungskosten. Dieses entspricht nicht verbreiteter Erfahrung, nach der Modernisierungskosten maximal Neubaukosten erreichen.

Miete

9,90 – 13,90 DM/m² WF/Monat je nach Förderungsart, ohne Betriebskosten und ohne Garagenkosten. Die alten Wohnungen sind noch nicht vollständig abgeschrieben, dem steht die Möglichkeit der Neubewertung der Grundstücke gegenüber.

Bewohner

Sowohl die Modernisierung einschließlich Zusammenlegung von Wohnungen als auch der Ersatz der Altbauten durch Neubauten erfordert die Räumung der Wohnungen der einzelnen Bauabschnitte. Die Genossenschaft unterrichtet die Mieter seit 1994 über ihre Absichten. Sie bietet Ersatzwohnungen aus ihrem Wohnungsbestand an und reserviert die neuen Wohnungen in erster Linie für die bisherigen Mieter. Diese erhalten Beratung und beim Umzug Abfindung und Ersatz von Umzugsaufwendungen. Die vorgesehene abschnittsweise Erneuerung der Wohnanlage wird die Umzüge innerhalb des Quartiers erleichtern.

Realisierung

Inzwischen ist ein erster Abschnitt mit 69 Wohnungen und 48 Tiefgaragenplätzen im Bau. Das beschriebene Verfahren wird zu – in jeder Hinsicht – besseren Wohnungen führen, allerdings bei deutlich höheren Mieten und höheren Betriebskosten. Der abschnittsweise Ersatz der Einfachwohnungen durch Wohnungen, die den heutigen Standards entsprechen, erscheint im Sinne langfristiger Vermietbarkeit der Wohnungen notwendig.

Die neuen Wohnungen werden der Qualität des Standorts besser entsprechen als die bisherigen. Sie verbessern das Wohnungsangebot im Quartier. Die beschriebenen Maßnahmen erscheinen dem Verfasser baulich, städtebaulich und auch ökonomisch sinnvoll, die Konsequenzen für die derzeitigen Bewohner sind für ihn nicht übersehbar.

Angaben für 1997, falls keine anderen Jahre angegeben sind.
Quelle: Statistisches Landesamt Hamburg, zum Teil eigene Berechnungen.

Helmut Feußner, Christian Kopetzki

Das Projekt
„Wiedergründung der Unterneustadt" in Kassel

Einführende Vorbemerkungen

Als Prof. Helmut Feußner dem Präsidium der Akademie vorschlug, den Beitrag der Landesgruppe Hessen, Rheinland-Pfalz und Saarland auf das EXPO-2000-Projekt „Unterneustadt" zu konzentrieren, war an einen Artikel gedacht, den mehrere aktuelle und potentielle Akademiemitglieder gemeinsam verfassen sollten. Dieses Konzept erwies sich schnell als problematisch: jeder Akteur bei diesem ungewöhnlichen Planungsvorhaben, das sich seit Mitte 1995 in der Realisierung befindet, hat seine spezifische Erfahrung und Sichtweise, die jeweils für sich interessant und im Sinne einer aufklärenden Darstellung mitteilenswert erscheint. So hätte sich folgendes Konzept als spannend und der Bedeutung des Projektes angemessen ergeben können:

- Der ehemalige Stadtbaurat Uli Hellweg (DASL) berichtet über die planungspolitische Genese bis 1995;
- die 1997 gewählte Stadtbaurätin Monika Wiebusch stellt das Projekt in seinen politischen Dimensionen während der ersten Realisierungsphase dar;
- Michael Bergholter (DASL) beschreibt die Entstehung der grundlegenden städtebaulichen Rahmenplanung mit ihren innovativen Elementen;
- Eckhard Jochum oder/und Heinz Spangenberg, als die Vertreter des Stadtplanungsamtes in der Projektentwicklungsgesellschaft, schreiben eine minutiöse Reportage von Vorbereitung und Realisierung des Projektes, da niemand soviel wichtiges Detailwissen hat, wie sie;
- als langjährige Sprecherin des ‚Forums Unterneustadt' verfaßt Prof. Ingrid Lübke (DASL) einen Beitrag, in dem die wichtige Rolle des begleitenden, öffentlichen Gremiums dargestellt wird;
- als Mitglied des Fachbeirates, der die teilweise sehr kontroversen Auseinandersetzungen um ein „quergebürstetes" Verkehrskonzept maßgeblich beeinflußt hat, gibt Prof. Dr.-Ing. Hartmut Topp (DASL) seine Einschätzungen ab;
- die Rolle des Fachbeirates und der Projektjury wird vom stellvertretenden Vorsitzenden Prof. Christian Kopetzki (DASL) eingebracht;
- als engagierter Bauherr und Moderator eines ungewöhnlichen Bauprojektes in dessen Planungs- und Realisierungsphase steuert Prof. Helmut Feußner (DASL) seine Erfahrungen bei;
- in seiner Doppelfunktion als Mitglied des Fachbeirates und Bauherr für die Wohnungsbaugenossenschaft 1889 wäre ein interessanter Beitrag von Jörg Döring (DASL) zu erwarten.

Dieses (sinnvolle) Konzept hätte ein eigenes Buch ergeben. Hätte: es wird hoffentlich noch zu diesem Buch kommen, an dem sich weitere Protagonisten , z. B. Dieter Hoffmann-Axthelm als Vater des Konzeptes der ‚Kritischen Rekonstruktion', beteiligen sollten.

Für den Bericht 1999 der Akademie haben wir uns nach intensiver Diskussion für eine Art Reportage über das Projekt durch Eckhard Jochum (den Mitgliedern der Landesgruppe kein Unbekannter) entschieden. In ihr wird mit durchaus persönlich gefärbter Sichtweise eines der entscheidenden ‚Macher' eine Fülle von Informationen ausgebreitet, die einen Eindruck von der Komplexität (und Kompliziertheit) des Projektes vermitteln. Gleichzeitig werden auf diese Weise Einblicke in einen Entstehungs- und Arbeitsprozeß gegeben, die gemeinhin nicht Gegenstand von Veröffentlichungen sind, von denen wir aber meinen, daß sie die herkömmliche Sicht auf die (mehr oder weniger) gelungene Oberfläche städtebaulicher Projekte auf eine besondere Weise ergänzt.

Dafür, daß sich Eckhard Jochum neben seiner wirklich stressigen Tätigkeit in einer nicht unkritischen Phase des Projektes der Mühe sich einer so aufwendigen Berichterstattung unterzogen hat, gebührt ihm besonderer Dank, auch und gerade von den Akademiemitgliedern, die – wie oben angedeutet – ebenfalls schon angetreten sind (oder noch antreten sollen), um ihren spezifischen Beitrag zu einem ungewöhnlichen städtebaulichen Projekt zu erbringen.

Eckhard Jochum

Wiedergründung der Unterneustadt in Kassel

Die Kritische Rekonstruktion: ein Konzept geht auf…

Britische Flugzeuge werfen in der Nacht zum 23. Oktober 1943 Bomben in einem Gesamtgewicht von 1.500 t über Kassel ab. 10.000 Menschen sterben. In dieser Nacht verbrennt der 700 Jahre alte Kern der Kasseler Unterneustadt am Ostufer der Fulda.

Am 1. Juni 2000 wird sich die Stadt Kassel mit ihrem anspruchsvollen Wieder-aufbauprojekt für eben dieses Stück Stadt auf der ersten deutschen Weltausstel-lung, der Expo 2000 in Hannover, präsentieren. Bis dahin wird das Projekt die Hälfte der Wegstrecke bewältigt haben und den Nachweis liefern, daß die gewähl-te Wiederaufbaumethode, die sog. ‚Kritische Rekonstruktion‘, für städtebauliche Vorhaben dieser Art besonders gut geeignet ist.

Mit den folgenden Abschnitten sollen die wichtigsten Etappen zwischen dem 3. Oktober 1943 und dem 1. Juni 2000 nachgezeichnet werden.

Die Vorgeschichte

Die Zerstörungen im Oktober 1943 waren so nachhaltig und total, daß von dem, was die mehr als 700jährige Geschichte der alten Unterneustadt ausgezeichnet hat, nur noch wenig übrig geblieben ist: Verbrannt in einer Nacht!

So bedauerlich der Tatbestand an sich, einmalig ist er wahrhaftig nicht. Dieses Schicksal teilte die Stadt auf beiden Seiten der Fulda mit Dutzenden anderer deut-scher Städte. Trotz der weitgehenden Zerstörung sind aber zahlreiche Überbleib-sel, die an die alte Stadt erinnern, erhalten geblieben: die Ufermauer in voller Pracht und voller Länge, die Reste der Unterneustädter Mühle …

Obwohl es bei dem großen Ideenwettbewerb von 1947, der die Grundzüge des ge-samten Wiederaufbaus von Kassel zum Thema hatte, relevante Beiträge auch für die Ostseite, die Unterneustadt, gegeben hat und obwohl durchaus noch bauliche Anknüpfungspunkte vorhanden waren: das Resultat der dem Wettbewerb folgen-den Diskussionen und Entscheidungen war die Beibehaltung eines städtebaulichen „Leerraumes" anstelle des „pulsierenden Herzens" der ehemaligen Unterneustadt.

Dieser bis zum Anfang der 90er Jahre nachwirkende Wiederaufbauverzicht präg-te eigentlich bis heute die stadtentwicklungspolitischen Leitlinien der Stadt, die jahrzehntelang – bis hin zur Entscheidung für den neuen ICE-Bahnhof – (stadt-geographisch) westorientiert waren.

Auf diese Weise bleibt als städtebauliches Kuriosum festzuhalten, daß sich die Stadt – zuerst bewußt, dann sicherlich im Laufe der Jahre multifaktoriell begründet – von der Entwicklung und dem Wiederaufbau der direkt an die Fulda angrenzenden Unterneustadt für Jahrzehnte verabschiedet hat und dies, obwohl Kassels neu- aufgebautes Stadtzentrum mit seiner frühen Fußgängerzone nur etwa 600 Meter entfernt liegt. Die Nutzung nach dem Krieg ist stark auf den individuellen Autoverkehr orientiert: der ‚Leerraum‘, zum Fluß und zur Leipziger Straße hin schamhaft und massiv abgegrünt, wird als Messeplatz ausgewiesen und an über 200 Tagen als attraktiver, kostenloser und überdimensionaler Großparkplatz in Flußnähe genutzt. Im Schnitt parken dort 400 bis 600 Pkw's pro Tag. Im Frühjahr und im Herbst wird der Platz für die Kirmes (in Kassel „Messe" genannt), für je zwei Wochen und im Sommer ein langes Wochenende für das kasseltypische Flußfest, den ‚Zissel‘, in Anspruch genommen. Der nördlich der Leipziger Straße gelegene, ebenfalls nicht wieder aufgebaute Bereich, wird teils für Langzeitparker, teils für einen Verkehrsschulgarten für die Kasseler Schulkinder genutzt. Außerdem haben sich am Süd- und Nordende des Gebiets zwei Wassersportvereine niedergelassen, die über Jahrzehnte eine nahezu ungestörte Idylle genießen durften.

1948 wird die neue Fuldabrücke eingeweiht. Die Leipziger Straße wird vierspurig über das bis auf die Kellermauern zerstörte und aufgeschüttete Quartier gelegt, die ausgebrannte klassizistische Unterneustädter Kirche muß dabei der verkehrstechnisch optimierten Hauptstraße weichen; die beiden prägenden Platzräume – der mittelalterliche Holzmarkt und das spätbarocke Oval des Unterneustädter Kirchplatzes – werden nahezu vollständig aufgegeben. Neben der mit einer Straße in dieser Größenordnung verbundenen, rein verkehrlichen Trennwirkung bedeutet diese Straße für die Bewohner der Unterneustadt die Zerschneidung ihres Stadtteils. Bis heute hat sich diese Trennung durch relativ eigenständige Entwicklungen bzw. Stagnationen der jeweils verbliebenen Rumpfstadtteile, das südlich gelegene Blücher- und das nördlich gelegene Hafenviertel ausgewirkt.

Wenn man sich vergegenwärtigt, daß ein ‚einfacher Handstreich‘ im Jahre 1946 – Stadtbaurat Heinicke klebt in diesem Jahr über den Plan mit dem Titel „Wiederaufbau der Gauhauptstadt" (im Zentrum der Unterneustadt sah er ein großes Aufmarschgebiet vor) den neuen Titel „Wiederaufbau der Stadt Kassel" – fast 50 Jahre Fehlentwicklung bzw. Stagnation in Gang setzen und festschreiben kann, wird erkennbar, welche Bedeutung die Initiierung großer städtebaulicher Maßnahmen zukommt. Oder neutraler formuliert: ein seinerzeit für richtig gehaltener Ansatz muß möglicherweise Generationen später ‚geheilt‘ werden.

Der Vollständigkeit halber muß nachgetragen werden, daß es bis zur Wiederaufnahme der Rekonstrukionsdiskussion Anfang der 90er Jahre bereits zahlreiche Versuche in den Jahren davor gegeben hat, dem aus heutiger Sicht unglaublichen Zustand – citynahes Parken mit Flußpanorama zum Nulltarif – abzuhelfen.

Neben studentischen Projekten an der Gesamthochschule Kassel (GhK), mit teils ganz unterschiedlichen Ansätzen und Aufgabenstellungen, ist es vor allem der für die Bundesgartenschau 1981 Mitte der 70er Jahre ausgelobte Wettbewerb, der unter dem übergeordneten Motto „Die Stadt entdeckt ihren Fluß" zu einer Beschäftigung mit dem ‚vergessenen' Wiederaufbau des Kerns der Unterneustadt anregt, erwähnenswert. Bedauerlicherweise mußte dieses den klassischen Gartenschauansatz sprengende Konzept aufgegeben werden. Kosten- und organisatorische Gründe hatten dazu geführt, daß sich die Stadt und die Bundesgartenschau GmbH auf den Kernbereich der Schau konzentrieren mußten.

Auf Anregung von Prof. Lucius Burckhardt von der GhK, gedacht als Gegenprogramm zur ‚documenta urbana' auf der Dönche am südwestlichen Stadtrand unter dem Motto „Sichtbarmachen", wurden 1982 Denkanstöße gegeben und Vorschläge unterbreitet zur Lösung städtebaulicher Probleme in Kassel; acht Beiträge waren speziell der neuen Unterneustadt gewidmet.

Mit einem komplexen Maßnahmenkatalog, abgeleitet aus einer differenzierten städtebaulich-sozialen Bestandsanalyse im Rahmen einer Entwicklungsplanung für die ganze Unterneustadt, geht das Planungsamt der Stadt Kassel 1983 an die ungelöste Wiederaufbauproblematik heran. Das Hauptdefizit: konkrete Vorschläge für den Wiederaufbau selbst fehlen vollständig.

Den Problemkontext erstmalig entsprechend würdigend, werden vom Planungsamt drei Jahre später – also 1986 – die sog. Vorbereitenden Untersuchungen im Rahmen der Innenstadtsanierung nach dem Städtebauförderungsgesetz durchgeführt. Der auf diesen Untersuchungen fußende Rahmenplan fordert dazu auf, die Stadt wieder an ‚ihren' Fluß heranzuführen und die Unterneustadt als innenstadtnahes, hochattraktives Entwicklungspotential, vor allem für Wohnen, zu nutzen. Und in diesem Zusammenhang taucht sie zum ersten Mal auf: die Achse vom Königsplatz zum Unterneustädter Kirchplatz, über den Entenanger, den Marstall, die Brüderkirche, den Renthof und eine neue Brücke zum Unterneustädter Ufer...

Im studentischen Workshop von 1988 mit der Aufgabenstellung „Perspektiven für den Behördengürtel" an dem sich etwa 80 Studierende aus neun deutschen Hochschulen beteiligten, wird die Frage diskutiert und behandelt, wie die Berührungspunkte zwischen Innenstadt und Fluß weiterentwickelt werden können mit dem Ziel, sich mit der Stadt insgesamt wieder stärker dem Fluß zuzuwenden. Auch der Wettbewerb für Erweiterung von Staatstheater und Regierungspräsidium im Jahre 1989 behandelt Themen, die über die Kernaufgabenstellung hinausgehen und wendet sich hierbei städtebaulichen Integrationsproblemen zu, die erst vor der Fulda halt machen. Aus diesem Anlaß wird u.a. auch schon über eine öffentlichkeitswirksamere Nutzung des Staatstheaterfundus am innerstädtischen Fuldaufer diskutiert.

Keiner dieser vorgenannten Impulse jedoch vermag Politik, Wirtschaft, Verwaltung und die verschiedenen Interessengruppen der Bevölkerung einschließlich der Bewohner der Unterneustadt selbst so stark zu motivieren, daß es zu einem wirklichen Versuch gekommen wäre, den unzulänglichen Zustand der Unterneustadt nachhaltig zu verändern. Das muß vor allem vor dem Hintergrund der in Kassel besonders aufgeladenen Diskussion über das kostenlose und quanti-

Luftbild, Anfang der 90er Jahre: ,Leerraum' und Parkplatz an der Fulda. 50 Jahre unterlassener Wiederaufbau...

tativ exzessive Parken im Innenstadtbereich gesehen werden. Und auch die regional etablierten Rummel- und Zirkusveranstaltungen an diesem zentralen Standort erweisen sich als durchaus wirksamer Blockadefaktor.

Voruntersuchungen und Methodendiskussion

Die zentrale Anregung für die in den Folgejahren immer stärker umsetzungsorientierte Diskussion um einen Wiederaufbau der Unterneustadt geht aus von einem Workshop Ende 1989/Anfang 1990. (1) Im Auftrag der Stadt Kassel leitet Prof. Lucius Burckhardt diesen Workshop, an dem neben vielen renommierten Kollegen vor allem Studenten beteiligt sind. Ein Hearing im Magistratssaal der Stadt Kassel im Januar 1990 und eine Veröffentlichung mit dem Titel „Die neue Unterneustadt/Ein Workshop und ein Hearing zum Thema" schließen einen ersten wichtigen Untersuchungsschritt ab. Ohne die fünf konkreten, jeweils ganz unterschiedlichen städtebaulich/architektonischen Herangehensweisen an einen hypothetischen Wiederaufbau hier würdigen zu wollen, steht nach dem Abschluß dieser Auseinandersetzung mit dem Thema Unterneustadt für die Beteiligten von Stadtverwaltung und Hochschule fest:

- Die Bebauung des Messeplatzes, die Schließung des „Lochs in der Stadt", kann nur im Zusammenhang der gesamten Unterneustadt als gemischtes Quartier und Teil der Innen- bzw. Altstadt sinnvoll sein.
- Es gilt den Fluß ‚wiederzuentdecken'; er muß integratives, belebtes und erlebbares Element der Stadt auf beiden Ufern werden. Die Brücke(n) über die Fulda müssen das netzartige Geflecht von Straßen und Plätzen auf beiden Seiten der Fulda verbinden.
- Die Kernstadt beginnt im Zuge der Wiederbebauung der Unterneustadt und der an die Leipziger Straße heranrückenden Bebauung schon am Unterneustädter Kirchplatz.
- Das neue Fuldaufer wird städtisch und muß durchgehend öffentlich sein.
- Die Entscheidung für eine wie auch immer geartete Bebauung des ehemaligen Kerns der Unterneustadt ist eine politisch-öffentliche, keine, die z. B. über Wettbewerbe, allein von Architekten und Stadtplanern zu treffen wäre. Vor allem aber ist diese Entscheidung als Prozeß vorzubereiten, unter breiter Beteiligung der Öffentlichkeit.

Diese Vorgaben und Ergebnisse tragen der Meinungsbildung nach langjährigen Debatten um dieses zentrale Thema in Teilen von Politik und Bevölkerung in positiver Weise Rechnung. Damit kann dieser Workshop als erster Schritt hin zur Bebauung der lange vernachlässigten Unterneustadt bezeichnet werden.

Auf den Ergebnissen des GhK-Workshops aufbauend und motiviert durch allgemeinen Zuspruch und Resonanz für den Wiederaufbau der Unterneustadt wird die Vorbereitung des Projektes in der Folgezeit zweigleisig in Angriff genommen: neben der Klärung und Untersuchung rechtlicher, technischer, ökologischer und stadtwirtschaftlicher Fragen, die mit der erforderlichen vorlaufenden Verlagerung vorhandener Nutzungen zusammenhängen als auch mit der Bebauung des Messeplatzes selbst, nimmt die Stadt die Workshop-Ergebnisse ernst und setzt einen Diskurs zur Entscheidungsfindung über die städtebaulichen Ziele und Leitbilder in Gang.

Dieser sich über mehrere Jahre erstreckende komplizierte, phasenweise auch widersprüchliche, immer wieder die Öffentlichkeit einbeziehende Diskussionsprozeß läßt sich im Rückblick wie folgt beschreiben:

‚Check' der Realisierungsbedingungen

Zur Überprüfung der Realisierungsbedingungen ist den Verantwortlichen kaum etwas, das in Bauprojekten dieser Dimension eine Rolle spielen könnte, erspart geblieben. Schon früh läßt sich ablesen, daß die komplexen und schwierigen Rahmenbedingungen in jeder Phase des Projekts für einen hohen Aufwand sorgen werden. Aus Platzgründen muß bei der Darstellung der Ergebnisse die Kurzfassung gewählt werden:

- Das hessische Wasserrecht steht, entgegen anfangs gegenteiliger Auskünfte, weder einer Bebauung des Messeplatzes noch einer Verlagerung der Messe auf den neuen Standort, die in der Flutmulde gelegene Schwanenwiese, entgegen.
- Die erforderliche technische Infrastruktur ist, wenn auch wegen der Bodendenkmalproblematik teurer und technisch aufwendiger als üblich, herstellbar.
- Landschaftsplanerische und ökologisch-klimatische Projektziele können bei entsprechender Integration in die Aufbauplanung negative Folgen des Eingriffs kompensieren.
- Das flächenhafte Boden- und Kulturdenkmal, die unter der ungleichmäßig stark aufgetragenen Trümmerschuttschicht verborgenen Keller, Gebäudereste, Straßen und Plätze der mittelalterlichen und spätbarocken Stadt, muß und kann beim Wiederaufbau grundsätzlich respektiert und erhalten werden.
- Flache Gründungstechniken können, trotz inhomogener Auffüllung, ausreichende Standfestigkeit der Gebäude sichern; auf diese Weise können die Anforderungen der offiziellen Denkmalpflege eingelöst werden. Lediglich im Bereich des barocken Wall-Graben-Systems müssen noch gesonderte gründungstechnische Untersuchungen durchgeführt werden.
- Erste Bodenuntersuchungen als Vorstufe zur Gefährdungsabschätzung machen deutlich, daß mit innenstadttypischen Bodenbelastungen, insbesondere durch Blei und andere Schwermetalle, gerechnet werden muß. Die Inhomogenität dieser Belastungen bedeutet jedoch auch, daß weitere, vertiefende Untersuchungen folgen müssen.
- Ein seriöses, abgesichertes Verkehrsgutachten belegt, daß die Leipziger Straße von jeweils drei auf zwei Fahrspuren in jede Richtung reduziert werden kann. Bei den hierfür erforderlichen Verkehrserhebungen ist auch der Verkehr erfaßt, der mit der Neubebauung verbunden sein wird.
- Ein Lärmgutachten führt den Nachweis, daß die Belastung durch Verkehrslärm im Bereich der Leipziger Straße sowohl planungsrechtlich als auch real kein unüberwindliches Problem darstellt, wenn bestimmte bautechnische bzw. architektonische Vorgaben eingehalten werden.
- Als Kernproblem der Messeplatzbebauung stellt sich die Verlagerung der Messe dar. Nach umfassenden Untersuchungen von insgesamt 13 Standorten im Stadtgebiet stellt sich eine Freifläche östlich des Blücherviertels, die in der Flutmulde gelegene Schwanenwiese, als die am wenigsten problematische Standortalternative dar.
- Auch die Verlagerung der Messe zur Schwanenwiese wird gutachterlich vom TÜH auf Lärmemissionen untersucht mit der Folge, daß von Seiten der Schausteller bestimmte Auflagen zur Reduzierung der Schallemissionen akzeptiert werden müssen.
- Das zentrale Problem der Verlagerung der Messe zur Schwanenwiese ist jedoch, neben der Schwierigkeit, die der Baugrund mit sich bringt, daß alle Veranstaltungen, die hier stattfinden (Kirmes, Zirkus, Flohmarkt u. a.) mit kurzen Räumzeiten werden leben müssen. Um hierbei keine rechtlich bedenklichen Situationen entstehen zu lassen, besteht das Regierungspräsidium in Kassel auf verbindliche, vertragliche Vereinbarungen mit den Nutzern des neuen Messeplatzes. Der Verband der Schausteller signalisiert, solche vertraglichen Bindungen einzugehen.

- Während die Kosten für eine Verlagerung von Messe/Kirmes mit etwa fünf Millionen DM in jedem Fall sehr hoch liegen werden und damit ein beachtliches Kostenvolumen für das Gesamtprojekt darstellen, kann die Verlagerung des Verkehrsschulgartens als ein von den Kosten (etwa eine Million DM) und von der Standortwahl (Hindenburgkaserne) her eher unproblematisches Projekt angesehen werden. – Die inkriminierte Nutzung des Messeplatzes als kostenloser Parkplatz in den veranstaltungsfreien Zeiten kann ersatzlos aufgegeben werden; Ersatzparkplätze – wenn auch gebührenpflichtig – sind in Kassel genügend vorhanden, z.B. in der Tiefgarage in der Innenstadt. Günstige Möglichkeiten zum Umsteigen auf den öffentlichen Verkehr sind außerdem gegeben. Park & Ride – Parkplätze an den Rändern der Stadt sind in Planung. Durch die Aufgabe des Parkplatzes an der Fulda entstehen der Stadt logischerweise keine Einnahmeverluste.

- Für den populären ‚Zissel‘ wird ein dezentrales Konzept entwickelt, das sich in traditionellem Sinne wieder stärker dem Fluß zuwendet und sich dabei von der großen Kirmes als Schwerpunkt verabschiedet. Diese Entkoppelung von Kirmes und ‚Zissel‘ würde die Bewohner des Blücherviertels entlasten und so zur Akzeptanz des Gesamtprojekts bei den Bewohnern der Unterneustadt insgesamt beitragen.

- Alle anderen Veranstaltungen, die bisher auf dem alten Messeplatz stattgefunden haben, Zirkus, Flohmarkt u. a., sind weniger belastend für die Anwohner und insofern auch auf dem neuen Standort verträglich.

- Angesichts der Finanzknappheit der Stadt Kassel schon in der Phase dieser Untersuchungen Anfang der 90er Jahre war eine der wesentlichen politischen Vorgaben die der Hauhaltsneutralität. Die auf der Basis der vorliegenden Gutachten und Vorplanungen ermittelten Kosten einschließlich der Verlagerungen von Kirmes und Verkehrsschulgarten belaufen sich auf 28 Millionen DM. Dem stehen Erlöse durch Grundstücksverkäufe, bei einer relativ hohen GFZ von etwa 2,0; etwa 50.000 m^2 Nettobauland und einer BGF von etwa 100.000 m^2 (68.000 m^2 Wohnen/32.000 m^2 Dienstleistung und Gewerbe) gegenüber. Diese von verschiedenen kooperierenden Ämtern geprüfte Kostenaufstellung respektive Erlöserwartung, der bestimmte Annahmen bezüglich der erzielbaren Mieten und Verkaufserlöse bei Wohnungseigentum zu Grunde lagen, ergibt eine zu erwartende ungedeckte Differenz von etwa acht Millionen DM. Nach intensiven Verhandlungen mit dem Land Hessen lag eine Erklärung vom fachlich zuständigen Staatsminister vor, sich in eben dieser Größenordnung an diesem aus dem Blickwinkel des Landes wichtigen Innenentwicklungsprojekt zu beteiligen, wenn es die Stadt tatsächlich umsetzen und sich selbst entsprechend engagieren will.Ein erstes Zwischenfazit:Trotz erheblicher Kosten und komplexer zu lösender Probleme: der Wiederaufbau der Unterneustadt ist ein mit überschaubaren Risiken versehenes, zahlreiche positive Optionen in sich tragendes Projekt, das für die Stadt Kassel die realistische Chance enthält,

- den in wachsenden Teilen der (Fach-) Öffentlichkeit für problematisch gehaltenen Wiederaufbau der Alt und Oberneustadt zu korrigieren,

- der Ostentwicklung der Stadt neue Impulse zu geben und

- den Fluß als zentrales, urbanes Element einzubinden in eine übergreifende Entwicklung der Innenstadt insgesamt.

Die Methodendiskussion

Nicht weniger spannend als die komplexe, komplizierte und facettenreiche Fachdebatte stellt sich im Rückblick die Diskussion um die Frage dar: „Wie soll sie aussehen, wie soll sie gebaut werden, die ‚vergessene Stadt‘ am Ostufer der Fulda?"

Nicht weil „Propheten im eigenen Land nichts gelten", sondern weil die akzeptierte Vorgabe aus dem Burkhardt'schen Workshop allseits als verbindlich angesehen wird, beruft der Magistrat der Stadt Kassel ein Gremium, den Fachbeirat, mit renommierten Experten aus Kassel und dem In- und Ausland. Er wird in einer raschen Folge von Workshops die strategisch-städtebaulichen Zielvorgaben formulieren, Fragen der zugrunde liegenden Stadtidee beantworten und außerdem Realisierungsvorschläge unterbreiten. In seiner ersten Sitzung einigt sich der Fachbeirat darauf, keinen städtebaulichen Ideenwettbewerb – wie vielfach gefordert – zu empfehlen, da von diesem Verfahren kein problemadäquater Lösungsansatz erwartet wird. Dieser Empfehlung schließt sich das Baudezernat an.

Direkt eingebunden in diesen kreativen Denk- und Diskussionsprozeß sind Magistratsmitglieder, die (zuständigen) Vertreter der Fraktionen und die betroffenen Ämter. Bereits an den jeweiligen Sitzungsabenden öffnet sich das Gremium, um in einem erweiterten Kreis von Beteiligten – mit privaten Investoren, Vertretern der Wohnungswirtschaft und der Hochschule – Tagesergebnisse bzw. den Stand des Dialogs zu erörtern und Zwischenberichte abzugeben.

Resultat der intensiven ersten Fachbeiratsphase: die Unterneustadt soll entsprechend dem Votum einer Mehrheit der Fachbeiratsmitglieder nach den Grundsätzen der ‚Kritischen Rekonstruktion‘, als Methode und Leitidee, wiedergegründet werden. Dieses Votum war keineswegs unumstritten: so verzichtet z. B. Prof. Lucius Burckhardt in der Folge auf eine weitere Mitarbeit im Fachbeirat. Als Rahmenvorgaben werden zusätzlich empfohlen:

• Der Wiederaufbau findet auf dem alten, alle historischen Schichten widerspiegelnden Stadtgrundriß mit Parzellen, Blöcken und Straßen statt. Gefordert sind keine großmaßstäblichen Wohnblocks und Dienstleistungs- bzw. Gewerbeeinheiten, vielmehr kleinmaßstäbliche, auf die jeweilige Nutzung und den spezifischen Ort zugeschnittene Architekturen, die sich im Wandel der Zeit verändern können, getragen von einer Vielzahl unterschiedlicher Investoren, Bauherren, Mieter und Pächter.
• Am Standort der alten Fuldabrücke soll eine Fuß- und Radwegeverbindung entstehen, unter Ausnutzung der reizvollen topographischen Geländeabstufung, für eine direktere Verknüpfung mit der Innenstadt.
• Auf der Unterneustädter Seite wird zwischen dem Rand der Bebauung und dem ‚Hohen Ufer‘ eine Promenade ausgebildet, die unter der großen Brücke, am Haus der Jugend vorbei, auf die nördliche Stadtteilseite führt. Damit wird Flußerlebnis wieder möglich und die Trennwirkung der Leipziger Straße an dieser Stelle aufgehoben.

- Die Leipziger Straße wird unmittelbar in das Projekt integriert, in Teilbereichen überbaut und zum Boulevard gestaltet. Hierdurch wird ein Beitrag zur Verbindung des Hafenquartiers mit dem Blücherviertel geleistet und durch die Wiedergewinnung von Platzräumen im Bereich des Unterneustädter Kirchplatzes und des ehemaligen Holzmarktes die Mitte des Stadtteils definiert.
- Die detaillierte Empfehlung des Beirats schließt auch das Votum für ein kommunales Projektmanagement ein unter der Maßgabe, private Investoren weitgehend und frühzeitig einzubeziehen. Der Einfluß der Stadt soll vor allem durch Rahmenvorgaben für die Grundstücksverkäufe und das Planungsrecht sichergestellt werden, um die Projektziele zu erreichen.

Die Rolle von Dieter Hoffmann-Axthelm in dieser ersten entscheidenden Phase des Projektes gilt es, ohne die Bedeutung der Arbeit der anderen Beiratsmitglieder schmälern zu wollen, besonders hervorzuheben. Seiner im Rahmen der oben schon erwähnten Vorbereitenden Untersuchungen verfaßten gutachterlichen Streitschrift mit dem Titel „Die Verpasste Stadt' – die in der stadtbaugeschichtlichen Fachwelt durchaus kontrovers diskutiert wurde und wird – sowie seinem auch in der Folgezeit außerordentlich engagierten Auftreten für die Prinzipien der ,Kritischen Rekonstruktion' ist der spätere Durchbruch wesentlich mit zu verdanken.

Vom Sommer 1993 bis zum Frühjahr 1994 finden unter dem Motto „Wie baut man eine Stadt" eine Reihe von Veranstaltungen statt, die alle nur einem Ziel dienen: die vorgeschlagene Aufbaumethode sowohl prüfend zu hinterfragen als auch die Akzeptanz bei Fachwelt, Politik und Bevölkerung hierfür einzuwerben.

1. Die Eröffnung der Veranstaltungsreihe findet am 23.Oktober 1993 statt, am fünfzigsten Jahrestag der Zerstörung der Unterneustadt. Alle Beiträge von Staatsminister J. Jordan, Oberbürgermeister G. Lewandowski, Stadtbaurat U. Hellweg und Dr. D. Hoffmann-Axthelm betonen die großen Chancen für die Stadt insgesamt, die zu erwartenden Impulse für den Wohnungs- und Städtebau. Eine kleine Ausstellung und Feier im Haus der Jugend, die sich an die Besichtigung von den im Gelände verteilten Schaukästen (dem ,diapositiven' Blick in die Vergangenheit eröffnet sich durch einen weiteren Blick die Sicht auf die triste Jetztzeit) anschließt, zeigt erste planerische Ausblicke auf die neue Unterneustadt.

2. Herzstück der Veranstaltungsreihe ist die Architekturwerkstatt vom 3.–5. Dezember 1993, moderiert von Prof. Thomas Sieverts, der am Vorabend eine Bürgerversammlung vorausgeschickt wird. 18 Architektenteams aus dem In- und Ausland, und natürlich aus Kassel, testen die ,Kritische Rekonstruktion' auf ihre Umsetzbarkeit. Die Überprüfung schließt mit positiven Ergebnissen ab: es zeigt sich, daß es gerade die Flexibilität der Methode ist, die sich als geeignet für die bevorstehende Aufgabenstellung erweist. Neben beachtlichen Entwurfsleistungen verabschiedet die Architekturwerkstatt ein „Manifest zur Wiedergründung der Unterneustadt".

3. Vom 12.–24. Februar 1994 findet in der Documentahalle eine von Bernhard Strecker und Dieter Hoffmann-Axthelm konzipierte und vom Land Hessen finanzierte Ausstellung statt, die vier Schwerpunkte beinhaltet:

- Die Parzellenstadt im Wandel der Zeit, ihre Stärken und ihre Überlegenheit gegenüber den Anti Parzellen-Stadtmodellen.
- Die Geschichte der Unterneustadt und die wissenschaftlich-künstlerische Auseinandersetzung mit dem bisher unterlassenen Wiederaufbau.
- In- und ausländische Wiederaufbaubeispiele, die belegen, daß Kassel keinen ganz neuen Weg zu gehen beabsichtigt.
- Ausgewählte Beispiele studentischer Vorschläge zum Umgang mit der Unterneustadt.
- Darstellung der Ergebnisse der Architekturwerkstatt. Die von den teilnehmenden Büros überarbeiteten Beiträge liefern anschauliche Nachweise dafür, daß das städtebauliche Wiederaufbaukonzept trägt und die vielen erkennbaren Probleme lösbar sind.

4. Die öffentlichen Debatten und Gespräche über das neue, alte Wiederaufbauthema und die ausführlichen Berichte in der Presse führen zu zwei weiteren wichtigen Veranstaltungen:

- Am 20. Februar 1994 führt das Baudezernat eine erste Gründermatinee in der Documentahalle durch, die schon in diesem Stadium ein großes Interesse von bauwilligen Bürgern in Bezug auf ein Engagement in der Unterneustadt zeigt.
- Am 24. Februar 1994 findet zum Abschluß der Ausstellung in der Documentahalle und im Anschluß an die letzte Fachbeiratsitzung ein ‚kommunalpolitisches Gespräch‘ statt. Bekannte Experten, Wohnungsbaupolitiker und Wissenschaftler diskutieren mit Fachbeiratsmitgliedern über die Absichten der Stadt, die ‚Kritische Rekonstruktion‘ und die positiven Empfehlungen des Fachbeirats hierzu in den kommenden Jahren umzusetzen.

Fazit – nicht nur der hier nachskizzierten Veranstaltungsreihe (2), sondern der gesamten vorlaufenden Diskussionen:

- Mit der ‚Kritischen Rekonstruktion‘ verfügt die Stadt über ein leistungsfähiges, flexibles und plausibles ‚Regieinstrument‘, den Kern der Unterneustadt in Anlehnung an den alten Stadtgrundriß mit seinem Bezug zum Fluß und seiner Bedeutung für die Innenstadt wieder zu errichten.
- Mit den vorlaufenden Untersuchungen kann der Nachweis geführt werden, daß die Rahmenbedingungen für eine Projektrealisierung bis hin zur Finanzierung weitgehend geklärt sind, und nicht zuletzt: mit der ‚kritisch rekonstruierten Unterneustadt‘ kann sich die Stadt mit dem Gedanken tragen, eine zweite ‚documenta urbana‘ aufzulegen.

Erforderlich ist jetzt eine weitsichtige, verbindliche politische Entscheidung, den Wiederaufbau der Unterneustadt, den diskutierten Zielen folgend, in den 90er Jahren zügig umzusetzen. Ein erster Schritt in diese Richtung ist der einstimmig gefaßte Beschluß des Magistrats vom 30. Mai 1994 zur Wiedergründung der Unterneustadt. Dieser Beschluß sollte die Tür zum eigentlichen Durchbruch öffnen.

Grundsatzbeschluß und Rahmenplan

Dank der stark öffentlich geführten Diskussion, der Einbeziehung der Politik von Anfang an und dank der deutlichen Pro-Stimmung in weiten Teilen der Kasseler Bevölkerung kommt es am 11. Juli 1994 zu dem ‚historischen Beschluß‘ der Kasseler Stadtverordnetenversammlung, die Unterneustadt nach den Prinzipien der ‚Kritischen Rekonstruktion‘ wieder aufzubauen. Dem ging unmittelbar ein Beschluß der Landesregierung voraus, die Differenz zwischen den geschätzten Erlösen der zu verkaufenden Grundstücke und der zu erwartenden Kosten durch Bewilligung von Landesmitteln aus verschiedenen ‚Töpfen‘ und eine stark auf die Unterneustadt zugeschnittene öffentliche Förderung des Wohnungsbaus auszugleichen.

Der Beschluß der Stadtverordneten folgt in allen zentralen Punkten der vorlaufend geführten Diskussion und der Vorlage des Baudezernats, ergänzt und präzisiert jedoch in durchaus wichtigen Positionen. Auch wenn damit dem Projekt und der zu wählenden Vorgehensweise im Grundsatz zugestimmt wird, ist bis zur Umsetzung laut diesem Beschluß noch wichtige weitere Vorarbeit zu leisten:

- So soll ausgelotet werden, ob ggf. die Umsetzung des Projekts in einer PPP-Lösung besser zu leisten ist als unter kommunaler Regie.
- Die noch recht allgemeinen Planungsziele, wie sie sich aus der ‚Kritischen Rekonstruktion‘ ableiten, sollen in Form einer Rahmenplanung präzisiert werden.
- Der absehbaren Schwierigkeit, den ruhenden Verkehr zufriedenstellend im Quartier unterzubringen, soll u. a. durch die Ausweisung eines „Autofreien Quartiers" begegnet werden. Wegen der hohen Dichte, der relativ schmalen Straßenprofile und der Problematik, mit Rücksicht auf das Bodendenkmal keine Tiefgaragen anbieten zu können, sind darüberhinaus für den ruhenden Verkehr besondere Lösungen zu suchen.
- Zahlreiche weitere Beschlußelemente regeln Details, die teilweise jedoch erhebliche Auswirkungen auf den Gesamtkostenrahmen haben. So wird der Bauverwaltung auferlegt, in der Nähe des neuen Messeplatzes zusätzlich einen neuen Parkplatz für rund 300 PKW zu errichten, der das Quartier vor zu starker Belastung durch Parksuchverkehr während der Messe schützen soll.

Die Arbeit am Rahmenplan und die orientierenden Gespräche mit verschiedenen Banken und deren ‚Entwicklungstöchtern‘ laufen von Mitte 1994 bis Frühjahr 1995 synchron.

Auf der Basis des Stadtverordneten-Beschlusses wird unmittelbar anschließend das renommierte Kasseler Büro ANP beauftragt, in enger Kooperation mit dem Planungsamt und unter Mitwirkung der Öffentlichkeit und dem Fachbeirat den Rahmenplan rasch zu entwickeln.

In einem (zeitlich) komprimierten, kreativen, Politik und Öffentlichkeit vorbildlich einbindenden diskursiven Planungsprozess entsteht, einmalig bislang für Kassel, ein Planwerk, das anknüpft an den vorlaufenden Findungsprozess für die

Leitidee und welches gleichzeitig das ‚Manifest' vom Dezember 1993 wirkungsvoll ‚übersetzt' in einen realisierungsfähigen Plan im Sinne einer Handlungsanweisung für das weitere Vorgehen.

Ausdrücklich werden über das seit 1943 unter dem Trümmerschutt ruhende Geflecht von Straßen und Plätzen bis 1943 hinaus die Nachkriegsentwicklung und ihre integrationsfähigen Resultate in die kommende Nutzung miteinbezogen, so z. B. Teile der Beuys'schen 7000 Eichenskulptur aus den 80er Jahren, der Kiosk aus den 60er Jahren und prägende Vegetationselemente, vor allem Bäume in gutem Zustand und mit längerer Lebenserwartung.

„Die ‚Kritische Rekonstruktion' ist aus der Sicht der Rahmenplaner ein Strukturprinzip für das Planen und Bauen im ‚fiktiven und realen Bestand'. Es besteht aus dem Elementen Raum, Funktion und Zeit und verbindet hierin folgende Einzelbausteine:

- Parzelle als Grundlage für das konkrete Bauen einzelner und damit Keimzelle der Stadt.
- Block als zusammenfassendes Ordnungsprinzip für die Parzellen, Straße, Wege und Plätze und damit städtebauliche Primärstruktur.
- Die Brücke als Knoten im Netz zur Innenstadt.
- Nutzungsdichte und -mischung als Grundvoraussetzung für städtisches Leben.
- Prozeß als Kennzeichen für die Dynamik von Stadtentwicklung im Gegensatz zu Stadtbau aus einer Hand.
- Verfahren als Grundlage für eine konkrete dialog- und arbeitsorientierte Auseinandersetzung um die jeweils angemessene Entscheidung im Einzelfall im Rahmen von Gesamtabwägungen." (3)

Dieser Plan wird, nach über 30 öffentlichen Sitzungen, ergänzt durch viele Zwischensitzungen vor Ort in der Unterneustadt („Jour fix" genannt/praktisch Werkstattgespräche) am 3. November 1995 vom Parlament beschlossen und ist zum einen geeignet für das Ingangsetzen erster planerischer Maßnahmen (Wettbewerbsauslobungen u. ä.), zum anderen als fortschreibungsfähiges Gesamtsteuerungsinstrument.

An den Rahmenplan werden hohe Erwartungen geknüpft: Er soll Vorgabe sein für Stadtbau (anstelle Siedlungsbau), er soll die Flexibilität besitzen, die im Realisierungsprozeß notwendigerweise erforderlich werdenden Veränderungen aufzunehmen und auf der Basis des erzielten Grundkonsenses weitere Entscheidungsprozesse zu fördern und zuzulassen. Insofern ist er genau das Instrument, das die Prozeßhaftigkeit von Stadtentwicklung benötigt.

„Wenn es durch dieses Verfahren gelingt, das normale Bauen in der Stadt gut zu organisieren, ist dies spektakulär und ‚documenta urbana'-fähig, da als Ergebnis nicht nur Bau- und Nutzungsstrukturen entstehen, sondern städtisches Leben. Somit sind die neuen Wege zur Unterneustadt eine Antwort auf die Frage ‚Wie gründet man eine Stadt'." (3)

Vertragsverhandlungen und Gründung einer PPP-Gesellschaft

Parallel zur Rahmenplanerstellung laufen im Baudezernat die Verhandlungen mit verschiedenen Landesbanken bzw. Entwicklungsgesellschaften. Basis der Verhandlungen sind die Beschlüsse der Stadtverordnetenversammlung vom Juli 1994 und die in dieser Phase immer deutlicher sich konkretisierenden Vorgaben des Rahmenplanes.

Auch wenn relevante Teile der Verwaltung, auch des Baudezernates, einer Realisierung des Projektes unter Regie der Kommune – z. B. in Form einer dezernatsübergreifenden Arbeitsgruppe – den Vorzug gegeben hätten, so setzte der damalige Baudezernent Uli Hellweg von Anfang an konsequent auf die Einrichtung einer PPP-Gesellschaft mit professionellen Entwicklern.

Er sah die wesentlichen Vorteile darin, daß eine solche Gesellschaft, parteiübergreifend durch entsprechende Beschlüsse des Parlaments installiert, sich leichter aus den Folgen sich verändernder politischer Mehrheitsverhältnisse heraushalten kann. Daneben ging es natürlich auch um die Einbindung speziellen professionellen Fachwissens und um die Verteilung von wirtschaftlichen Risiken.

Als Verhandlungspartner erster Wahl kamen im wesentlichen die Entwicklungsgesellschaften der Landesbanken in Frage. Mit mehreren dieser Gesellschaften werden im Spätsommer/Herbst 1994 intensive Gespräche geführt. Ergebnis der Verhandlungen, bei denen sich die Landesbank Berlin und die Stadtparkasse Kassel als die Wunschpartner der Stadt Kassel herausstellen, ist ein umfassendes Vertragspaket, das die Rollenverteilung und Aufgaben der drei Partner, zukünftig Gesellschafter, klar und präzise regelt.

Danach wird von der Stadt Kassel das mit etwa 4,6 Millionen DM bewertete Grundstück in die GmbH eingebracht, vorab und ohne Zahlung des Kaufpreises, Planungs- und Baurecht zugesichert und zur Sicherstellung aller planerischen und technischen Fragestellungen entsprechendes Personal zur Verfügung gestellt.

Die Grundstücksentwicklungsgesellschaft der Landesbank Berlin (LBB) stellt ebenfalls Personal, das den kaufmännischen Part und die Marketingaktivitäten übernimmt.

(Daß es diese Landesbank gewesen ist, die sich am Ende als der geeignete Partner herausstellt, hat mehrere Gründe. Es ist jedoch vor allem die Motivation gewesen, bei diesem erkennbar außergewöhnlichen Projekt mitmachen zu wollen. Konkret hat die LBB auch darauf verzichtet, was sie von den anderen Banken unterschieden hat, Teile des 50.000m² großen Nettobaulandes zur eigenen Verfügung, jedoch ohne Kaufpreisentrichtung, abzuverlangen. Ein derartiges Ansinnen hätte die knappe stadtwirtschaftliche Kalkulation sofort zum Kippen gebracht.)

Der dritte Partner, die Stadtsparkasse Kassel, als regionales nordhessisches Bankhaus, tritt auf Wunsch der Stadt in die Gesellschaft ein, um eine günstige Zwischenfinanzierung sicherzustellen.

Die Verträge im einzelnen und in Kurzform:

Der Gesellschaftsvertrag

Er regelt die Anteile, je Gesellschafter 33 Prozent, und die Höhe des Stammkapitals, von 102.000 DM. Er beschreibt detailliert, in enger Anlehnung an den Rahmenplan, die zu lösende städtebauliche Aufgabe. Aus der Vermarktung der (erschlossenen) Grundstücke sind die Verlagerungs- und Erschließungsaufgaben zu lösen; die vom Land Hessen im Grundsatz zugesagten zusätzlichen Finanzierungsmittel sind einzuwerben und die erforderlichen Komplementärmittel bereitzustellen. Als Organe der Gesellschaft fungieren die Gesellschafterversammlung, der Aufsichtsrat und die je von den Gesellschaftern Stadt Kassel und LBB gestellten Geschäftsführer.

Als beratende Gremien werden der Gesellschaft das Kuratorium, der Fachbeirat (in leicht veränderter personeller Zusammensetzung) und als Organ der institutionalisierten Bürgerbeteiligung das ‚Forum Unterneustadt' an die Seite gestellt.

Der Grundstückskaufvertrag

Der Grundstückskaufvertrag enthält drei Teile: den Kauf-, den Städtebaulichen- und den Erschließungsvertrag. Im Kaufvertrag wird das städtische Grundstück mit etwa 50.000 m² Nettobauland auf die Gesellschaft übertragen und der Kaufpreis gestundet bis zum Abschluß der Maßnahme. Der Kaufpreis wird nachrangig gesichert. Im Städtebaulichen Vertrag werden alle zu erfüllenden Aufgaben exakt beschrieben, die erforderlich sind, das Projekt, wie geplant und mit all seinen hohen Ansprüchen zu verwirklichen. Hierzu gehören die Verlagerung des Messeplatzes, der Bau eines neuen Verkehrsschulgartens und Parkplatzes in der Nähe der Schwanenwiese, der Umbau der Leipziger Straße zum städtischen Boulevard, die neue Fußgängerbrücke beim Renthof, die Koordinierung der gesamten technischen Erschließung und die Herstellung der öffentlichen Straßen, Plätze und Parks. Der Erschließungsvertrag beinhaltet die Übertragung der gesamten Erschließungsaufgaben der Stadt Kassel auf die PEG nach § 124 (1) BauGB.

Die Geschäftsbesorgungsverträge

Die Geschäftsbesorgungsverträge regeln die Aufgabenverteilung und Personalbereitstellung der beiden Gesellschafter Stadt Kassel und LBB, die hierzu jeweils separate Verträge mit der PEG schließen.In enger Kooperation mit dem jeweils anderen Geschäftsbesorger übernimmt das von der Stadt Kassel kommende Personal (drei volle Stellen, teils auf bis zu fünf Personen mit Teilzeitaufgaben gesplittet) Aufgaben aus dem planerisch- technischen Bereich, das von der LBB kommende Personal, ebenfalls drei Stellen mit Aufgaben aus dem kaufmännischen und Marketingbereich. Beide Geschäftsbesorger haben zur Durchführung ihrer Aufgaben entsprechend qualifiziertes Personal bereitzustellen, mindestens jedoch einen Geschäftsführer und einen Projektleiter, die der Gesellschaft zu 100 Prozent zur Verfügung stehen müssen.

Wesentlicher und zentraler Punkt der Verträge: beide Gesellschafter stunden 50 Prozent der auf der Basis der HOAI gezahlten Stundensätze bis zum Abschluß der Maßnahme. Für diese Stundung gilt, wie für die Stundung des Kaufpreises für das von der Entwicklung unbeeinflußte Grundstück, daß es ohne eine derartige Regelung eine ausgeglichene stadtwirtschaftliche Kalkulation nicht gegeben hätte.

In den von Beginn an parterschaftlich geführten Verhandlungen, nach dem sich schon rasch herausgestellt hatte, daß derartige Verhandlungen nur mit der LBB zu einem positiven Abschluß geführt werden können, gelingt es der Stadt Kassel, die komplexen und anspruchsvollen Planungsziele voll inhaltlich und ohne Abstriche in den oben skizzierten Verträgen unterzubringen. Auch wenn sich die Stadt zum ersten Mal in der Nachkriegsgeschichte anschickte, die Realisierung einer städtebaulichen Aufgabe dieser Dimension in einer PPP-Lösung zu versuchen, muß festgestellt werden, daß es ihr gelungen ist, die aus kommunaler Sicht wesentlichen und für das Projekt spezifischen Essentials vollständig in den Verträgen zu verankern. Auf der anderen Seite, von der Sonderrolle der Sparkasse abgesehen, trägt die LBB wie die Stadt Kassel das anteilige, wirtschaftliche Risiko und hat mit der nur gering einzustufenden Chance, die gestundeten 50 Prozent der Gehälter nach Abschluß der Maßnahmen noch zu erhalten, wesentlich dazu beigetragen, daß das Projekt in dieser Form in Angriff genommen werden konnte.

Ob der Einsatz der Bank, die sich vor Beginn der Vertragsverhandlungen intensiv und akribisch mit den städtischen Vorarbeiten auseinandergesetzt und die Kostenschätzungen aller Maßnahmen detailliert geprüft und für seriös befunden hat, sich wirtschaftlich lohnt, wird wahrscheinlich erst nach Abschluß der Gesamtmaßnahme sicher einzuschätzen sein. Es ist jedoch davon auszugehen, daß die LBB mit Verweis auf das Kasseler Vorzeigeprojekt Folgeaufträge bekommen konnte, die deutlich stärker auf absehbare Gewinne ausgerichtet sind.

Nachdem sich ab Anfang 1995 gezeigt hat, daß die Verträge mit den beiden Gesellschaftern bzw. die Verträge der Gesellschafter mit der PEG tatsächlich zustande kommen, faßt die Kasseler Stadtverordnetenversammlung, direkt anknüpfend an den Grundsatzbeschluß vom Juli 1994, weitere Beschlüsse in Richtung auf die Umsetzung des Wiederaufbauprojektes.

Am 22. Mai 1995 wird die PEG gegründet, alle Verträge beschlossen und das städtische Grundstück auf die PEG übertragen; am 13. November 1995 wird der Rahmenplan beschlossen. Damit kann das Projekt, mit dem Kassel sowohl inhaltlich und fachlich als auch vom Verfahren her neue Wege geht, begonnen werden.

Nachzutragen ist noch: wenn die Veranstaltungsserie vom Dezember 1993 bis Februar 1994 den letzten Anstoß zum politischen Durchbruch und zum Grundsatzbeschluß im Juli 1994 bewirkt hat, so war das für den Beschluß zum Rahmenplan die gelungene Veranstaltung in den Hallen der Stadtsparkasse im September 1995.

Modell der wiederaufgebauten Unterneustadt. Grundlage für das Modell ist der Rahmenplan.

Ein spannender, mit einem großen Modell der neuen Unterneustadt und erheblicher multimedialer Technik in Szene gesetzter Zukunftspaziergang nahm alle Gäste, auch die bewußt eingeladenen und zahlreich anwesenden Politiker aller Fraktionen emotional für sich ein. Dieser Spaziergang bleibt unvergessen; der daraufhin gefaßte Beschluß der Stadtverordnetenversammlung fällt einstimmig aus.

Und noch etwas muß hinzugefügt werden: zweimal spielte in diesem Projekt das (analoge) Buch eine nicht unerhebliche Rolle: Kurz vor dem Beschluß im Juli 1994 erscheint, alle Vorbereitungen auswertend und plastisch schildernd, die erste Projektveröffentlichung unter dem Titel „Wie baut man eine Stadt/Wege zur Unterneustadt"; der Rahmenplan in Buchform erscheint, unter dem Titel „So baut man eine Stadt/Wege zur Unterneustadt" kurz vor Beschluß hierüber im Oktober 1995.

Realisierung und Umsetzung:

Die Beschlüsse zum Start des Projekts herbeizuführen, hat Jahre in Anspruch genommen. Jetzt, nach dem offiziellen Beschluß zum Rahmenplan und zur Gründung der Projektentwicklungsgesellschaft, sollte und mußte zügig und schnell gearbeitet werden, unter dem Motto: „Alles auf einmal und das sofort".

Da sich die Gesellschaft im wesentlichen refinanziert aus Grundstückserlösen, der Rahmenplan aber – bei allen seinen unstrittigen Qualitäten – kein direkt umsetzbarer Bauplan sein konnte, mußten viele Schritte zeitgleich eingeleitet und gegangen werden.

Auf diese Weise entstanden ab 1996 die Bebauungspläne, die Werk- und Ausführungspläne für die Verlagerungsprojekte, die Auslobung für die ersten Wettbewerbe und Workshops, die vermessungstechnischen Unterlagen des aktuellen Bestandes, des Stadtgrundrisses von 1943 und darauf aufbauend die digitalisierte Grundstücksparzellierung, die Pläne für die Erschließung, die Vorbereitung für das Altlastenmanagement und vieles andere mehr.

Die Wettbewerbe

Exakt nach Vorgabe des Rahmenplanes werden für die Stadtvillen und die Fußgängerbrücke über die Fulda Wettbewerbe durchgeführt. Für das Waisenhausgrundstück, die Blöcke 16 und 18, schließt sich ein Workshop an.

1. Der Realisierungswettbewerb für die Stadtvillen wird unter Vorsitz von Frau Prof. Inken Baller in zwei Phasen – Dezember 1996 und Januar 1997 – juriert. Für die insgesamt drei Stadtvillentypen werden – um acht Gebäude handelt es sich insgesamt – 12 Preise vergeben. Die Investoren, die die acht Grundstücke bereits vorher erworben hatten und entsprechend als Sachpreisrichter in der Jury vertreten waren, hatten auf diese Weise eine gewisse Wahlfreiheit. Die allseits positiven Ergebnisse, auch die Investoren waren von der Qualität der prämierten Entwürfe sehr angetan, konnten in der Folgezeit rasch baulich umgesetzt werden,

Blick von der Fuldabrücke auf das neugestaltete Unterneustädter Ufer im Jahre 2002.

Die Unterstadt im Bau: Anfang Mai 1999.

da an dieser Stelle – extra muros, jenseits der noch in Resten vorhandenen Zollmauer – direkt am Fluß, angrenzend an den vorhandenen Park, Baurecht nach § 34 BauGB gegeben war. Die hohe Dichte und Ausnutzung der Grundstücke hat, um die Freiflächenqualität erhalten zu können, technische Parksysteme erforderlich gemacht. Von den acht Villen sind zur Zeit vier gebaut und bezogen; die fünfte Villa wird in Kürze entstehen. Der durch Konkurs eines Investors verzögerte Baubeginn der drei verbleibenden Stadtvillen ist noch unsicher.

2. Auch für die Fußgängerbrücke wird ein Realisierungswettbewerb ausgelobt. Als Verfahren wird ein begrenzt offener einstufiger baulicher Realisierungswettbewerb im anonymen Verfahren gewählt. Die Auswahl der Teilnehmer erfolgte nach einem EU-offenen vorgeschalteten Teilnehmerwettbewerb. Von 103 Büros werden 18 ausgewählt und zur Teilnahme aufgefordert. Zusätzlich werden zwei Büros aus dem Architekturwettbewerb vom Dezember 1993 zur Teilnahme aufgefordert; insgesamt sind also zwanzig Büros im Rennen. Im Wettbewerb setzt sich die Bürogemeinschaft Kochta/Grassl aus Berlin und München durch; auch in diesem Wettbewerb hat Frau Prof. Inken Baller den Vorsitz inne.

Die bauliche Realisierung der Fußgängerbrücke ist leider nicht ganz so zügig zu bewerkstelligen, weil neben einigen vom Preisgericht erkannten Problemen und Konflikten zahlreiche übergeordnete, mit dem Entwurf nicht zusammenhängende

Probleme geklärt und gelöst werden müssen, unter anderem Gründungsfragen, die Lage eines Dükers unter dem Fluß und die Lage des Brückenwiderlagers auf der Unterneustädter Seite.

Als zentrales Problem der Brücke sollten sich die Verhandlungen mit dem Land Hessen erweisen, weil durch den Eingriff in den zum Renthof gehörenden Theaterfundus – der den Durchbruch zum Innenhof des Renthofes aufnehmen soll – erhebliche Veränderungen für das Theater ausgelöst wurden. Konkret: der geplante Eingriff wurde vom Theater zum Anlaß genommen, sich mit Nachdruck für eine Zusammenfassung aller ausgelagerten Theaternutzungen einzusetzen. Das war deutlich aufwendiger und komplizierter zu lösen als der bautechnisch relativ einfache Durchbruch für die Brücke. Inzwischen ist jedoch die Brücke ausgeschrieben, der Theaterfundus wird umziehen, die dafür erforderlichen Verträge mit dem Land sind unter Dach und Fach und mit dem Bau der Brücke wird noch im Sommer 1999 begonnen werden können.

3. Für das ehemalige Waisenhausgrundstück wird in einem mehrstufigen Workshop, zusammen mit drei Wohnungsbaugesellschaften und fünf Kasseler Architektenteams, ein sehr anspruchsvolles Architekturkonzept mit verschiedenen Bauformen entwickelt.

Dieses Verfahren hat in hohem Maße kreative Potentiale freigesetzt und läßt, auch wenn die drei Gesellschaften insgesamt zwei komplette Blöcke erworben haben, immer wieder einzelne Parzellen erlebbar werden, weil bei der Aufteilung der Blöcke nicht einfach gedrittelt wurde, sondern insgesamt 16 Einzelparzellen mit 29 eigenständigen Gebäuden gesondert bebaut werden.

Die Unterstadt im Bau: Anfang Juli 1999.

Erster Preis beim Brückenwettbewerb: ab September 1999 wird die neue
Fußgängerbrücke gebaut und die Unterstadt direkt an die Innenstadt angebunden.

Besonders hervorzuheben ist in diesem Zusammenhang, daß die Blöcke 16 und 18 in großen Teilen als Quartier für das Projekt ‚Leben ohne Auto' ausgebildet werden. Angesichts des Tatbestandes, daß in Städten der Größenordnung Kassels (etwa 200.000 Einwohner) ohnehin ein Drittel aller Haushalte keinen eigenen PKW besitzen, sieht der Rahmenplan in diesem Bereich ein ‚Autofreies Quartier' vor. Zum einen entspannt das die Situation beim ruhenden Verkehr erheblich, zum anderen ist der Standort für ein derartiges ökologisches Wohn- und Verkehrsprojekt äußerst günstig.

Die Kooperation mit den drei engagierten Wohnungsbaugesellschaften an dieser Stelle hat sich auch noch aus anderen Gründen als produktiv und erfolgreich erwiesen: Dank des unermüdlichen Engagements der Wohnstadt GmbH ist es gelungen, am Standort des ehemaligen Waisenhauses zusammen mit der seit dem 18. Jahrhundert bestehenden Waisenhausstiftung als Partner eine moderne Kindertagesstätte zu errichten und später zu betreiben. Der Bau dieser Einrichtung ist für das Jahr 2000 vorgesehen. Das Besondere an dieser Kooperation ist der Tatbestand, daß diese Stiftung auch das Waisenhaus in der Unterneustadt bis 1943 betrieben hat.

Bauleitplanung

Die Aufträge zur Bebauungsplanung für die drei Teilbereiche des Gesamtgebietes werden noch vor Gesellschaftsgründung durch die Stadt Kassel erteilt; ab 1996 wird dann bei der Projektentwicklungsgesellschaft mit Hochdruck daran gearbeitet.

Hilfreich – als Bindeglied zwischen Rahmenplan und Bauleitplanung – haben sich Testentwürfe herausgestellt, die von verschiedenen leistungsfähigen Büros angefertigt wurden; ursprünglich ins Auge gefaßte masterplanartige Verfahren zusammen mit (potentiellen) Erwerbern kamen nicht zum Zuge, weil bis auf die Stadtvillengrundstücke noch keine Erwerber vorhanden waren. Für eine gezielte Investoren- und Stadtgründersuche waren noch zu viele planerische Fragen offen.

Blick von der Fuldabrücke auf das Unterstädter Ufer von 1943.

Inzwischen sind die Bebauungspläne so weit gediehen, daß die abschließende Beschlußfassung als Satzung für alle drei Bebauungsplangebiete nach abschließender redaktioneller Bearbeitung und Offenlage ansteht.

Der durch die Bebauung des Areals des ehemaligen Messeplatzes bedingte Eingriff in die vorhandene Grün- und Bodenstruktur sowie die klimatischen Gegebenheiten des Plangebietes wird zu 50 Prozent im Gebiet selbst durch Dach – und Fassadenbegrünung, begrünte Innenhöfe und Straßenbäume (in einigen wenigen Straßen) ausgeglichen. Darüber hinaus wird der Eingriff durch Baumpflanzungen und Entsiegelung in der Unterneustadt kompensiert.

Bei gesamtökologischen, über die Hessische Biotopwertrichtlinie hinausgehenden Betrachtungen entstehen allein durch die Standortwahl des Projektes (im Vergleich zur Bebauung am Ortsrand) erhebliche ökologische Vorteile:

- Sparsamer Umgang mit der Ressource Boden durch hohe Dichte.
- Bessere Ausnutzung weitgehend vorhandener technischer Infrastruktur.
- Reduzierung des Aufkommens aus dem Individualverkehr durch innenstadtnahe Lage, hohe Qualität des öffentlichen Verkehrs und das ‚Autofreie Quartier‘.
- Umweltrelevante Energiespareffekte durch vorgeschriebene Fernwärmeanschlüsse aus Anlagen mit KraftWärme-Kopplung) und den in den Bebauungsplänen vorgegebenen ‚Leitfaden Energiebewußte Gebäudeplanung‘, der über die neue Wärmeschutzverordnung noch hinausgeht (Eine mit Landesförderung durchgeführte Energieberatung aller bisherigen Bauherren kommt in der vorliegenden Auswertung zu dem Ergebnis, daß etwa 360 MWh/a eingespart werden konnten.
- Mikroklimatische positive Effekte durch Begrünung von Dächern, Fassaden und Innenhöfen.

Verlagerungen

Die unter erheblichem Zeitdruck vorangetriebenen Verlagerungsmaßnahmen sind inzwischen längst erfolgreich abgeschlossen. Die Schwanenwiese als neuer Messeplatz ist seit September 1997 in Betrieb. Die Schausteller und Kirmesbesucher sind mit dem High-tech-Platz, der bei allen Witterungsverhältnissen optimale Bespielungsqualitäten aufweist, hoch zufrieden. Auch bei allen anderen Nutzungen hat sich der Platz bislang bewährt, das gilt auch für den schon einige Monate früher fertiggestellten Parkplatz, der inzwischen von der Kasseler Verkehrsgesellschaft bewirtschaftet wird.

Aus dem Blickwinkel der Bewohner des Blücherviertels, die sich gegen erste Pläne, die Kirmes im Viertel zu belassen, heftig gewehrt haben, ist allerdings eine Rechnung nicht aufgegangen: die Politik hat sich gegen das dezentrale ‚Zissel'-Konzept entschieden mit dem Effekt, daß nun auch die Sommerkirmes zum ‚Zissel' dort stattfindet. Was technisch noch ganz nach Erfolg aussieht, was den Schaustellern sicher viel Freude macht (denn dieser Standort wird ihnen kaum jemals mehr streitig gemacht werden, da in der Flutmulde absolutes und totales Bauverbot herrscht), erleben die Anwohner wohl eher als ein ‚vom Regen in die Traufe Fallen' und die PEG, die nahezu 2.000.000 DM Mehrkosten hat aufwenden müssen (aus Gründen, die sie nicht selbst zu verantworten hat), als erhebliche Belastung. Denn diese Mehrkosten müssen an anderer Stelle eingespart werden.

Auch die Verlagerung des Verkehrsschulgartens konnte erfolgreich abgeschlossen werden. Im September 1997 wurde er seiner Bestimmung übergeben; mit der

Vor der Zerstörung: Unterneustädter Kirchplatz mit Schule und Elwe (Gefängnis)

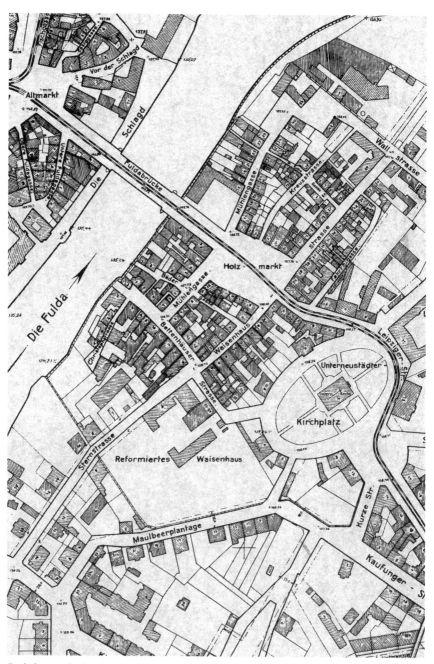

Stadtplan vor der Zerstörung 1943.

Übergabe an das Schulverwaltungsamt und die den Unterricht erteilende Schutzpolizei ging ein über zehn Jahre andauernder Konflikt über den viel zu kleinen und allen gesetzlichen Vorschriften widersprechenden Verkehrsschulgarten in der Unterneustadt zu Ende.

Mit den abgeschlossenen Verlagerungsprojekten erfüllt die PEG eine zentrale Vorgabe der Verträge mit der Stadt, die auf diesem Wege ihre Vermögenswerte deutlich steigern und aufwerten konnte. (4) Denn nicht nur beim alten Verkehrsschulgarten waren hohe Investitionen überfällig, dasselbe galt auch für den alten Messeplatz.

Erschließung

Der erste Akt zu diesem Thema bestand darin, den alles andere als parzellenscharfen Rahmenplan in einen digitalen, exakten Erschließungs- Block-Plan zu übersetzen, d. h. die privaten (der PEG übertragenen) Flächen von den öffentlichen Flächen abzugrenzen. Hierzu sind in Kooperation mit den Rahmenplanern, der Stadt Kassel und einem beauftragten Büro die generellen Querschnitte und Straßenbreiten für jede einzelne Straße entwickelt worden. Auf diesem Plan bauen alle weiteren Aktivitäten der Gesellschaft auf: die Parzellierung der Blöcke, die Bebauungsplanung, die Testentwürfe und – vor allem – die gesamte Erschließungsplanung.

Unter den Bedingungen des Projekts – knappes Geld, noch weniger Zeit und (relativ) enge Straßenräume – ist ein für Kassel bislang noch nicht praktiziertes Verfahren zur Anwendung gekommen. Es mußte gelingen, alle Träger der öffentlichen Versorgung dazu zu bringen, zeitlich nicht nacheinander in den öffentlichen Straßenraum ‚einzudringen‘ – jeder schön mit eigenem Ingenieurbüro und eigener Firma – sondern gemeinsam und nahezu zeitgleich. Auf Veranlassung der PEG ist es gelungen, die gesamte, komplexe Erschließung, also sowohl die Verlegung der technischen Infrastruktur (Kanal/Wasser/Mulitmedia/Fernwärme/Strom

Rahmenplan mit Nummerierung der Blöcke und Angabe der Geschossigkeit.

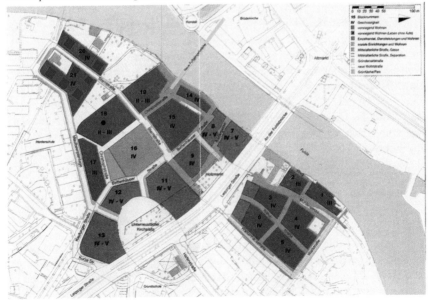

u. a.) als auch die Herstellung der Baustraße in eine Hand zu vergeben: Ein Büro für alle Maßnahmen, eine Firma für alle Ausführungsarbeiten! Nur auf diese Weise ist es möglich gewesen, in knapp zehn Monaten das gesamte Quartier vollständig zu erschließen.

Für die PEG hatte dieser ‚Gewaltakt' erhebliche Verkaufs- und Marketingvorteile, weil sie jetzt nicht nur abschnittweise, wie es früher aus Kostengründen angedacht war, sondern im gesamten Neubaubereich auf Käufersuche gehen konnte. Natürlich ist es leichter, mit einem potentiellen Investor in einem nahezu fertig erschlossenen Quartier einen Ortstermin zu machen, als auf einem ‚urbanen Acker'.

Um den Start für den Beginn der Erschließungsarbeiten im Sommer 1997 zu erreichen, mußte – damit unter anderem die Straßeneinläufe höhen- und lagegerecht eingebaut werden konnten – die Erschließungsplanung für alle Straßenoberflächen, Plätze und Parks mit Hochdruck vorangetrieben werden. Die von einer im Bewerberverfahren nach GRW ausgewählten Arbeitsgemeinschaft aus einem Landschaftsplanungs- und Verkehrsingenieurbüro entwickelte Planung stützt sich nicht nur räumlich auf den Grundriß von 1943, sondern lehnt sich auch funktional an diesen Grundriß an. Es wurde ein Konzept entwickelt, das von der mittelalterlichen Gasse mit und ohne Separation, über die typisch gründerzeitliche Straße bis hin zu neuen Straßentypen im Bereich des ‚autofreien Quartiers' reicht.

Die darauf aufbauende Entwurfsplanung mit hochwertigen, dem historischen Vorbild gehorchenden Material (Basaltpflaster/Granitborde/Betonpflaster mit Basaltvorsatz/Asphalt und Platten) muß jedoch zur Zeit verändert werden, um dem aktuellen Kosteneinsparungsgebot genüge zu tun. Das überarbeitete Konzept erlaubt immer noch Einbau und Wiederverwendung von historischem Pflaster im gesamten Bereich des Holzmarktes, das bei den Erschließungsarbeiten geborgen wurde. Ansonsten jedoch wird Betonmaterial mit Basaltvorsatz in unterschiedlichen Größen und Verlegearten verwendet. Auch auf diese Weise können noch Ansprüche auf einen ortstypischen Straßen- und Freiraum eingelöst werden.

Daß damit die von verschiedenen Verbänden und Interessengruppen vorgetragene Forderung nach möglichst glatten Belägen jetzt besser erfüllt werden kann, ist ein angenehmer Nebeneffekt bei der Umplanung der Straßen und Plätze. Die Inlineskater, aber auch Radler und gehbehinderte Bewohner, werden dies zu schätzen wissen.

Moderierter Hochbau

Wenn auch das ‚normale Bauen' im Rahmenplan, falls gut organisiert, als ‚spektakulär' eingeschätzt wird, so gibt er doch zielgruppen- und bereichsorientiert sehr wohl vor, wie ‚normales Bauen' durch entsprechende Verfahrensformen zu guter Architekturqualität geführt werden soll und kann.

Von Wettbewerben und Workshops, die von der PEG allein, gemeinsam mit Investoren und unter der Regie von Wohnungsbaugesellschaften durchgeführt worden sind, war schon die Rede. Der weit größere Teil der Hochbauaktivitäten ist jedoch mit dem ganzen Zielgruppenspektrum, vom Stadtgründer bis zum großen Entwickler, nach ‚normalem' Bewerberverfahren, gekoppelt mit einer vertraglich bindenden Jurybeteiligung umgesetzt worden. Nach PEG-internen Entscheidungen für bestimmte Testentwürfe, die sowohl rahmen- und bebauungsplankonform sein sollten und gleichzeitig entsprechende Marktchancen bieten mußten, werden die Parzellen entsprechend angeboten und nach den laut Grundstücksbewertung ermittelten Preisen verkauft. In der mit Experten, der Bauaufsicht, jeweils einem Forums- bzw. Fachbeiratsmitglied besetzten Jury werden die von den verschiedenen Erwerbern vorgelegten Entwürfe teils mehrfach diskutiert, Verbesserungsvorschläge unterbreitet und entsprechend eingearbeitet. Häufig führt dieses Verfahren zum Erfolg, jedoch nicht zwingend. Wie das beim ‚normalem Bauen' eben ist.

Während in der ersten Phase bei den Verkaufsaktivitäten der Projektentwicklungsgesellschaft eher die klassischen Entwicklertätigkeiten im Vordergrund standen, müssen inzwischen, bei deutlich sinkender Nachfrage auf dem Wohnungsmarkt, die Nutzungskonzepte schon soweit vorbereitet und entwickelt werden, daß potentiellen Investoren – in Sonderheit für die schwierigen, stärker gewerblich genutzten Blöcke an der Leipziger Straße – neben allen Vorgaben und Planungszielen schon ‚fertige Pakete' mit möglichst vielen kaufbereiten Nutzungsinteressenten bereitgestellt werden.

Wenn sich in den vergangen zwei Jahren schon gezeigt hat, wie aufwendig in Zeiten relativ schwacher Nachfrage nach Wohnungen, Dienstleistungs- und Gewerbeflächen die PEG-üblichen, moderierten Hochbauverfahren sind, so wird sich der Aufwand in den kommenden Monaten noch deutlich steigern.

Gemessen an den rahmenplanerischen Vorgaben, den politischen Erwartungen und den Hoffnungen der Unterneustädter und Kasseler Bevölkerung, nicht zuletzt natürlich auch gemessen am aktuellen Stand der stadtwirtschaftlichen Gesamtkalkulation steht das Projekt sehr positiv da:

- 50 Prozent der insgesamt etwa 120 Grundstücke sind verkauft.
- Weitere 20 – 25 Prozent sind optioniert.
- 40 Prozent der Projekte sind in Bau, 20 Prozent bereits bezogen.
- Zwei Mal je Monat wächst das neue Viertel um etwa ein Stockwerk.
- Die Verlagerungsmaßnahmen sind abgeschlossen.
- Die technische Erschließung und die gesamten Baustraßen sind fertiggestellt.
- Die Planung für die zukünftige Erschließung, wenn auch der Sparzwang Umplanungen und Standardreduzierungen erzwingen wird, ist nahezu abgeschlossen und abgestimmt.
- Die Brückenarbeiten werden zur Zeit ausgeschrieben; im Frühherbst wird mit den Ausführungsarbeiten begonnen.
- Der Umbau der Leipziger Straße wird noch in diesem Sommer/Herbst baulich umgesetzt.
- Das Image der Unterneustadt insgesamt beginnt sich positiv zu wandeln.

Alles in allem hat sich vor diesem Erfolgshintergrund die Arbeit der beiden Partner in der gewählten Gesellschaftsform bewährt. Beide Partner haben, da sie mit unterschiedlichen Blickwinkeln und Einstellungen an die Aufgaben herangegangen sind, auch zahlreiche Konflikte miteinander auszutragen gehabt. Da der Erfolg gleichermaßen zu messen ist an der Einlösung der Rahmenplanziele und am wirtschaftlichen Erfolg der Gesellschaft, konnte er letztlich auch nur gemeinsam erreicht werden. Das inzwischen baulich abzulesende Ergebnis spricht für sich und auch dafür, daß die beiden handelnden Hauptpartner tragfähige Kompromisse gefunden haben.

Insofern ist zu erwarten, daß in Kassel auch zukünftig PPP-Modelle angewendet werden; welche Form und welche vertraglichen Lösungen dann zur Anwendung kommen, bleibt offen und muß letztlich auch von einer abschließenden Einschätzung des Projekts abhängig gemacht werden. Ein Vergleich mit anderen, ursprünglich angedachten Lösungsmodellen – dem kommunalen Projektmanagement oder dem Treuhänderverfahren – kann an dieser Stelle nicht geführt werden. Nach Abschluß der Maßnahme sollte es die Stadt Kassel allerdings nicht versäumen, diesen Vergleich zu führen und den damit verbundenen Fragen zusammen mit der GhK nachzugehen.

Bürgerbeteiligung und Begleitgremien

Wesentliches und unverzichtbares Element der Wiedergründung ist die intensive Form der Beteiligung der Öffentlichkeit in allen Phasen des Projekts.

Das Forum Unterneustadt

Wie schon in der ersten Phase von 1992/1994 – Entwicklung der Leitidee/„Wie baut man eine Stadt" – immer wieder öffentliche Veranstaltungen stattgefunden haben, um auf die Bedeutung des Projekts hinzuweisen und die Vorstellungen und Ideen der betroffenen Bürger einzuholen, so hat es in der zweiten Phase von 1994 bis Ende 1995 – Entwicklung des Rahmenplanes/„So baut man Stadt" – eine besonders intensive Form der Beteiligung gegeben. Nahezu für jedes wichtige Thema des Rahmenplans sind öffentliche Veranstaltungen durchgeführt worden, die in vielen Fällen auch zu inhaltlichen Veränderungen des Projekts geführt haben (beispielhaft gilt das für die Parzellierung des Blockes 15). In dieser Phase ist es auch zur Herausbildung des Forums Unterneustadt gekommen, einem Gremium, in dem Bürger der Unterneustadt, Politiker, Bürgerinitiativenvertreter und Vertreter zahlreicher Organisationen (vgl. Rahmenplan) gleichermaßen vertreten waren. In der Folgezeit, das Forum begleitet bis heute das Projekt, hat sich gezeigt, daß gegen die Empfehlungen des Forums praktisch keine wichtige Maßnahme umgesetzt werden konnte. Die Zusammenarbeit mit dem Forum hat Eingang in die Gründung der Projektentwicklungsgesellschaft gefunden und ist somit ein wesentlicher Baustein zur Verankerung des Projekts in der Bevölkerung.

Aus der nun fünfjährigen Kooperationserfahrung kann festgestellt werden, daß sich solche Formen der Zusammenarbeit in besonderer Weise dazu eignen, für

Projekte dieser Größenordnung ein hohes Maß an Akzeptanz einzuwerben. Im Rückblick bleibt festzustellen, daß es ohne das Forum eine so weitgehend harmonische Umsetzung und Realisierung wohl nicht gegeben hätte.

Der Fachbeirat

Die schon beschriebene Arbeit des Fachbeirats in der Phase der Projektformulierung hat der Stadt Kassel eine in hohem Maß akzeptierte ‚Stadtidee‘ eingebracht. Die auf dem alten Grundriß mit Bezug auf die Parzelle entstehende moderne, gemischte, lebendige Stadt, mit optimiertem Innenstadtbezug über eine neue Brücke und einer zum Boulevard umzubauenden Leipziger Straße, hat viele begeistert.

Nachdem sich die Arbeit eines solchen Gremiums derart bewährt hatte, ist der Fachbeirat, in personell leicht veränderter Form, auch für die Phase der Rahmenplanerarbeit beibehalten worden. Während in der ersten Phase die Experten mit der Bauverwaltung noch unter sich waren (und Öffentlichkeit, Politik, Wohnungswirtschaft u.a. erst an den Abenden einbezogen worden ist), wurde in der zweiten Phase darauf Wert gelegt, daß z. B. die zuständigen Magistratsmitglieder von Anfang an in das Gremium integriert waren.

Zusammen mit den schon erwähnten Formen der Bürgerbeteiligung und den immer auch über die Zeitung öffentlich gemachten Diskussionen aus dem Fachbeirat und den teilweise spektakulären Veranstaltungen wie dem Zukunftsspaziergang konnte erreicht werden, daß auch zum Rahmenplan ein sehr hohes Maß an Zustimmung vorgelegen hat. Dieses hohe Maß an spürbarer Zustimmung hat nicht zuletzt dazu beigetragen, daß die Beschlüsse im Parlament hierzu einstimmig ausgefallen sind.

Nach einer erneuten Umbildung des Fachbeirats begleitet nun der neue, dritte Fachbeirat[*] die Projektentwicklungsgesellschaft bei der Umsetzung und Realisierung des Projekts. Auch wenn in den zurückliegenden Jahren die Zusammenarbeit mit dem Fachbeirat nicht immer konfliktfrei gelaufen ist, weil es doch immer wieder Probleme gegeben hat, bei denen die auf Prinzipientreue beharrenden Fachbeiratsmitglieder und die auf ökonomische Effektivität ausgerichtete Projektentwicklungsgesellschaft fast unvermeidlich ‚aneinander geraten‘ mußten (Beispiel: Parzellenzahl und -größe; Umgang mit dem Problem ruhender Verkehr), so hat sich die Zusammenarbeit doch im Ganzen als positiv und fruchtbar herausgestellt. Der Fachbeirat unter Leitung von Frau Prof. Inken Baller und Prof. Christian Kopetzki intervenierte mehrfach erfolgreich in krisenhaften Situationen, die sowohl innerhalb der PEG als auch nach außen – Beispiel Fußgängerbrücke – entstanden waren.

---

[*] Bei den Besetzungen der jeweiligen Fachbeiräte standen jeweils konkrete Aufgaben im Vordergrund: In der Phase I die Entwicklung der Leitidee (1992/1993), in der Phase II die Erarbeitung des Rahmenplanes (1994/1995) und in der bis heute andauernde Phase III die Begleitung der Realisierung. Personelle Umbesetzungen waren daher in erster Linie thematisch bedingt, teilweise aber auch persönlich. So wollte z. B. ein Fachbeiratsmitglied, das bei der Rahmenplanerstellung als Architekt mitgewirkt hatte, im neuen Fachbeirat nicht weiter Mitglied bleiben, um an Wettbewerben u.ä. teilnehmen zu können.

Um erst gar nicht den Verdacht aufkommen zu lassen, daß eine derartige Einschätzung PEG-gefärbt sein könnte, soll der Fachbeirat selbst zu Wort kommen; in seiner Sitzung vom 4. Mai 1999 kommt er zu folgenden Schlußfolgerungen: *„Das Projekt Unterneustadt ist unseres Wissens innerhalb der vielen Stadtentwicklungsprojekte der letzten Jahre einzigartig nach Thematik, Prinzipientreue und Stringenz der Durchführung."* (5) Zu dieser Schlußfolgerung gelangte der Fachbeirat nach Besichtigung der Baustelle und eingehenden Erläuterungen zum Stand der Dinge vor Ort.

Das Kuratorium

Auch das Kuratorium ist ein Gremium, mit dem zu kooperieren die PEG laut den geschlossenen Verträgen verpflichtet ist. Die dem Kuratorium zugedachte Aufgabe wurde als ‚Schirmherrschaft' bezeichnet. Das mit neun Personen besetzte Gremium aus Gesellschaft, Wirtschaft und Politik (vgl. Rahmenplan) sollte zum einen darüber wachen, daß die Prinzipien der ‚Kritischen Rekonstruktion' auch tatsächlich eingehalten werden; zum anderen sollten die ‚Kuratoren' in der Öffentlichkeit als Multiplikatoren oder Projektpaten wirken.

Offensichtlich ist hierbei nicht erkannt worden, daß das Kuratorium, das in den beiden ersten Phasen des Projekts bis zur Verabschiedung des Rahmenplanes im November 1995 eine in der Tat wichtige Außenwirkungsfunktion inne hatte, im Realisierungsprozeß aber nur noch dann gebraucht wird, wenn das Projekt „aus dem Ruder" läuft. Dieses Problem ist jedoch bisher nicht aufgetreten bzw. erkennbar geworden, so daß das Kuratorium seit 1996 nicht mehr getagt hat.

Ohne Forum und ohne Fachbeirat hätte das Projekt sicherlich weder das Maß an Qualität und fachlicher Abrundung noch an Zustimmung von außen erlangen können. Völlig abgesehen davon, daß ohne diese außergewöhnlichen Formen und ohne diese Intensität an Bewohnerbeteiligung während der Vorbereitung und der Realisierung des Projekts eine Präsentation während der Expo nicht gegeben hätte, muß festgehalten werden: Bürgerbeteiligung, auch und gerade in dieser aufwendigen Form lohnt sich! Der Aufwand und die dabei immer auftretenden Schwierigkeiten und Konflikte werden kompensiert durch ein hohes Maß an Identifikation und durch sich entwickelnde Kompetenz, die sich im Laufe der Zeit herausbildet. Gerade in Zeiten, in denen Begriffe wie ‚Demokratisierung der Planung' oder ‚Partizipation' so antiquiert klingen und alle Planungsprozesse ständig beschleunigt werden sollen, muß die positive Erfahrung bei diesem Projekt in Kassel mit ernst gemeinter und von allen beteiligten Gruppen durchgehaltener Beteiligung besonders hervorgehoben werden.

‚Documenta urbana II'/Expo 2000

Documenta urbana II

Während in den Anfängen des Projekts bis in die Realisierungsphase hinein von Expo noch keine Rede war, hat das Thema ‚documenta urbana' sozusagen von Anfang an eine Rolle gespielt. Zwei Aspekte standen dabei im Vordergrund: der pragmatische Aspekt war die Steigerung der Außenwirkungen im allgemeinen. Im besonderen stand der Wunsch Pate, dem Land gegenüber das Projekt schon früh hoch anzusiedeln, damit das Interesse an – finanzieller – Mitwirkung möglichst groß ist. Der städtebaulich-fachliche Aspekt bestand darin, an die große Resonanz, die die erste ‚documenta urbana' Anfang der 80er Jahre auf der Dönche gefunden hatte, anzuknüpfen.

Auch wenn zu bzw. bei ‚documenta urbana' bis heute ganz unterschiedliche Positionen eingenommen, ganz unterschiedliche Inhalte verstanden und zur ersten ‚documenta urbana' auch von direkt Beteiligten ganz unterschiedliche Bewertungen abgegeben werden – schon der Begriff selbst gibt ja einigen Anlaß zu Mißverständnissen – bleibt festzuhalten:

- Der Begründer der Kunstausstellung ‚documenta', Arnold Bode, hat seine Vorstellung von einer ‚documenta urbana', die eigentliche documenta mit Zusatzausstellungen in Oktogon am Fuße des Herkules und dem Bau einer internationalen Künstlersiedlung auf der Dönche zu ergänzen, selbst nicht realisiert.
- Zwar hat es auf fast jeder documenta künstlerische Auseinandersetzungen mit urbanistischen und architektonischen Themen gegeben (auf der documenta X haben Zukunftsfragen der großen Städte breiten Raum eingenommen), ein darauf abzielender eigenständiger Beitrag im Sinne einer ‚documenta urbana' ist daraus jedoch nicht erwachsen.
- Erst die Dönchebebauung 1982 hat die dort gestellte Städtebauaufgabe „Bauen am Siedlungsrand", nicht unwesentlich der Neuen Heimat zur Aufwertung des Unternehmensprofils dienend, zu einer ‚documenta urbana' gemacht.
- Die bereits angesprochene Gegenreaktion bzw. Gegenveranstaltung unter anderem auf die Dönchebebauung von Prof. Lucius Burckhardt stellte die Innenstadtproblematik stärker in den Vordergrund und die konzeptionelle Ebene vor die bauliche. Beide Projekte erreichten eine nicht unbedeutende Publizität; sie wirken beide bis heute nach.
- Die Schwierigkeiten im Umgang mit dem Thema ‚documenta urbana' und die unterschiedlichen Erfahrungen aus 1982 führten dazu, daß 1984 eine Kommission einberufen wird, in der verschiedene documenta-Leiter, Künstler, Hochschullehrer und Architekten zusammenwirken. Als Resultat mehrerer Zusammenkünfte entsteht ein von allen Kommisionsmitgliedern getragenes Thesenpapier, dessen zentraler Inhalt eine ‚documenta urbana'-Konzeption mit den Bausteinen ‚diskutieren', ‚sichtbarmachen' und ‚bauen' ist.

- Die Reihenfolge dieser Bausteine ist zwar nicht zwingend, sie sollte nur das Verhältnis zwischen Theorie und Praxis, zwischen Analyse und Konzeption, zwischen Kontinuität und Innovation, zwischen Multiplizierbarkeit und Einmaligkeit und zwischen Kreativität und Intellektualität aufzeigen. Insbesondere spielte der Rückkopplungsgedanke eine zentrale Rolle. So sollten z. B. im Baustein ‚bauen' Projekte realisiert und präsentiert, im Baustein ‚diskutieren' reflektiert und im Baustein ‚sichtbarmachen' die Sensibilität für neue Planungs- und Bauaufgaben geschärft werden, die dann in einer nächsten ‚documenta urbana' wiederum baulich thematisiert bzw. diskutiert werden können. Auf diese Weise sollte die ‚documenta urbana' einen eigenständigen Zyklus entwickeln.
- Zu einem solchen Zyklus ist es dann jedoch nicht gekommen, da entsprechende Anstöße hierzu nicht gegeben worden sind. Erst mit den konzeptionellen Überlegungen zur Wiedergründung der Unterneustadt und der Anerkennung des ersten Förderantrages der Stadt an das Land mit der Begründung, an diesem Projekt die ‚documenta urbana'-Idee wiederzubeleben und die Fördermittel für erhöhten Planungsaufwand einzusetzen, rückt 1994 die ‚documenta urbana' wieder ins Blickfeld

Allerdings dauert es noch einmal fast vier Jahre, bis – angeregt durch den Fachbeirat – die Diskussion um die Konkretisierung der ‚documenta urbana'-Frage wieder auflebt.

Nach vielen Anläufen und Debatten, auch außerhalb des Fachbeirats, wird in einer Sitzung des Fachbeirats vom Mai 1999 eine kleine Version einer ‚documenta urbana' beschlossen, mit drei Elementen:
- Darstellung der bisherigen Planungsansätze und Ergebnisse in Buchform im Sinne einer ersten Erfolgskontrolle als Teil der bisherigen Veröffentlichungsreihe,
- eine oder mehrere öffentliche Podiumsveranstaltungen analog der Veranstaltungsreihe 1992 in der Documentahalle und
- mehrere Projekt-Spaziergänge in der Unterneustadt.

Dieses Konzept trägt der Tatsache Rechnung, daß eine engagierte politische Rückendeckung für ein weitergehendes Konzept zur Zeit nicht gegeben ist und auch die finanziellen Möglichkeiten der Projektentwicklungsgesellschaft äußerst begrenzt sind. Der Vorteil: alle drei Maßnahmen, die am Ende als realisierbar übriggeblieben sind, können für die Präsentation im Rahmen der Expo genutzt werden.

Expo 2000

In der heißen Phase der Projektrealisierung Anfang 1997 beteiligt sich die PEG, auf sanften politischen Druck hin, am Auswahlverfahren für die ‚dezentralen', später ‚weltweiten Projekte' der Expo 2000 in Hannover. Die Gründe für die im November 1997 gefeierte Registrierung der Wiedergründung der Unterneustadt als Expo-Projekt liegen zum einen in der Bündelung vieler hochinteressanter

Ziele, in der ökologischen Ausrichtung und der Nachhaltigkeit aller Maßnahmen, vor allem aber in der beispielhaften Integration der betroffenen Bürgerinnen und Bürger und Institutionen. Von seiten der Expo-Leitung bzw. der für die sog. vierte ‚Säule' der Expo Verantwortlichen wurde festgestellt, daß sich die komplexen Projektziele des Unterneustadtprojekts optimal in die Gesamtzielsetzung der Expo – über die Weltausstellung im Jahr 2000 hinaus einen Beitrag zu leisten zum Ausgleich von Mensch, Natur und Technik – integrieren lassen. Durch den Renommeezuwachs einer Expo-Beteiligung bzw. die ‚Adelung' des Projekts durch das Expo-Logo wird die Projektentwicklungsgesellschaft ihr ökonomisches Ziel nicht besser oder leichter erreichen, d. h. kaum ein Grundstück mehr verkaufen. Dennoch ist die Tatsache, Expo-Projekt zu sein, nicht unwichtig für die ohnehin schon positive Auswirkung des Projektes. Durch das Engagement von Pro Nordhessen, das darauf abzielt, die Ausstrahlung der nordhessischen Expo-Projekte zu bündeln und damit die unmittelbaren, mit der Expo ohnehin verbundenen Vorteile für die Stadt Kassel zu steigern, besteht durchaus die Chance eines Imagezuwachses für Kassel.

Die Effekte beider Veranstaltungen, Expo und ‚documenta urbana', lassen sich, bei geschicktem Handling sowohl für fachlich Interessierte als auch für Expo-Normalbesucher bündeln und damit für die Stadt Kassel positiv wirksam werden. Die Projektentwicklungsgesellschaft wird also weiterhin gefordert sein, unter der Maßgabe optimaler Außenwirkung und Effektivität, mit begrenzten Mitteln und hohem Einsatz, möglichst gute Ergebnisse zu erzielen. Das ist nicht so einfach in Anbetracht der Tatsache, daß die Gesellschafter in der Sitzung vom November 1998 genaugenommen gefordert haben, für die Expo-Beteiligung keine Mittel aufzuwenden.

Fazit, Zwischenfazit oder wie muß es weitergehen

Einen Stadtteil, seinen Kern, sein seit 50 Jahren nicht mehr „pulsierendes Herz" in nur knapp fünf Jahren mit 650 Wohnungen, 20.000 m² Dienstleistungs- und Gewerbefläche aus dem Boden zu stampfen, ohne Bebauungspläne, ohne die notwendigen Bestands- und Vermessungsunterlagen, bei schon nachlassender Konjunktur und Nachfrage nach Wohnungen, bei schon deutlich gegebenem Überhang an Büro- und Gewerbeflächen in Kassel, das kann man postulieren, beschließen, wollen, das muß aber in dieser knappen Zeitvorgabe nicht unbedingt gelingen. Wenn dann noch so hohe Anforderungen, völlig neue Wege und geradezu experimentelle Verfahren zur Erprobung kommen sollen, dann gehört schon einiger Mut dazu, sich auf so etwas einzulassen.

Die Stadt Kassel und die sonst an diesem Projekt Beteiligten haben diesen Mut aufgebracht: die Rechnung ist im Prinzip aufgegangen, auch gegen unzählige, anfänglich sehr laute Bedenken. Daß die ‚Vision' heute konkrete Formen annimmt, beschreibt am besten der Fachbeirat mit einer präzisen Formulierung: *„Der Fachbeirat war nicht nur vom Stand der Dinge, sondern auch von der planerischen und architektonischen Qualität des bisher Erreichten ausgesprochen beein-*

druckt. Die Vision eines neuen Quartiers auf dem historischen Stadtgrundriß ist im Umriß bereits sichtbar, gleichzeitig aber auch die Expo-Qualität des Projekts." (5)

Auch wenn der Erfolg greifbar nahe scheint und die Projektentwicklungsgesellschaft die Ziele nicht aus dem Auge verloren hat: die zur Projektrealisierung gegenläufige Konjunktur und die nicht unwesentliche Konkurrenz anderer städtischer Projekte (z. B. im Bereich der Kasernenkonversion auf der Marbachshöhe) und stadteigene Verkaufsaktivitäten von Grundstücken in priviligierter Lage bringen die Projektentwicklungsgesellschaft in eine schwierige Situation. Da keiner der drei Gesellschafter wegen der damit verbundenen Kosten eine Verlängerung der Laufzeit der Gesellschaft tragen will, müssen – damit die Wiedergründung der Unterneustadt den stadtplanerischen Vorgaben entsprechend zu Ende gebaut werden kann – tragfähige Lösungen gefunden werden. Die Gespräche der drei Gesellschafter untereinander über die Fortführung des Projekts nach dem 31. Dezember 2000 werden zur Zeit geführt. Bei diesen Gesprächen und teilweise schon im Vorfeld hat das Verhalten von städtischen Vertretern des öfteren zu Irritationen geführt. So wurde zum Beispiel geäußert, daß eine (Rück-)Übernahme unverkaufter Grundstücke zusammen mit noch nicht vollständig erbrachten Erschließungsleistungen nicht in Frage komme, weil die Stadt das damit verbundene Risiko als zu groß ansehe. Aus diesem Grund äußert sich der Fachbeirat in seiner bereits zitierten Stellungnahme vom 4. Mai 1999 durchaus kritisch:

„Gleichzeitig ist uns bewußt, daß die Projektentwicklungsgesellschaft zum 31. Dezember 2000 ihre Tätigkeit einstellen wird. Wir fragen uns besorgt, was danach sein wird. Es war von Anfang an absehbar, daß der vereinbarte Zeitraum von fünf Jahren nicht ausreicht, um ein so anspruchsvolles Projekt zum Abschluß zu bringen. Wir haben den Eindruck, daß die Stadt Kassel in den letzten Jahren das Projekt Unterneustadt eher als ein ungeliebtes Kind betrachtet hat, so daß für die kommunalen Entscheidungsträger der 31. Dezember 2000 der Anlaß sein könnte, das ungeliebte Kind ganz abzustoßen. Wenn man Arbeitsweise und Ergebnis der PEG mit der Arbeitsweise und Ergebnissen von Entwicklungsgesellschaften in anderen Kommunen vergleicht, etwa den Berliner Entwicklungsgesellschaften, so ist bereits bei grober Einschätzung der Finanzlage und des erreichten Niveaus deutlich, daß es der PEG gelungen ist, unter extrem schwierigen Bedingungen des seit Jahren stagnierenden Kasseler Marktes ein Maximum zu erreichen – mehr, als eigentlich wahrscheinlich war. Die bisherigen Verkaufserfolge sprechen für sich". (5)

Unter den genannten schwierigen Bedingungen des Kasseler Wohnungs- und Gewerbemarktes 50 Prozent der Grundstücke nach den hohen Anforderungen der Projektziele zu vermarkten, ist tatsächlich ein Erfolg. Positiv jedoch kommt hinzu, daß die Stadt – im Gegensatz zum Gesellschafter LBB z. B. – neben dem Imagezuwachs auch einen erheblichen Vermögenszuwachs verbuchen kann, der den Ausgangswert der städtischen Grundstücke um ein Mehrfaches übersteigt. Hinzu kommen außerdem erhebliche ‚Windschatten-Gewinne' durch zusätzliche

Steuereinnahmen, Schaffung von Arbeitsplätzen, Reduktion von Soziallasten und geringer ausfallenden Abwanderungsverlusten, die sich alle positiv auf den städtischen Haushalt auswirken werden. (4)

Demzufolge kann durchaus vermerkt werden, daß sich ein Projekt wie die Unterneustadt als Beitrag zur Stadtentwicklung auch rechnet.

(1) Die neue Unterneustadt. Ein Workshop und Hearing zum Thema, Magistrat der Stadt Kassel, Kassel, Februar 1990

(2) Wie baut man Stadt. Wege zur Unterneustadt. Eine Veranstaltungsreihe, Magistrat der Stadt Kassel, Kassel, Mai 1994

(3) So baut man Stadt. Wege zur Unterneustadt. Rahmenplan, Magistrat der Stadt Kassel, Kassel, März 1996

(4) Stadtentwicklung, die sich rechnet. Eine Studie im Auftrag der Wasserstadt GmbH, Berlin, Oktober 1998

(5) Stellungnahme des Fachbeirats vom 4. Mai 1999, Kassel, Mai 1999

Neue Stadtquartiere an der Schwelle zum 21. Jahrhundert

Fallbeispiele aus den 90er Jahren in Niedersachsen und Bremen

Jan Sievers

Städtebauliche Entwicklungsmaßnahme Langenhagen-Weiherfeld

Lage und Städtebauliches Konzept

Im Norden Langenhagens entsteht ein neuer Stadtteil mit 3.000 Wohneinheiten. Nachdem eine zentrumsnahe Fläche, die etwa 2.000 Wohneinheiten ermöglicht hätte, politisch nicht gewollt wurde, entschieden sich Politik und Verwaltung für eine Fläche im Norden Langenhagens. Durch die Expo wurde es möglich, daß eine S-Bahnlinie diese Fläche durchquert. Der neue Bahnhof, der in einem Jahr fertiggestellt ist, verbindet den Stadtteil mit der Kernstadt und mit der Landeshauptstadt Hannover halbstündig. Hier ist des Planers und der Bevölkerungswunsch erfüllt, daß ein Stadtteil zu Beginn seiner Entwicklung an den öffentlichen Nahverkehr angeschlossen ist. Die Stadt Langenhagen bezuschußt den Bahnhof mit zehn Millionen DM! Den Wettbewerb für das Weiherfeld gewannen die Architekten v. d. Lippe, Laser, Möller und Paul.

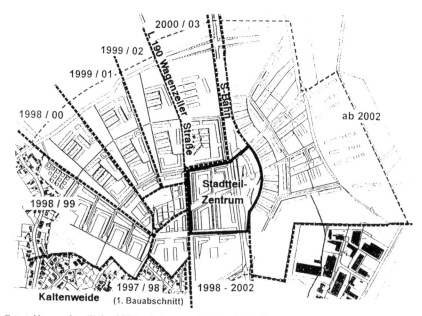

Entwicklungsgebiet Weiherfeld, Realisierungsabschnitte/Zeitschiene.

Wohnungsbau Weiherfeld Ost,
Am Mühlengraben.

Wohnungsbau Weiherfeld,
Im Innenraum des Clusters.

Die Wohnbebauung wird fächerförmig, von Südwesten beginnend, im Uhrzeigersinn entwickelt. Im Schwerpunkt der Siedlung entsteht der Bahnhof mit Marktplatz und notwendiger Infrastruktur. Die einen Cluster werden von Investoren beplant und bebaut. Vier Kindertagesstätten sind geplant. Für die erste wird in Kürze der erste Spatenstich erfolgen. Der erste Kindergarten (fünf Gruppen) wird außerdem als Dorfgemeinschaftshaus dienen, wo die neuen Bewohner sich treffen können (Kosten 5,5 Millionen DM). Es wird eine neue Schule geben, die im ersten Bauabschnitt bis zu sechs, im zweiten Abschnitt bis zu zehn Klassen führen wird. Die Bauformen an den Straßen entlang der Fächer sind bis zu dreigeschossig geplant. Im Innern der Baugebiete stehen vorwiegend Reihenhäuser.

Grünflächen in den Keilen verbinden die Siedlung mit den Freiräumen außerhalb. Die Grünkeile sind wiederum untereinander verbunden. Zu dem alten Dorfrand entsteht ein Park mit Spielplätzen. Keine Wohnung ist weiter als 750 Meter von der S-Bahn entfernt.

Das Weiherfeld wird auch unter ökologischen Gesichtspunkten Vorbildcharakter haben. Die Stadt Langenhagen hat sich im Rahmen der Agenda 21 auf dauerhafte ökologische Ansätze verpflichtet. Im Wohngebiet Weiherfeld wird der zur Zeit vorgeschriebene Wärmedämmstandard um 25 Prozent überschritten. Ein Blockheizkraftwerk wird den Stadtteil versorgen. Durch Regenwasserversickerung

Wohnungsbau Weiherfeld.

Wohnungsbau Weiherfeld.

Weiherfeld-Ost, Am Mühlegraben.   *Bahnhof Langenhagen/Ost.*

Langenhagen, Blick vom Bahnhof nach Westen.   *Bahnhof Langenhagen, Lageplan.*

und Grabenrenaturierung werden die unvermeidlichen Eingriffe in Natur und Landschaft ausgeglichen.

Der neue Stadtteil soll familienfreundlich sein. Kurze Wege führen zum öffentlichen Nahverkehr, zu Spielplätzen und zum Einkaufen. Preiswerte Reihenhäuser sollen angeboten werden.

Die Bürger Kaltenweides und die zukünftigen Bürger des Weiherfeldes haben für die städtebaulichen Planungen einen Anwaltplaner an ihrer Seite, der die Forderungen z. B. der Bürgerinitiative, in alternativen Planungen aufzeigt. Die Stadt zahlt die Anwaltsplanung, ohne daß der Planer anderen Weisungen als denen der Betroffenen selbst unterworfen ist. Bisher hat sich die Anwaltplanung bewährt, sind doch in Konflikten Lösungen entwickelt worden, die von den Betroffenen akzeptiert werden konnten.

Verfahrensablauf der städtebaulichen Entwicklungsmaßnahme

38 Eigentümer verfügten über Grundbesitz im Plangebiet. Um unter dieser Voraussetzung eine zügige Abwicklung des Vorhabens sicherzustellen, lag es nah, vom Instrument der Entwicklungsmaßnahme Gebrauch zu machen. Am 1. Februar 1993 wurde der Einleitungsbeschluß nach §§ 6 und 7 BauGB-Maßnahmengesetz gefaßt. Im Sommer 1993 folgten Einzelgespräche mit den 38 Eigentümern. Das Vorgehen wurde durch ein Gutachten von Prof. Kreibich zum Wohnbedarf in Langenhagen gestützt.

Der städtebaulichen Strukturfindung diente ein Ideenwettbewerb von Februar bis Juli 1994. Der Rat konnte nach Abschluß der Voruntersuchungen am 19. Juni

1995 den Entwicklungsbereich Weiherfeld per Satzung förmlich festlegen. Die Satzung wurde am 25. September 1995 durch die Bezirksregierung genehmigt. Eine weitere Untersuchung zum Wohnungsbedarf in Langenhagen durch das Pestel-Institut bestätigte im November 1995 das Vorgehen. Als Entwicklungsträger fungiert die Entwicklungsgesellschaft Langenhagen GmbH, deren Gründung der Rat am 22. April 1996 beschloß. Am 16. Dezember 1996 folgte der Ratsbeschluß über die ‚Aufpreise' für die Grundstücke im Bereich der Entwicklungsmaßnahme.

Der Gesellschaftervertrag wurde am 5. April 1997 geschlossen. Am 12. Juni 1997 wurde die Gesellschaft ins Handelsregister eingetragen. Darauf hob der Rat der Stadt am 2. Februar 1998 die Entwicklungssatzung für das Weiherfeld auf.

Jürgen Eppinger

Hannover-Kronsberg

Planung und Realisierung des neuen Stadtteils zur Weltausstellung EXPO 2000 Hannover

Ein Zwischenbericht vom Frühjahr 1999

Der neue Stadtteil Kronsberg in Hannover ist eines der wichtigsten Projekte im Rahmen der umfangreichen, durch die Weltausstellung im Jahre 2000 ausgelösten Stadtentwicklungsmaßnahmen im Südosten der Stadt. Mit der Fertigstellung von rund 3.000 Wohnungen wird der Stadtteil im Jahre 2000 etwa zur Hälfte realisiert sein. Die Entwicklung neuer Stadtteile gehörte lange Zeit nicht zu den Schwerpunkten der Stadtentwicklung. Deshalb ist es heute schwer, an anerkannte Konzepte für Städtebau und Wohnungsbau anzuknüpfen: viele Erfahrungen müssen neu gemacht werden.

Im folgenden werden einige der Erfahrungen und Erkenntnisse bei der Planung und Realisierung des Stadtteils dargestellt.

Entwicklung des städtebaulichen Konzeptes

Im Herbst 1993 wurde auf der Grundlage der Ergebnisse des 1992 durchgeführten großräumigen Strukturwettbewerbs Kronsberg/Messe/EXPO der städtebauliche Ideenwettbewerb ,Bemerode-Ost' durchgeführt. Prämiert wurde in diesem Verfahren die Arbeit der Architektengruppe Sawadda-Welp-Welp aus Braunschweig. Sie legt der Entwicklung des neuen Stadtteils eine rasterförmige Erschließungsstruktur mit straßenbegleitenden Bauformen zugrunde.

Das mit den Preisträgern weiterentwickelte Konzept wurde Grundlage der Bauleitplanung. Die wesentlichste Änderung war dabei die Vergrößerung der Baufelder mit dem Ziel, eine größere Vielfalt von Bau- und Wohnformen zu ermöglichen und die Wirtschaftlichkeit der Erschließung zu verbessern. Die städtebauliche Grundstruktur besteht aus mehreren ,Quartieren' mit jeweils um einen ,Quartierpark' angeordneten Baufeldern. Die durchschnittliche Dichte liegt bei einer GFZ von 1,0; die Geschoßzahlen nehmen von vier an ,Basisstraße' und Stadtbahn auf zwei zum Kamm des Kronsbergs hin ab. Die auf diesem Konzept aufbauenden Bebauungspläne zeichnen sich durch einfache Festsetzungen aus: Geschoßigkeit, städtebauliche Werte und die Festsetzung von Baulinien sind Grundlage für die Entwicklung vielfältiger Wohnprojekte ebenso wie für die Gestaltung anspruchsvoller städtebaulicher Räume.

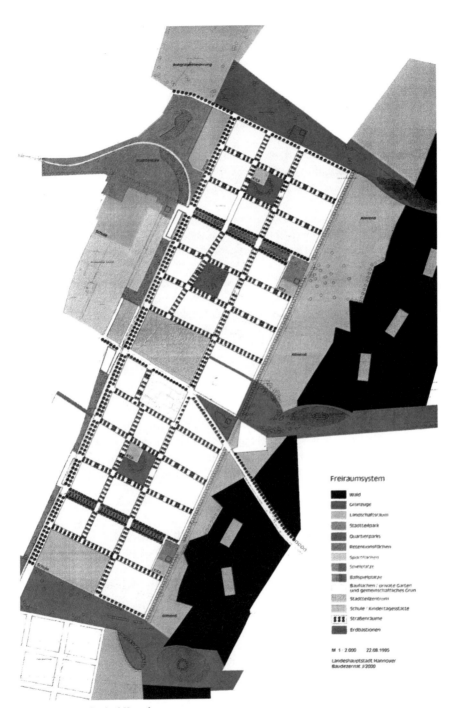

Freiraumsystem

- ■ Wald
- ■ Grünzüge
- ■ Landschaftsraum
- ■ Stadtteilpark
- ■ Quartierparks
- ■ Retentionsflächen
- ■ Sportflächen
- ■ Spielplätze
- ■ Ballspielplätze
- ■ Bauflächen : private Gärten und gemeinschaftliches Grün
- ▦ Stadtteilzentrum
- ☐ Schule / Kindertagesstätte
- ▦▦▦ Straßenräume
- ■ Erdbastionen

M 1 : 2.000   22.08.1995

Landeshauptstadt Hannover
Baudezernat J/2000

Freiraumsystem Stadtteil Kronsberg.

EXPO-Stadtteil Hannover-Kronsberg

Entwicklung und Bedeutung des Stadtteils wurden besonders dadurch über das normale Maß hinaus gefördert, daß in den im Juni 1994 geschlossenen EXPO-Verträgen vereinbart wurde, daß die Stadt Hannover einen neuen Stadtteil entwickeln wird, der zwei besonderen Zielsetzungen unterliegen soll:

- als ‚Expo-Siedlung' ein geländenahes Wohnungsangebot für die Beschäftigten der Weltausstellung zu bieten;
- als neuer Stadtteil ein in städtebaulicher, ökologischer und sozialplanerischer Hinsicht beispielhafter und zukunftsweisender Beitrag zum EXPO-Motto „Mensch-Natur-Technik" zu sein.

Parallel zur Bauleitplanung wurden deshalb in mehreren Bereichen neue umwelttechnische Konzepte so weit entwickelt, daß sie flächendeckend im Stadtteil eingesetzt werden konnten. Die wichtigsten davon sind:

- Niedrigenergiebauweise, die mit 50 kWh pro Quadratmeter und Jahr wesentlich höhere Anforderungen als die geltende Wärmeschutzverordnung stellt;
- Nahwärmenetze und gasbetriebene Blockheizkraftwerke, mit denen eine CO_2-Reduzierung von mindestens 60 Prozent für den Stadtteil erreicht wird;
- Regenwasserkonzept, das die Auswirkungen der Siedlungstätigkeit auf die Grundwasserneubildung minimiert;
- Bodenmanagment;
- Abfallkonzept.

Die umfangreichen und differenziert gestalteten Grünflächen ebenso wie die sonstigen ökologischen oder ‚nachhaltigen' Elemente des Stadtteils haben dazu geführt, daß der Nachweis über die nach dem Naturschutzrecht erforderlichen Ausgleichsmaßnahmen nahezu vollständig innerhalb der Baugebiete möglich war.

Einsatz stadtplanerischer Instrumente

Neben dem Bebauungsplan haben die folgenden Instrumente eine Rolle gespielt:
- durch Umlegung wurden Baugrundstücke und öffentliche Flächen gebildet und zugeteilt;
- durch einen Städtebaulichen Vertrag für ein Teilgebiet wurden Bauverpflichtungen und Vereinbarungen zur Umsetzung der besonderen qualitativen Elemente auf die dortigen Eigentümer übertragen;
- im Bereich des Städtebaulichen Vertrages wurde die Erschließung mit einem Erschließungsvertrag auf die Eigentümer übertragen.

Die anspruchsvollen Ziele für den Stadtteil werden teilweise mit Planungsrecht oder anderen öffentlich-rechtlichen Satzungen, teilweise über privatrechtliche Vereinbarungen in den Grundstücksverträgen durchgesetzt.

Eine Besonderheit ist noch eine Stellplatzsatzung, die die Zahl der privaten Stellplätze auf den Grundstücken aufgrund des Angebots im öffentlichen Straßenraum auf 80 Prozent des Regelbedarfs begrenzt.

Wohnungsbauförderung

In den Expo-Verträgen war vorgesehen, daß in dem Stadtteil 2.500 EXPO-Wohnungen, 1.000 davon mit öffentlicher Förderung, gebaut werden. Nach Beginn der Realisierungsphase im Jahre 1995 stellte sich aber schnell heraus, daß mit den bestehenden Marktmechanismen weder das angedachte Drittel freifinanzierter Mietwohnungen noch ein entsprechender Anteil von Eigentumswohnungen zustande kommen würde.

Diese Erkenntnis führte im Frühjahr 1997 zu neugestalteten Förderbedingungen. Fünf Programme wurden entwickelt und angeboten:

• Mietwohnungen mit städtischen Belegungsrechten;
• Mietwohnungen ohne städtische Belegungsrechte;
• EXPO-Mietwohnungen mit städtischen Belegungsrechten;
• EXPO-Mietwohnungen ohne städtische Belegungsrechte;
• Eigentumsförderung für Reihenhäuser.

Die gut ausgestatteten Förderprogramme haben dazu geführt, daß rund 1.600 Mietwohnungen, 1.100 EXPO-Mietwohnungen und 150 Einfamilienhäuser, bis Ende 1999 entstehen werden. 1.100 Wohnungen sind bereits fertiggestellt und bezogen.

Qualität des öffentlichen Raumes

Das der Entwicklung des Stadtteils zugrundeliegende städtebauliche Konzept lebt aus der Auseinandersetzung des differenziert gestalteten öffentlichen Raumes mit der Vielfalt der Wohnungsprojekte auf den Bauflächen. Städtebau, der seine Wurzeln nicht nur in der Anwendung architektonischer Prinzipien, sondern auch in prozessorientierten städtebaulichen Prinzipien hat, braucht qualitätvolle öffentliche Räume als Ausgangs- und Orientierungspunkt.

Basis für die Freiraumplanung des Stadtteils ist seine Einbindung in den Landschaftsraum Kronsberg, der Teil des von der Stadt realisierten und durch die EXPO 2000 GmbH geförderten Projektes „Stadt als Garten" ist.

Ergänzend zu den großräumigen Elementen des Landschaftsplanes wurde für den Stadtteil eine umfassende Freiraumplanung erarbeitet. Die Freiräume sind dabei nach ihrer Funktion differenziert und in ihrer Gestaltung präzisiert worden. Wichtige Einzelelemente sind dabei:
• die ‚Allmendeflächen' westlich der Kammbewaldung als naturnahe Spiel- und Erlebnisräume;

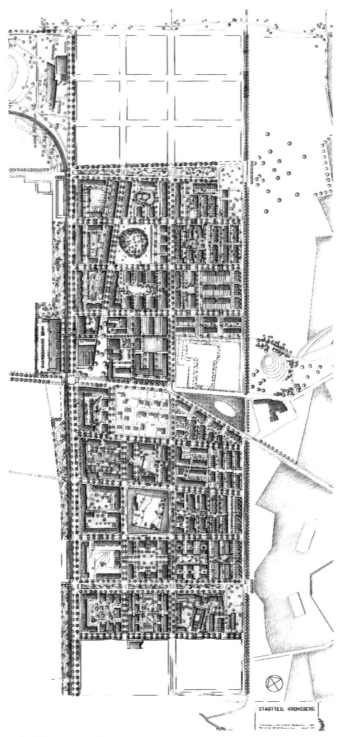

STADTTEIL KRONSBERG

Zuordnung der Wohnungen zu den Förderprogrammen.

Landesgruppe Niedersachsen - Bremen

- die Randallee zwischen den Bauflächen und dem Landschaftsraum;
- die hangaufwärts führenden linearen Parks;
- der Stadtteilpark und die Sportanlagen an der Nahtstelle zwischen altem und neuem Stadtteil;
- die Quartierparks innerhalb der Baugebiete;
- die Retentionsflächen am Fuße des Kronsberghanges;
- die halbprivaten Freiflächen innerhalb der Baufelder;
- die alleeartigen Straßenräume und ein differenziertes Wegenetz.

Für die der Entwicklung des Stadtteils zugrunde liegenden rasterförmigen Erschließungsstruktur kommt den Straßen- und Platzräumen eine besondere Rolle zu. Die Straßen erhalten als besonderes Element beidseitig ein Mulden-Rigolen-System, mit dem Ablauf und Versickerung von Regenwasser in den Straßenraum integriert wurde.

Für die beiden jeweils mehr als ein Hektar großen Quartierparks des ersten Abschnittes wurde ein Realisierungswettbewerb durchgeführt. Auf der Grundlage des prämierten Konzeptes des Büros Lohaus/Carl (Hannover) werden zwei als gestalterische Gegensätze konzipierte Parks realisiert:
- im Nordteil ein offener Park mit einer kiefernbestandenen runden Fläche in der Mitte;
- im Südteil ein introvertierter terrassierter Park, in dem auch die Kindertagesstätte errichtet wird.

Kooperative Projektentwicklung

Die Entwicklung der Wohnungsbauprojekte wurde begleitet durch den ‚Kronsberg-Beirat‘. Dieser hat die Aufgabe, die einzelnen Projekte auf ihre städtebauliche Einbindung und Gestaltung, auf ihre Wohnqualität und auf die Qualität der Freiräume hin zu überprüfen und bei Bedarf Empfehlungen zu ihrer Verbesserung zu geben. Dieser kooperative Planungsprozess bei der Projektentwicklung wurde ergänzt durch Projektkonferenzen aller an der Genehmigung der Projekte beteiligten städtischen Stellen, mit dem Ziel, die Dauer der Genehmigungsverfahren zu verkürzen. Dieses Verfahren hat zu einer großen Zahl von Projekten mit besonderen architektonischen, ökologischen oder sozialen Qualitäten geführt.

An der Planung und Realisierung der Projekte des ersten Teilabschnitts sind etwa 25 Investoren mit rund 50 Architekten und Landschaftsplanern beteiligt. Die dabei entstandene ‚geordnete Vielfalt‘ ist neben der Anwendung neuer Umwelttechniken eine besondere Qualität des Stadtteils.

Begleitende Maßnahmen

Zusammen mit Erschließung und Infrastruktur stellt die erste Baustufe ein Investitionsvolumen von rund einer Milliarde DM dar. Zur Finanzierung der Er-

STADTTEIL KRONSBERG

Wohnungsverteilung

Startprogramm
EXPO - Wohnungen
Reihenhäuser/Eigentumswohnungen

Landeshauptstadt Hannover Baudezernat J/2000
Planungsgruppe Weltausstellung März 1998

Städtebauliche Struktur 1. Bauabschnitt.

schließung und der öffentlichen Infrastruktur wurde das Prinzip des ‚Finanz-kreises Kronsberg' entwickelt: aus den Einnahmen der Grundstücksverkäufen werden die Infrastruktureinrichtungen finanziert. So fanden die ersten Bewohner Ende 1998 bereits Schule und Kindertagesstätte vor. Bis Frühjahr 2000 werden das ‚Soziale und Kulturelle Stadtteilzentrum' und eine weitere Kindertagesstätte fertiggestellt sein. Der Anschluß an das Stadtbahnnetz wird im Herbst 1999 fertiggestellt.

Darüber hinaus wird mit einer Reihe von Maßnahmen im Zusammenhang mit der Wohnungsbauförderung versucht, Probleme eines nahezu vollständig aus gefördertem Wohnungsbau bestehenden Stadtteils von Anfang an zu vermeiden. Die wichtigsten der hierbei gegangenen Wege sind:
• Anhebung der Einkommensgrenzen;
• Verzicht auf die Ausübung der städtischen Belegungsrechte bei der Erstbelegung;
• Austausch von Belegungsrechten.

Eine erste Auswertung der Bewohnerstruktur hat ergeben, daß diese Maßnahmen erfolgreich waren: die Zusammensetzung der Mieter und ihre sozialen Verhältnisse entsprechen weitgehend dem Durchschnitt der Stadt.

Matthias Fabich, Hans-Heiner Schlesier

Der Seelhorster Garten
1.000 Wohnungen auf der Grundlage eines
städtebaulichen Vertrages

Entwicklungsschub durch die neue Expo-Linie der Stadtbahn

Anfang der 90er Jahre war der Wohnungsmarkt in Hannover wie in allen anderen deutschen Großstädten durch eine das Wohnungsangebot dramatisch übersteigende Nachfrage gekennzeichnet. Überlagert wurde dieses Problem durch Ängste, die an Hannover vergebene Weltausstellung Expo 2000 könnte durch zusätzliche Nachfrage die angespannte Wohnungssituation vollends außer Kontrolle geraten lassen. Die Stadt reagierte auf die Befürchtungen mit der forcierten Ausweisung von Wohnbauland.

Neben dem Kronsberg wurden größere Wohngebiete u.a. auf dem sog. Spargelacker, am Möhringsberg, in Davenstedt-West, im Steinbruchsfeld und in der Schwarzen Heide geplant und realisiert. Zugleich mußte über die Ausgestaltung des ÖPNV-Systems entschieden werden, das einen wesentlichen Teil des Expoverkehrs zum Messegelände bewältigen soll. Schnell war klar, daß der Bau einer schon länger diskutierten, neuen Stadtbahnlinie aus der City in den Südosten Hannovers unverzichtbar war. Als Trasse wurde eine ebenerdige Führung in Seitenlage zu der bis dahin im System der radialen Ausfallstraßen eher bedeutungslosen Bemeroder Straße festgelegt.

Nur einen reichlichen Kilometer vom Stadtzentrum entfernt erstreckten sich beiderseits der Trasse überwiegend Außenbereichsflächen. Vorherrschend waren Dauerkleingärten, Waldflächen sowie ausgedehnte Obstplantagen und fragmentarische Bebauung mit einzelnen Villen der Jahrhundertwende neben Wohnlauben der Nachkriegsjahre. Dazwischen waren einzelne markante Bürobaukörper, u. a. für Hochschulnutzungen, entstanden.

Die Nähe zur City, günstig gelegene Naherholungsmöglichkeiten und die absehbare, leistungsfähige Nahverkehrserschließung rückten das Gelände beiderseits der Bemeroder Straße sofort in das Blickfeld städtebaulicher Planung, die sich aufgrund erheblicher Überhänge im Büroflächenmarkt auf den für andere Nutzungen geeigneten Teilbereich zwischen der Seelhorst und den Bebauungsrändern von Bemerode und Kirchrode fokussierte. Eine erste Studie machte die erheblichen Potentiale der Flächen – primär für den Wohnungsbau –, die im Sinne einer nachhaltigen Stadtentwicklung erschlossen werden könnten, deutlich.

Ein besonderes Problem in der Zeit der ersten städtebaulichen Planung für dieses Teilgebiet bestand zunächst darin, daß ein sehr großer Teil (27 Hektar) der potentiellen Bauflächen der hannoverschen Keksfabrikantendynastie Bahlsen gehörte, die den Entwicklungsabsichten zunächst skeptisch gegenüber stand und eine Weiternutzung als Privatpark mit Obstbaumplantage favorisierte. Die Gespräche gestalteten sich zäh, so daß in der Öffentlichkeit befürchtet wurde, daß sich die neue Stadtbahnlinie als ‚Hasenbahn' und damit als Fehlinvestition erweisen würde. Durch das neu in das Baurecht eingeführte Instrument der städtebaulichen Entwicklungsmaßnahme ergab sich der entscheidende Ansatz, um die Planung für das etwa 1.000 Wohnungen große Wohngebiet schließlich doch konsensual in Angriff nehmen zu können. Die Stadt verdeutlichte ihrerseits das dringende öffentliche Entwicklungsinteresse durch den Beschluß zur Einleitung einer Entwicklungsmaßnahme. Angesichts des durchsetzbaren Erwerbs der Flächen im Entwicklungsbereich zum entwicklungsunbeeinflußten Preis durch die Stadt – notfalls per Enteignung – entschied sich der Eigentümer zum offensiven Einstieg in die Planungen.

Wohnen im Grünen – neue Ansätze zu einem alten Thema

Die Entscheidung zur städtebaulichen Entwicklung seitens des Eigentümers ging einher mit der Beauftragung des namhaften Architekturbüros Bertram, Bünemann + Partner, Landschaftsarchitekten und Anwälten, die zunächst im Dialog mit dem Stadtplanungsamt ein tragfähiges städtebauliches Konzept auf Basis einer detaillierten Grünbestandsermittlung erarbeiteten, dann gemeinsam mit den Fachämtern der Stadtverwaltung die Planung vertieften und zeitgleich einen städtebaulichen Vertrag zur Abwendung der städtebaulichen Entwicklungsmaßnahme aushandelten.

Dem Minimierungsgebot des Bundesnaturschutzgesetzes folgend, wurden zuerst in einem Grünordnungsplan die prägenden Grünbestände ermittelt. Wichtige Baumgruppen und Hecken dienten als Ausgangspunkt der baulich-räumlichen Strukturfindung. Durch sensibles Einfügen der Bauflächen zwischen das schützenswerte Großgrün sollte von Anfang an ein angenehmes Wohnumfeld gesichert werden.

Die prägnanten räumlichen Kanten entlang der Bemeroder Straße und des Döhrbruchs werden zukünftig durch viergeschossige Zeilen gebildet, die daneben auch lärmschützend wirken. Eine neue Allee wird die gebietstypischen großzügigen Grünflächen mit dem Siedlungszentrum an der neuen Stadtbahnstation verbinden. Um den gartenstadtnahen Charakter zu stärken, soll eine offene Bebauung ermöglichen, die privaten Grünflächen in den Höfen mit dem umgebenden Grünbereich der Seelhorst bzw. des Friedhofes Kirchrode auf Basis eines integrierten, öffentliche und private Freiräume betreffenden Freiraumkonzeptes, zu vernetzen. Diesem Ziel dient auch das Fernhalten des ruhenden Verkehrs durch den vertraglich gesicherten Nachweis der notwendigen Stellplätze ausschließlich in Tiefgaragen oder kleinvolumigen Nachbarschaftsparkhäusern.

Zur infrastrukturellen Ausstattung des Quartiers ist der Standort für eine Kindertagesstätte reserviert, die durch den privaten Entwicklungsträger frühzeitig zu errichten ist. Darüber hinaus sichern Mischgebietsausweisungen entlang der

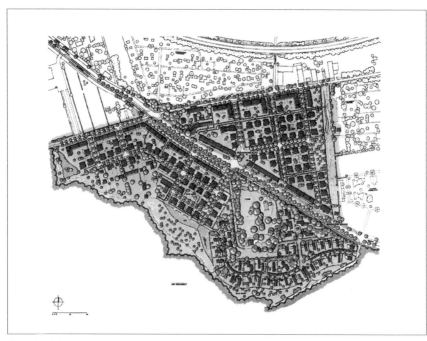

Städtebauliches Konzept Bertram, Bünemann + Partner und Landeshauptstadt Hannover.

Bemeroder Straße Ansiedlungsmöglichkeiten für Läden, Restaurants, aber auch für nicht störendes Gewerbe in Praxen, Büros oder Kanzleien.

Entlang des Waldrandes zur Seelhorst und zum Friedhof Kirchrode werden auf ursprünglichem Privatgrund öffentliche Grün- und Spielflächen hergerichtet, die den Zugang zum Wald erheblich verbessern, der bisher durch private Flächen abgeschnitten war. Unter diesen Rahmenbedingungen werden in diesem Bereich der Bemeroder Straße 1.000 hochwertige Eigentumswohnungen, vorwiegend in dreigeschossigen Stadtvillen, aber auch in Einfamilienhäusern, entstehen. Insofern stellt der Seelhorster Garten ein städtebaulich und architektonisch anspruchsvolles Entree für Bemerode und den Bereich Kronsberg/Expo/Messe dar.

Vertragliche Grundlagen des Projektes

Die entscheidende Grundlage für die erfolgreiche Entwicklung dieses Projektes innerhalb von nur drei Jahren zwischen ersten Vorüberlegungen bis zum Baubeginn lag in der Parallelentwicklung eines städtebaulichen Konzeptes gemeinsam durch Stadtplanungsamt und privat beauftragten Architekten und daneben eines städtebaulichen Vertrages zwecks Abwendung der städtebaulichen Entwicklungsmaßnahme. Das Vorziehen der Verwaltungsabstimmung von der abstrakten Bebauungsplanebene auf die Ebene des sehr viel konkreteren städtebaulichen Konzeptes und die Rückkoppelung in die intensiven Verhandlungen des städtebaulichen Vertrages schuf sehr früh ein Höchstmaß an inhaltlicher Sicherheit. Der dann nacheilende Bebauungsplan, der parallel zum Vertrag in das politische Beschlußfassungsverfahren gegeben wurde, setzte das gemeinsame Ziel in Baurechte um.

Durch den städtebaulichen Vertrag wird das Erreichen des Zieles, also die tatsächliche Realisierung des Gesamtprojektes bis zum Jahr 2010, gesichert. Dabei liegt die komplette Entwicklung, Erschließung sowie Erstellung der öffentlichen Infrastruktur (Kindertagesstätte, Grünflächen, Spielplätze) sowie Sicherung der Grundschulversorgung durch eine Infrastrukturabgabe ausschließlich in privater Hand. Alle öffentlichen Flächen sind dabei herzurichten und unentgeltlich auf die Stadt zu übertragen. Die Qualitätsstandards der zu erbringenden Leistungen sind im Vertrag mit seinen Anlagen (ökologisches Kompendium, Erschließungsvertrag, Gestaltungsrahmen) abschließend beschrieben. Sie beschränken sich nicht nur auf die später öffentlichen Teile, sondern ziehen private Bestandteile, also Gebäude und Freiflächen, entsprechend dem ganzheitlichen Planungsansatz ein. Als zusätzliches qualitätssicherndes Element wude das Engagement eines privat finanzierten Quartiersarchitekten vereinbart; diese Rolle wird durch das Büro Bertram, Bünemann + Partner ausgefüllt.

Die Einhaltung des Vertragswerkes wird selbstverständlich durch entsprechende Bürgschaften, aber auch durch die Vereinbarung eines kommunalen Ankaufsrechtes zum entwicklungsunbeeinflußten Bodenwert für bis zum fixierten Reali-

Luftbild Mai 1999.

sierungsstichtag unbebaute Grundstücke gesichert. Dieses gemeinsam durch die Familie Bahlsen und die Stadt Hannover geformte Projekt zeigt durch die vereinbarten Regeln, daß private Interessen und Qualitätsansprüche in einem Public-Private-Partnership-Projekt keinen Widerspruch darstellen.

Stand der Realisierung

Nach den Jahren des Planens und Verhandelns über den städtebaulichen Vertrag wurde 1998 mit ersten Baumaßnahmen zur Erschließung begonnen. Zur Regenwasserversickerung wurde ein Grabensystem von knapp 700 Meter Länge in der Seelhorst angelegt. In diesem Jahr werden die ersten Stadtvillen am Waldrand, eine Anzahl anspruchsvoller Einfamilienhäuser und ein großes Bürogebäude fertiggestellt. Weitere Bauabschnitte werden vorbereitet und befinden sich in der erfolgversprechenden Vermarktung. Zeitgleich werden der Waldteich und die öffentlichen Grünflächen am Waldrand sowie ein Regenwasserrückhaltebecken fertiggestellt. Auf diese Weise werden die ersten Einwohner ein gestaltetes Umfeld vorfinden und zukünftig kaum noch durch die fortschreitende Bautätigkeit gestört.

Für die Allgemeinheit wird sich mit dem Absolvieren der ersten Baumaßnahmen die Naherholungsfunktion des Seelhorst-Waldes durch die leichtere Erreichbarkeit verbessern. Auf dem Weg regelmäßiger gemeinsamer Koordinierungsgespräche werden die öffentlichen und privaten Interessen an einer zügigen und qualitätvollen Entwicklung des Quartiers aufeinander abgestimmt und so der Vertrag mit Leben erfüllt.

Veit Brauch

Wohnungsbau am Möhringsberg in Hannovers Nordstadt – ein Beispiel für das Umnutzen aufgelassener Bahnflächen

Sanierungsschwerpunkte in der Nordstadt

Der Wohnungsbau, über den hier zu berichten ist, entstand auf ehemaligen Eisenbahnflächen, dem ‚Producten-Bahnhof‘ wie er um 1900 genannt wurde oder dem Güterbahnhof, wie er zuletzt hieß. Die Geschichte der Nordstadt ist eng verbunden mit der Geschichte der Eisenbahn. Nach dem Bau der Eisenbahn Hannover-Bremen 1847 siedeln sich Gewerbebetriebe an, die entweder direkten Schienenanschluß erhalten oder die Nähe des Producten-Bahnhofs nutzten.

Dabei entsteht die typische Struktur der Nordstadt, die zu den sanierungswürdigen Zu- und Mißständen führte. In vielen Blocks liegen Wohnen und Gewerbe in dichtester Nachbarschaft und bürgerliche, gut ausgestattete (Vorder)-Häuser neben bzw. vor Substandard-Hinterhäusern in hoher Dichte. Daraus definieren sich die beiden Hauptaufgabenfelder der Sanierung: das Recycling aufgelassener Gewerbeflächen und die Verbesserung der Wohnverhältnisse im Bestand.

Auch hier, wie im Sanierungsgebiet Hannover-Linden, das Phänomen: die meist in bürgerlichen Wohnungen Sitzenden verteidigen den Erhalt der ‚preiswerten‘ Arbeiterwohnungen (meist in Hinterhäusern), in denen heute wie damals Leute wohnen, die keine Chance haben, ins bürgerliche ‚Vorderhaus‘ zu ziehen, wenn die Sanierung es nicht möglich macht. So verhindern sie mit besten Absichten letztlich Verbesserungen der Wohnverhältnisse der weniger Priviligierten und verfestigen städtebauliche Mißstände. So entstehen in der Nordstadt qualitätvolle neue Wohnbereiche für Leute mit geringem Einkommen neben Bereichen, in denen die Substandards konserviert werden.

Die um diese Thematik kreisende politische Diskussion ist bis heute von Dogmatismus geprägt und hat dazu geführt, daß die Bemühungen der Sanierung, den Bestand in den Blocks auch unter Inkaufnahme des einen oder anderen Abrisses, behutsam zukunftssicher und bewohnerfreundlich zu gestalten, nicht nur aus finanziellen Gründen praktisch eingestellt sind.

Vom Güterbahnhof zum Wohngebiet

Das zweite Aufgabenfeld, die Bewältigung des Strukturwandels im gewerblichen Bereich, das Flächenrecycling zugunsten von Infrastruktur und Wohnungsneubau war und ist für die Nordstadt prägend. Auch der Bereich Gewerbefächen-Recycling eignet sich trefflich als politischer Sprengstoff und hat in der Nordstadt zu extre-

Panorama von Westen.

men Erscheinungen von Bürgerbeteiligung geführt. Neben sachlichen und konstruktiven Diskussionen, wie beim ‚Woll-und-Watte'-Block zwischen Kniestraße und Strangriede, gab und gibt es bekanntlich die Gewerbebrache Sprengel (fast das Waterloo der Nordstadt-Sanierung, wo sich die Nordstädter ein für sie gekauftes – und mit dem Kauf durch die Stadt der Spekulation entzogenes – Grundstück erst per Besetzung wegnehmen, und dann zurückerobern ließen).

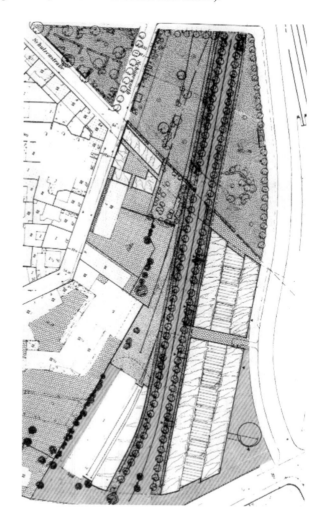

Grünordnungsplan.

Landesgruppe Niedersachsen - Bremen

Städtebauliches Konzept.

Mit dem Verschwinden der Gewerbebetriebe aus der an die Eisenbahn geknüpften Gründerzeit wie Hävemeier und Sander, Bäte-Spedition, Bode-Panzer, Pruss, Appel, u.a. verschwindet folgerichtig auch der Bedarf an einem Güterbahnhof.

Ende der 80er Jahre wird das Gelände der Bundesbahn mit Sanierungsmitteln zum ‚sanierungsunbeeinflußten' Wert abgekauft; d. h., daß jegliche ‚Spekulation' auf zukünftig höhere Werte des Grundstücks unterblieben. Das führt letzten Endes dazu, daß aus dem abgeschöpften Planungswert der Grundstücke die ganze Entwicklung soweit die Kosten von der Gemeinde zu tragen wären, finanziert werden kann. Der Kauf erschien sinnvoll, um eine Entlastungsstraße für ein Stadtteilzentrum am Engelbosteler Damm zu bauen und um Flächen für eine Funktionsstärkung der Nordstadt zu gewinnen.

In der Regel sind nicht alle Ansprüche an die Verwendung solcher Flächen zu befriedigen, so auch hier: Die einen möchten einen Park für die Bewohner, die anderen möchten ganz viele neue Wohnungen für neue Kunden ihrer Geschäfte, dritte bevorzugen Kerngebietsflächen oder großflächigen Einzelhandel. Die öffentliche Diskussion der Entwicklung des Güterbahnhofs war allerdings insgesamt eher von Desinteresse geprägt.

Nachdem die grundsätzlichen Nutzungsentscheidungen zugunsten von Freiflächen und Wohnungsbau getroffen waren, war es Ziel der Sanierungsplaner, einen Teil der Vergangenheit in die Zukunft hinüber zu retten und die Struktur des neuen aus der des alten zu entwickeln. Das Büro der Landschaftsplaner Prof. Latz und Partner erhielt den Auftrag, ein Grün-Spurensicherungs- und letztlich auch Bauflächenkonzept in Form eines Grünordnungsplanes zu entwickeln. Die wesentlichen Merkmale des Planes sind:

- Erhalt der Ladestraße, ergänzt um eine Allee,
- große Grünflächen,
- Erhalt von Schienensträngen, Schotterflächen und Mauerresten,
- Erhalt markanter Vegetation.

Dieser Grünordnungsplan wurde zur Grundlage für stadtplanerische Gutachten von vier Büros, die Vorschläge für die Struktur des Wohnungsbaus innerhalb der vom Grünordnungsplan vorgegebenen Flächen zu entwickeln hatten. (Allerdings: eine leichte Verschiebung der Flächenpotentiale zugunsten der Wohnbauflächen wird eingeräumt).

Zwei der Büros (Raumplan 3: Kellner-Schleich-Wunderling und das Büro Muth) werden zur weiteren Be- und Überarbeitung ausgewählt, zum einen wegen der überzeugendsten städtebaulichen Struktur und zum anderen wegen der Qualität der Wohnentwürfe. In der Überarbeitung werden die ‚Schlange‘ am Weidendamm und die inzwischen acht Einzelhäuser freigestellt und auf eine Bebauung jenseits der Ladestraße verzichtet. Der weiteren Diskussion mit den Bauträgern fiel – wegen der Abstände – ein weiteres Einzelhaus zum Opfer und in der Diskussion in der Öffentlichkeit wurde ein Wohnhaus durch ein ‚Bürgerhaus‘ ersetzt, das den Mietern als Treff- und Feierhaus zur Verfügung steht.

Traditionelle Bautypen in einer parkähnlichen Landschaft
Gestalterisches Konzept

Die Architekten (Raumplan 3) beschreiben ihr Werk so: *„Unter der Vorgabe, eine innerstädtische Industriebrache für Wohn- und Erholungszwecke zurückzugewinnen, entstand das Projekt ‚Weidendamm‘ in Hannover. In der verkehrsgünstigen Lage für Fußgänger, Radfahrer und ÖPNV-Benutzer besteht hier die seltene Chance, nachhaltige Impulse für die Entwicklung des Stadtquartiers Nordstadt auszulösen. Die in eine parkähnliche Landschaft eingebundenen Haustypen charakterisieren den traditionellen Bautypus der Nordstädter Villa, der Zeile und des Blockrandes. Die Materialisierung der Häuser interpretiert die umgebende Baustruktur, die sechs Stadtvillen mit ihren leicht anmutenden, mit hellem Putz versehenen Fassaden, erhalten allseitig großzügige Loggien, die einen schönen Ausblick in das vielfältig umgebende Grün bieten. Wie eine Schlange schlängelt sich dagegen der Blockrand parallel zum vielbefahrenen Weidendamm. In der Absicht, an die vergessene Industriekultur des Stadtteiles zu erinnern, wurden die Fassaden in wertigem, ehemals üblichem blau-roten Klinker verblendet“.*

Die Suche nach Bauherren/Bauträgern war eng verbunden mit der Frage: „Für wen werden die Wohnungen gebaut?“ Es sei daran erinnert, daß zu Beginn des Verfahrens Anfang der 70er Jahre der Druck auf den Wohnungsmarkt extrem war. Obwohl bisher uneingeschränkt der Grundsatz galt, daß Wohnungbau in Sanierungsgebieten immer sozialer Wohnungsbau zu sein hat, war Ziel der städtischen Sanierungsplanung, es angesichts der großen Zahl von Neubauwohnungen östlich des Engelbosteler Dammes (etwa 350 Wohnungen) eine einseitige Belegungs-

struktur zu vermeiden und geförderte mit frei finanzierten Mietwohnungen oder Eigentumswohnungen zu mischen.

Private Investoren waren dafür nicht ansatzweise zu gewinnen; es hieß, neben geförderten Wohnungen lassen sich keine Eigentumswohnungen vermarkten. Die ‚öffentlichen‘ Töchter von Stadt und Land hingegen, die GBH und die Nileg versprachen diese gewünschte Mischung und waren deshalb frühzeitig unsere Partner für die Umsetzung.

Dieses Versprechen haben die Träger dann doch nicht einlösen wollen oder können und ausschließlich geförderten Mietwohungsbau gebaut. Die Belegungsstruktur ist glücklicherweise differenziert: nur 25 Wohnungen sind über das Wohnungsamt belegt, 75 Wohnungen wurden an Mieter gegeben, die unter die erweiterte Wohnberechtigung fallen und die restlichen 100 wurden ‚mittelbar‘ belegt (d. h. die Wohnungsgesellschaft räumt an anderer Stelle Belegrechte ein und belegt frei) oder die Erstbelegung wurde freigestellt. Zusätzlich wurde versucht, statt der zufälligen Belegung über die Bildung von Hausgemeinschaften sozial stabile Verhältnisse zu begründen.

Detlef Kniemeyer

Bremer Tradition und das Kraftwerk auf dem Reihenhausdach – zwei neue Bremer Stadtquartiere

Wohngebiet Arsten Süd-West

Im Süden von Bremen entsteht zur Zeit mit etwa 1.300 Wohnungen eines der größten zusammenhängenden Neubauquartiere der Stadt. Dominierender Gebäudetyp ist das Reihenhaus, hinzu kommen einige kleinere Geschoßbauten. Begonnen wurde mit der Realisierung im Jahre 1995, seitdem wächst das Gebiet kontinuierlich. Der erste Bauabschnitt mit etwa 500 Wohnungen ist kurz vor dem Abschluß, ein zweiter und dritter Bauabschnitt werden unmittelbar anschließen. Das Gesamtkonzept des Gebietes ist aus dem traditionellen Städtebau der Bremer Quartiere abgeleitet, die um die Jahrhundertwende großflächig entstanden sind und das Bremer Stadtbild auch heute noch maßgeblich prägen.

Typisch ist ein engmaschiges orthogonales Straßennetz mit geschlossener Straßenrandbebauung und Einzelhausstruktur (Bremer Haus) sowie eine Nutzungsmischung aus Wohnungen, Läden, Gastronomie und Gewerbe. Insgesamt zeichnen sich diese Gebiete durch ein hohes Maß an Urbanität aus. In Anbetracht dieser überwiegend ‚als gelungen' anzusehenden historischen Vorbilder, wurde versucht, unter den heutigen geänderten rechtlichen und faktischen Rahmenbedingungen konzeptionell dort anzuknüpfen.

Wesentliche Aspekte des städtebaulichen Entwurfs waren die Schaffung überschaubarer Quartiere, klar definierte Straßenräume, Nutzungsmischung und das

Bremer Altbauquartier-Neustadt.

Vermeiden von Großparkanlagen. Da das Gebiet mit 30 Hektar relativ weiträumig ist, sind kleinere Quartiere von überschaubarer Größe gebildet worden (50 – 80 Wohneinheiten), die den Bewohnern die Identifikation mit ihrem direkten Umfeld erleichtern. Der Straßenführung liegt ein gitternetzartiges orthogonales Grundmuster zugrunde, das eine Blockstruktur erzeugt. Die Baukörper stehen entlang der Straße, so daß es jeweils eine ‚öffentliche' Seite sowie einen ‚privaten' Innenbereich gibt.

Der Straßenraum ist ‚klassisch' aufgeteilt. Eine schmale Fahrbahn wird von Parkstreifen begrenzt, in denen in regelmäßigen Abständen Bäume stehen; beidseitige Gehwege schließen an. Vor den Hauseingängen liegen jeweils kleine Vorgärten von 2 – 3 Meter Tiefe, die sich durch eine Hecke deutlich zum Straßenraum abgrenzen. Von einem internen Erschließungsring zweigen in gleichmäßigem Rhythmus kleinere Wohnstraßen von jeweils etwa 150 Meter Länge ab.

Das gitternetzartige Erschließungssystem führt zu einer geringeren Verkehrsbelastung der einzelnen Streckenabschnitte, die überwiegend nur durch die jeweiligen Anwohner befahren werden. An den Einmündungen der Straßen gibt es Aufpflasterungen oder Einengungen, so daß ein deutliches Signal zum langsam Fahren gegeben wird. Insgesamt sind die Straßenräume so konzipiert, daß sie zum Aufenthalt und zum Spielen geeignet sind.

Größere Stellplatzanlagen wurden nach Möglichkeit vermieden, um den auf Geschlossenheit ausgerichteten Bebauungszusammenhang nicht zu unterbrechen. Geparkt werden soll überwiegend auf öffentlichen Stellplätzen in der Straße. Die durchgängigen Parkstreifen ermöglichen bei Reihenhausbebauung im Grundsatz das Fahrzeug vor ‚eigenen Haustür'.

Wohngebiet Arsten Süd-West.

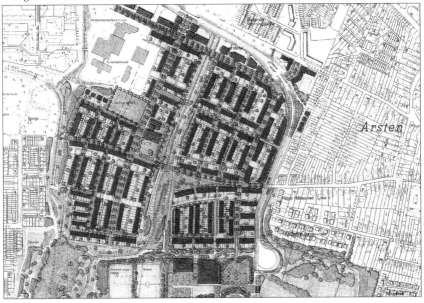

Der Verzicht auf einen Teil der Pflichteinstellplätze auf den Baugrundstücken wird rechtlich durch eine entsprechende Festsetzung im Bebauungsplan abgesichert. Wesentliche ‚Grundfunktionen' werden möglichst eng miteinander ‚verflochten', d. h. Reihenhausstrukturen sind ‚durchmischt' mit Alten- und Kleinstwohnungen in Geschoßbauten, um für unterschiedliche Alters- und Sozialgruppen Angebote zu erreichen. Desweiteren entsteht am Rande des Baugebietes entlang der Straßenbahntrasse ein größeres Gewerbeband; hinzu kommt ein Quartiersplatz mit kleineren Läden und ggf. Restaurant, Cafe. In unmittelbarer Nachbarschaft zum Baugebiet wurde ein ausgedehnter Naherholungsbereich entwickelt mit einem größeren See, Sportanlagen sowie einer etwa zehn Hektar großen ökologischen Ausgleichsfläche, die z. T. für Erholungszwecke (Wege, Lichtungen) ‚geöffnet' ist. Belebend wird auch die Konzentration von Schule, Kindertagesstätte, Spielplatz und Parkanlage in der Gebietsmitte wirken. Insgesamt sind damit gute Voraussetzungen für die Entwicklung von Urbanität geschaffen worden.

Kraftwerk auf dem Reihenhausdach
Wohnbebauung ‚Auf dem Kruge'

Die Wohnsiedlung ‚Auf dem Kruge' liegt im Bremer Westen, in der Nachbarschaft zu einer Reihenhausbebauung aus den 20er Jahren. 1991 wurde die Durchführung eines städtebaulichen Ideenwettbewerbes ausgelobt und durchgeführt. Den ersten Preis erhielten die Architekten Schomers, Schürmann und Stridde. Die Sprache des Entwurfes ist angelehnt an den in dem benachbarten Humannviertel vorhandenen sachlichen Baustil der 20er Jahre. Aus dem Erläuterungsbericht des Wettbewerbsentwurfes:

‚Mit einfachen Mitteln wollen wir eine stadträumlich prägnante Form entwickeln, damit ein unverwechselbarer Ort entstehen kann. In den Mittelpunkt stellen wir einen gemeinschaftlich nutzbaren See, gespeist aus Grundwasser und gesammeltem Regenwasser. Die Wasseroberfläche folgt mit geringem Gefälle als Staustufe der vorhandenen Fleetrichtung nach Norden. Die Gegebenheiten des Grundstückes sind zugleich auch eine Gelegenheit. So ist der naturräumlich durch die hohen Bäume außerordentlich wirksame ‚Erlenknick' eine städtebauliche Raumbegrenzung, die wir aufnehmen. Die Reihenhauszeilen und der gekrümmte Baukörper des Geschoßwohnungsbaus werden parallel dazu angeordnet, so entsteht durch die Ausrichtung eine hervorragende Verbindung aus Lärmschutz und Besonnung. Die geradlinigen Zeilen stehen als formales Ordnungselement gegen die starke Begrünung und die Form des Sees.'

Der Baubeginn fand im Juli 1995 statt. Wohnblock und Reihenhäuser wurden mit unterschiedlichen Startterminen parallel erstellt. Die Fertigstellung der Reihenhäuser erfolgte in vier Bauabschnitten. Nach Fertigstellung von je zwei Zeilen schalteten die Stadtwerke die zur Verfügung stehenden Kraftwerksabschnitte frei. Im Mai 1997 konnte das Kraftwerk erstmals voll in Betrieb genommen werden.

Luftbild der Wohnbebauung „Auf dem Kruge".

Energiekonzept

Im Zusammenhang mit der Siedlung ‚Auf dem Kruge' (80 Reihenhäuser, Geschoßwohnungsbau mit 72 Wohnungen) entstand das Konzept für den Bau eines 200 KW-Photovoltaik – Kraftwerks, dessen Module auf den Dächern der Reihenhäuser installiert wurden. Strom aus Solarzellen war natürlich auch in der Konzeptphase 1993 in Deutschland nicht mehr neu, aber eine integrierte Photovoltaik – Anlage dieser Größenordnung im Eigentum eines Stromversorgers auf den Dächern von Privathäusern ist in Deutschland eine neue Idee. Weil das so ist, hat sich die Europäische Union im Rahmen des Thermie-Programms in erheblichem Umfang an den Mehrkosten des Projektes beteiligt.

Über die Installation der Photovoltaik-Anlage hinaus wurde ein Stromsparprogramm für alle Haushalte der Siedlung durchgeführt. Alle 152 Wohnungen erhielten im Küchenbereich Energiespargeräte. Dazu wurden die Wärmedämmstandards für die Reihenhäuser über die Anforderungen der 1995 in der Bundesrepublik geltende Wärmeschutzverordnung erhöht mit dem Ziel, für den Heizenergieeinsatz einen Wert von 75 kWh/m²/a zu erreichen. Die gesamte Siedlung wurde an das sich in der Erweiterung befindliche Fernwärmenetz der Stadtwerke angeschlossen.

Egon Pantel, Angelika Steinbach

Gewerbepark Achim-Uesen
Teil der integrativen Stadtentwicklung in Achim

Der Gewerbepark Achim-Uesen ist Teil eines umfassenden Entwicklungskonzeptes, um den engeren Achimer Stadtkörper durch eine kleinräumige Mischung von relativ verdichteten Wohn- und Arbeitsgebieten nach Norden abzurunden. Damit soll eine ausufernde, die Landschaft zersiedelnde Bebauung in Zukunft weitmöglichst vermieden werden. Bei dieser Entwicklung steht die Idee einer „kompakten Stadt", einer „Stadt der kurzen Wege" als Leitbild im Vordergrund. Neben der Zielsetzung einer praktikablen Funktionsmischung wird Wert auf eine qualitätvolle städtebauliche Gestaltung, eine ökologisch wertvolle und von den Bewohnern bzw. dort Arbeitenden benutzbare Grünflächenbereitstellung sowie die Nähe zu Linien- bzw. Haltepunkten des ÖPNV verfolgt.

Die Gesamtentwicklung verstärkt die insbesonders auch regionalplanerisch geförderte Verstärkung der Entwicklungsachse, die sich von Bremen ostwärts über Achim nach Verden erstreckt. Der Gewerbepark Achim-Uesen, der als ein in Wohnbereiche eingefügter ‚Arbeitsstadtteil' verstanden wird, nimmt mit etwa 60 Hektar etwa die Hälfte des gesamten in Planung und Bau befindlichen Gebietes

Arrondierung des Stadtkörpers.

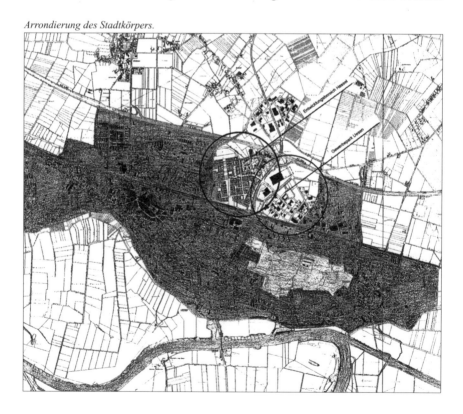

ein. Die entstandenen etwa 40 Hektar Nettobauflächen sind heute bereits zu zwei Dritteln erschlossen und mit Betrieben besiedelt. Endgültig werden in dem Gesamtareal nach Fertigstellung etwa 2000 zum Teil hochwertige Arbeitsplätze entstehen. Daraus errechnet sich eine Arbeitsplatzdichte von etwa 50 Arbeitsplätzen pro Hektar, welches im Vergleich einen akzeptablen Wert darstellt. In dem Gebiet werden Flächen für einen Güterbahnverkehrsanschluß vorgehalten.

Durch die Entwicklung eines weiteren, westlich angrenzenden Wohn- und Gewerbegebietes der Gartenstadt Hassel, wird der Gewerbepark vollständig in den Stadtkörper räumlich und funktional eingebunden sein. Schon heute sind Versorgungs-, Freizeit- und Sportnutzungen integriert wie Tennisanlage, Squah, und Badmintoncenter und ein Restaurant.

Die Gesamtkonzeption erhielt 1998 eine Landesauszeichnung als nachhaltiges Siedlungsvorhaben.

Räumliche und funktionale Konzeptideen

Entwickelt wurde vorab ein ‚Gestaltungskonzept‘, welches als Broschüre zusammengestellt, die Grundlage für die Ansiedlungsverhandlungen mit interessierten Firmen bildet. Die Leitideen sind:

- Herausbildung eines besonderen ‚Standortimages‘ als attraktiver Gewerbestandort – Unterstützung von privaten gewerblichen Qualitäts- und Präsentationsabsichten durch eine qualitätvolle städtebauliche Gestaltung.
- Ergänzung von öffentlichen und privaten Grünflächen im Rahmen eines gesamtheitlichen, ‚stadtlandschaftlichen‘ Konzeptes.
- Das Gesamtquartier dient auch der Naherholung bzw. der Pausengestaltung der dort Arbeitenden; - attraktive Rundwege verlaufen u. a. längs der neu eingerichteten Regenwässerungsanlagen und Gehölzstreifen.
- Städtebauliche Raumbildungen an Straßen und Platzräumen durch einfache aber wirksame Gestaltungsregeln, wie obligatorisch zweigeschossige Bebauung entlang einer ‚Bauflucht‘ an teilweise als Alleen ausgebildeten Straßen.
- Katalog von ‚harten‘ (Bebauungsplan) und ‚weichen‘ (über Grundstücksverkauf vereinbarter) Regeln für die anzusiedelnden Firmen. Diese nehmen durchaus auf ökonomische, betriebliche Notwendigkeiten Rücksicht und werden in einer intensiven Beratung im engen Verbund von Wirtschaftsförderung und Stadtplanung vertreten. Konkrete, vor Grundstücksvergabe zu erarbeitende Baukonzepte (Vorentwurfqualität) werden zum Vertragsbestandteil beim Grundstücksverkauf.
- Eine räumliche abgestufte Gliederung des Gesamtreals nach unterschiedlichen Emissionsschutzanforderungen dient zugleich dem Schutz des benachbarten Wohngebietes und erbringt automatisch eine Sortierung ähnlich gelagerter Betriebe (gewerblicher Nachbarschutz).
- Eine Haupterschließungsstraße, die als Doppelallee ausgebildet ist, durchquert in einem die städtebauliche Raumbildung hervorhebenden Doppelschwung das Gebiet in Ost-West-Richtung und bindet über zwei Kreisverkehrsknoten (Verkehrsberuhigung) eine nördliche und eine südliche Ringstraße an.

Gestaltungskonzept, Planungsbüro GME und Stadt Achim.

- Ziel ist die umweltverträgliche Gestaltung aller Eingriffe in die Natur, z. B.
  durch Einbeziehung des vorhandenen Bewuchses, Neuanlage von Bachläufen
  und Feuchtbiotopen, Minimierung der Versiegelungsflächen bei privaten
  Verkehrsflächen (Parkplätze) und eine obligatorische Regenwasserrückhaltung/
  Versickerung auf den Grundstücken bzw. den öffentlichen Grünbereichen; der
  Nachweis des Ausgleichs gelingt nahezu vollständig durch diese integrierten
  Maßnahmen.

Vorläufiges Resümee

Nach nunmehr etwa acht Jahren seit Realisierungsbeginn und dem Durchlaufen
unterschiedlicher konjunktureller Nachfragesituationen ergeben sich für dieses
Projekt einige Erfahrungswerte, die den ursprünglichen Ansatz bestätigen oder
Skepsis begründen.

Hervorzuheben ist die Wirksamkeit der außerordentlichen Lagegunst des Ge-
werbestandortes, in direktem Anschluß an eine Bundesautobahn und in der Nähe
des für Gewerbeansiedlungen besonders attraktiven und prominenten Bremer

Autobahnkreuzes. Zu dem besonderen Ansiedlungserfolg, der besonderen städtebaulichen Erscheinung durch in der Regel überdurchschnittliche Architekturqualität hat zweifellos dieser Umstand, gepaart mit einem konjunkturellen Schub Anfang bis Mitte der 90er Jahre entscheidend beigetragen. Unsere städtebaulichen Vorgaben wären ohne diese Standortqualität mit großer Wahrscheinlichkeit nicht so durchgehend akzeptiert, ja teilweise begeistert aufgegriffen worden. Entscheidend ist es, den Nutzen einer öffentlichen Gestaltung als Nutzen für die private gewerbliche Entwicklung deutlich zu machen. Die Qualität der stadträumlichen Umgebung, die Qualität der Erscheinung der eigenen Firma und benachbarter Betriebe, die Wirkung des gesamten Areals muß als gewinnbringender Imagefaktor begreifbar und nutzbringend einsetzbar sein.

In dieser Beziehung hilfreich war ein ‚guter Start‘, da sich insbesondere eine der ersten anzusiedelnden Firmen, eine große Baufirma, zu einer besonderen Gestaltungsqualität verpflichtet fühlte und dafür sogar einen internen Architekturwettbewerb durchführte. Dieses Ergebnis, im übrigen mit einem BDA-Preis belobigt, konnte als sichtbarer Maßstab für alle weiteren Betriebe herangezogen werden.

Diese Ansiedlungsgespräche erfordern vor allem eine richtige Ansprache, die auf die individuellen betrieblichen Belange eingeht, ohne aber die Beibehaltung der räumlichen Zielsetzungen und der erreichten Qualität aus dem Auge zu verlieren. Hierzu hat sich eine intensive, kontinuierliche und sehr kooperative Zusammenarbeit zwischen Planungs- und Wirtschaftsförderungsressort bewährt.

Bewährt hat sich auch die Möglichkeit, verschiedene ‚Lagequalitäten‘ anbieten zu können. Nicht jeder Betrieb ist in der Lage oder auch geeignet, an hervorgehobener Stelle zum Erscheinungsbild eines solchen Geländes beizutragen. Deshalb war es günstig, jeweils immer zumindest zwei unterschiedliche Grundstückslagen, an der Hauptallee oder in einer Parallelstraße, erschlossen zur Verfügung zu haben.

Erstaunlich ist, wie sehr die gebaute Realität dem vorab gezeichneten Konzeptplan ähnelt. Dies liegt zweifellos daran, daß die bereits angeführten Bebauungsregeln sehr einfach und vor allem einsehbar für die Betriebsführer sind. Sie sind auch genügend flexibel, um auf unterschiedliche betriebliche Erfordernisse einzugehen und beziehen vor allem auch betriebliche Entwicklungen an den Produktions- und Verwaltungsgebäuden ein. Die Erstellung der letztlich betriebsbildprägenden sogenannten ‚Kopfbauten‘ entlang einer vorgegebenen Fluchtlinie führt auf einfachste Weise zu einer städtebaulichen Geschlossenheit und Ensemblewirkung.

Entscheidend war wohl auch die städtische Begrünungsvorgabe, insbesondere die von vornherein gestaltprägende Anlage der gebietsdurchquerenden Doppelallee. Ungewöhnlich ist, daß sich die äußeren Reihen dieser Baumallee bereits auf privatem, verkauften Gelände befinden. Resultat ist, daß diese Bäume ehrfürchtig weiterhin als Bestandteil der öffentlichen Straßenanlage betrachtet werden und gleichzeitig eine ‚beruhigende‘ Vorgabe für die eigene Vorflächengestaltung darstellen. Natürlich gab es zwischenzeitlich Kritik wegen der dafür eingesetzten

Geplante Baustruktur.

kommunalen Finanzen. Diese und andere Kritik an Aufwendungen für die stadträumliche Gestaltung und landschaftliche Einbindung zeigen, wie dünn die Decke der Akzeptierung gestalterischer Maßnahmen auch nach einer erfolgreichen Durchführung eines solchen Konzeptes bleibt.

Es erscheint zweifelhaft, ob in der heutigen, von deutlich nachlaßender Nachfrage und im Gegenteil besonders sich steigernder gemeindlicher Ansiedlungskonkurrenz geprägten Situation, ein solches Konzept noch politisch durchsetzbar wäre. Zu groß wäre wohl auch die Angst, durch vermeintliche gängelnde Auflagen Betriebe abzuschrecken und in die offenen Arme der Nachbargemeinden zu treiben.

Die gemeindliche Konkurrenz von Ansiedlungen und Arbeitsplätzen führt natürlich auch zu Vorgaben für die Preisgestaltung der zu vergebenden Gewerbegrundstücke. Eine qualitätvolle Erschließung der Gewerbeareale ist einigermaßen kosten-

Realisierung, Stand Anfang 1999.

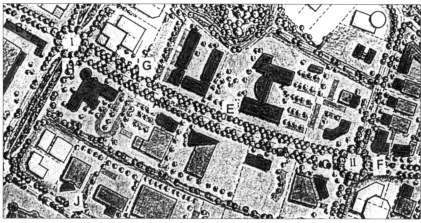

deckend dann kaum mehr möglich! Andererseits ist nach wie vor evident, daß die gewerblichen Standortentscheidungen in hohem Maße auch von der räumlichen Qualität der angebotenen Areale bestimmt werden.

Bezeichnenderweise gibt es aktuell die größte Unterstützung für die Weiterführung solcher städtebaulichen Konzeptionen von Gewerbebetrieben aus älteren Gewerbegebieten, bei denen das Fehlen einer vergleichbaren räumlichen Qualität und Erscheinung nunmehr als Mangel, ja geradezu als Vernachlässigung durch die Stadt, empfunden wird. Verbesserungen können aber dort zumeist nur auf den privaten Flächen vollzogen werden, da die öffentlichen Straßenräume in der Regel nur knapp funktional bemessen sind. Man darf gespannt sein, ob die ‚Vorbildwirkung' eines solchen Gewerbeparks wie in Achim somit auch praktikable Ansätze für die Verbesserung im sonstigen Bestand erbringt.

Jochen Kuhn

Wohnen im Trend – Stadt oder Land?

Das Land Nordrhein-Westfalen bietet eine umfassende Beispielpalette der gegenläufigen Trends für die aktuelle Problemlage des Wohnens. Sie ist geprägt von großen Unterschieden der Nachfrage: einerseits gibt es die lebhafte Neubautätigkeit im Bereich der Ballungszentren am Rhein, von Düsseldorf oder Köln bis zum Bonn-Siegkreis, fast noch übertroffen vom Münsterland, andererseits haben einige Städte des Ruhrgebietes mit dem Problem zunehmender Leerstände im Bestand zu kämpfen. In der Mai-Ausgabe des ‚Deutschen Architektenblattes‘ finden sich dazu einige sprechende Kurznotizen:

- Probleme in Großsiedlungen nehmen dramatisch zu, weil die Mietpreise für Sozialwohnungen teilweise bereits höher liegen als im freien Wohnungssektor, weil die Fehlbelegungsabgabe besser situierte Mieter aus den geförderten Siedlungen vertreibt, weil in manchen Siedlungen schon bis zu dreiviertel der nachziehenden Mieter von Transfereinkommen leben müssen wie Sozialhilfe, Arbeitslosenunterstützung und Wohngeld.
- Nachlassender Wohnungsbedarf führt zum Vorschlag auf Ausstieg aus dem öffentlichen Wohnungsbau und würde in der Zukunft zu gravierenden Versorgungsmängeln führen, vor allem im Sektor der preiswerten Mietwohnungen, zumal viele Bestandswohnungen aus der Belegungsbindung fallen.
- Boom beim Bau von Einfamilienhäusern hält an, er führte zu einer Steigerung der Baugenehmigungen von über 16 Prozent für das Jahr 1998 gegenüber dem Vorjahr.
- Preiswertes Wohnbauland wird vom NRW-Fachministerium bei den Kommunen eingefordert, um das Programm von 1000 erschwinglichen Eigenheimen zum Festpreis erfolgreich durchführen zu können.

Aus diesen und ähnlichen Meldungen ist ein gefährlicher Trend zu erkennen, den man als Sozialsegregation zu begreifen hat, wenn Bürger bevorzugt aus der Stadt wegziehen, sobald sie sich das kleine Häuschen in Suburbia leisten können. In den Städten bleiben vor allem die wirtschaftlich Schwächeren, die älteren Menschen oder Angehöriger anderer Ethnien, aufgehellt durch besserverdienende Singles als Liebhaber des schicken Großstadtflairs.

Dieser Trend im Wohnungsmarkt ist so stark, daß die Wohnbaugesellschaften kaum noch für den Bau von Geschoßwohnungen zu gewinnen sind, was sich sogar an den städtebaulich anspruchsvollen Standorten mit gutem Anschluß an den Schienenverkehr zeigt.

Auch in diesen vom Land Nordrhein-Westfalen bevorzugt geförderten Siedlungsprojekten gibt es immer weniger Mietwohnungen, der Anteil Reihenhäuser, Doppelhäuser und sogar freistehender Einzelhäuser macht den Löwenanteil aus.

Ein anderer Gesichtspunkt neben der sozialen Problematik ist die Tatsache, daß die Siedlungstätigkeit sich weiterhin sehr unerwünscht in die Fläche ausdehnt, das Gebot des sparsamen Umgangs mit Grund und Boden nur nachrangig beachtet wird.

Dabei ist natürlich zu unterscheiden, ob es um Vorhaben mit einer städtebaulich geplanten Entwicklung am richtigen Ort geht, die eine vernünftige Siedlungsdichte aufweisen und flächensparend angelegt sind, oder um die Vielzahl verstreuter Siedlungsaktivitäten in peripheren Gemeinden. Ländliche Gemeinden werben mit ihrem schnell geschaffenen Baurecht bei relativ moderaten Grundstückspreisen mit lockerer Bebauung und haben einen kaum zu steuernden Zulauf. Eine Nachrüstung mit ÖPNV ist in vielen dieser Gebiete nicht leistbar, die Streusiedlungen lassen den Strom der Pendler mit eigenem Pkw in die Städte weiter anschwellen. Ansätze für Funktionsmischungen durch Bemühung um neue Arbeitsplätze sind im ländlichen Bereich ebenfalls wenig erfolgreich, Infrastruktur nur mühsam nachrüstbar.

All dies ist bekannt und zeigt ein weiteres Mal, daß die Wirksamkeit regionaler Steuerung von Siedlungspotentialen dringend verbessert werden müßte – dem Beispiel der Nachbarregion Niederlande gefolgt werden sollte.

Leerstände und mangelnde Attraktivität in den Städten, statt dessen Flucht auf das hoffnungsgrün empfundene Land: den Trend gilt es zu stoppen!

Vor allem mit Bemühungen zur Verbesserung der Lage in den Stadtteilen mit besonderem Erneuerungsbedarf ist die Landesregierung Nordrhein-Westfalen ab 1993 initiativ geworden. Ein ressortübergreifendes Handlungsprogramm wurde für Stadtteile entwickelt, in denen die wirtschaftliche, soziale, städtebauliche und ökologische Situation besonders angespannt ist. Von den 26 bisher in das Landesprogramm aufgenommenen Stadtteilen liegen die meisten in den traditionellen Industriestädten des Ruhrgebietes – das Programm hat seine Basis in einer Fülle bürgerschaftlichen Engagements mit frischen Ideen für breit gefächerte Themenfelder.

Der Erfahrungsaustausch über ähnliche Landesprogramme wird sicherlich durch die neue Städtebauförderungslinie des Bundes intensiviert und auch finanziell gefördert. Es ist erkannt worden, daß Strategien erforderlich sind, die über die klassische Städtebauförderung mit ihrem primär baulichen Ansatz hinausgehen.

Den Bericht über Aspekte des Wohnens in Nordrhein-Westfalen möchte ich konkretisieren mit der kurzen Schilderung zweier Verfahren der Stadterneuerung in letzter Zeit.

Der eine Vorgang bewegt sich im Rahmen der Agenda 21 in Düsseldorf, wo die breite Besetzung eines der Fachforen mit bürgerschaftlichen Vertretern herausgearbeitet hat, daß auch in der prosperierenden Landeshauptstadt traditionelle Stadtviertel in eine Krisensituation zu geraten drohen. Hier finden sich ebenfalls die bekannten Probleme wie hoher Anteil an Ausländern in ungenügender Einbindung in die vorhandenen sozial-karitativen Einrichtungen – eine *„türkische Familie kann doch nicht zum evangelischen Pfarrer gehen"* – sowie andere Indikatoren: ältere Menschen in Einsamkeit, mangelnde Grünausstattung, unverträgliche Verkehrsadern u. a. Der Rat der Stadt hat daher dem Vorschlag zugestimmt, eine bürgernahe Beratungsstelle einzurichten mit dem Ziel, Vorschläge für Verbesserungen bei den Betroffenen selbst anzuregen und zu begleiten.

Der andere Vorgang fand statt in Solingen, wo als Fortsetzung einer intensiven Bürgerarbeit über einen städtebaulichen Rahmenplan mit ersten Projekterfolgen nunmehr die Frage nach der weiteren Zukunftsarbeit gestellt wurde. Das Citymanagement hatte dazu Bewohner, Geschäftsleute, Verwaltung und Ortspolitiker zu einem eintägigen Workshop eingeladen, wobei eine fachkundig moderierte Diskussion zu einer Fülle von Ideen auch für den Wohnungssektor geführt hat. Das bemerkenswerte Ergebnis läßt sich kennzeichnen als Beweis dafür, daß im Zusammenwirken von Fachleuten mit Laien sehr gute und vielfach realitätsnahe Vorschläge zu gewinnen sind.

Weitere Beiträge aus Nordrhein-Westfalen zeigen verstärkte Bemühungen der Städte, das Wohnen in der Stadt im Trend zu halten.

Franz Bayer

„Wohnen ohne eigenes Auto" in Düsseldorf

Das Thema „Wohnen ohne eigenes Auto" hat in Düsseldorf schon eine längere, bisher nicht gerade erfolgreiche Geschichte. Den ersten Versuch haben wir im Jahr 1995 in Düsseldorf-Einbrungen unternommen. Dieser Versuch scheiterte gleich zweifach: Weder gelang es, den Grundstückseigentümer und den Entwickler mit ins Boot zu bekommen, noch war es – trotz intensiver Anstrengungen der Verwaltung – möglich, auch nur eine halbwegs ausreichende Anzahl von Interessenten zu finden, die in Einbrungen ohne eigenes Auto wohnen wollten. Es wurde deutlich, dass – wie auch in anderen Städten – autofreies Wohnen in vorstädtischen Bereichen auf Akzeptanzprobleme stößt, obgleich gerade in diesen Bereichen die Entlastungswirkung viel spürbarer und die Auswirkungen des Verzichtes auf Autos viel deutlicher erlebbar wären.

Der Ratsausschuss für Planung und Stadtentwicklung beauftragte nach diesem ersten Misserfolg die Verwaltung mit einer systematischen Untersuchung aller für autofreies Wohnen in Frage kommenden Grundstücke und entschied sich dann für ein Grundstück in Düsseldorf-Wersten, das alle Voraussetzungen für eine erfolgreiche Realisierung zu haben schien. Wir beteiligten uns mit diesem Projekt hoffnungsvoll am landesweiten Wettbewerb für ein Modellprojekt, allerdings ohne Erfolg. Der Finanzminister als Grundstückseigentümer wies nun – verständlicherweise – darauf hin, dass das Grundstück offensichtlich nicht gerade optimal für autofreies Wohnen geeignet sei, und bat darum, ein anderes Grundstück zu wählen.

Das haben wir nun im Stadtteil Düsseldorf-Oberbilk gefunden. Es liegt im lärmgeschützten und autofreien Inneren eines etwa zehn Hektar großen gewachsenen Baublocks auf einem Grundstück, das bisher vom städtischen Fuhrpark genutzt wurde, der in diesen Monaten – wie wir hoffen – das Grundstück endgültig freimacht. Schulen, Läden und andere innenstädtische Infrastruktur liegen in unmittelbarer Nachbarschaft. Eine U-Bahnlinie ist im Bau; die Haltestelle liegt unmittelbar vor der Haustür. In einem ersten Bauabschnitt sind im geschützten Inneren des Baublocks auf städtischen Flächen etwa 100 Wohnungen und eine öffentliche Grünfläche geplant. Es wird sich zeigen, ob für alle diese Wohnungen auch Bewohner gefunden werden, die auf die Nutzung eines eigenen Autos ausdrücklich verzichten wollen. Unser Bebauungskonzept kann aber flexibel reagieren, wenn es weniger sein sollten.

Im Vorfeld zur Freimachung des Grundstücks wurden auch schon Gespräche mit potentiellen Investoren und Baugesellschaften geführt. Trotz vieler Skepsis auf deren Seite wurde im Einzelfall auch konkretes Interesse erkennbar.

Eine Ausstellung zum Thema „Wohnen ohne Auto" ist als Auftaktveranstaltung der Bürgerbeteiligung und als Beginn für eine größere Werbekampagne vorgesehen.

Gemeinsam mit einer externen Bürogemeinschaft wollen wir eine über das normale Maß hinausgehende Öffentlichkeitsarbeit machen, um dem Projekt zum Erfolg zu verhelfen. Sehr wünschenswert wäre es, wenn frühzeitig ein Investor gefunden wer den könnte, der von Anfang an mitwirkt.

Nach der Ausstellung wird die überarbeitete Planung im Rahmen des Bebauungsplanverfahrens (frühzeitige Bürgerbeteiligung) im Stadtteil vorgestellt und diskutiert. Die Phase der Außenwerbung und der Bürgerbeteiligung dient gleichermaßen der Findung von Bewohnern für das Projekt wie auch der Entwicklung einer Planung, die auch von der Nachbarschaft in Oberbilk akzeptiert werden kann, in der das Thema „Parkplatzmangel" heute noch ein Reizthema ist.

Irene Wiese - v. Ofen

Innerstädtisches Wohnen
Die unendliche Geschichte eines Versuches

Die Innenstadt von Essen beherbergte einst rund 23.000 Einwohner auf dem Höhepunkt ihrer Bedeutung. Sie war entstanden aus einem 852 gegründeten frei-weltlichem Damenstift, hatte sich zu einem Ackerbürgerstädtchen gemausert, das selbstbewußt in der Reformation gegen seine Fürstäbtissin evangelisch wurde, verfüge über eine Stadtmauer, Märkte, Kirchen und Gärten hinter den Häusern intra muros.

Ab 1800 wurde alles anders. Die Herrschaft der Äbtissin endete mit dem Reichs-deputationshauptschluß. Die Industrialisierung ergriff Flächen vor den Toren, errichtete immer größere, maßstabsprengende Produktionsanlagen, Eisenbahnen mit Brücken und Dämmen, sowie unzählige Wohnungen im Schatten der Zechen und Industriegiganten. Diese Wohnquartiere waren mit Gärtchen und Viehzeug ganz und gar nicht städtisch, und hinterließen auch Zwickel und Restflächen, Übergangsbereiche und gelegentlich auftrumpfende mehrgeschossige Wohnburgen, oft an den falschen Standorten. Auch in Essen entwickelte sich ausgangs des letzten Jahrhunderts eine ‚Gründerjahrebebauung' mit Geschäften im Erdgeschoß, Hotels, Gastwirtschaften, in den darüberliegenden Geschossen Wohnungen eines langsam erstarkenden Stadtbürgertums, die jedoch unterging in den Bombennächten der vierziger Jahre.

Die Wiederaufbauvorstellung der Nachkriegszeit richtete sich vornehmlich nach der ‚Charta von Athen', das Leitbild war „Essen - Die Einkaufsstadt", weg von Kohle und Stahl, Ruß und Taubenzüchterverein. Es entstand eine neue Innenstadt, zwar an breiteren Straßen, aber im wesentlichen in den Konturen des alten Stadt-grundrisses, mit modernem System von Fußgängerstraßen, mit großflächigen Kaufhäusern und vielen Spezialgeschäften, denen die Käufer aus einem großen Einzugsbereich durch ihren regen Besuch Attraktivität bescheinigten. Dieses Angebot erfüllte alle Bedürfnisse der fünfziger und sechziger Jahre.

Um 1970, im Zeichen von Bergbaukrise, Ölschock und der ersten Welle der Arbeitslosigkeit, eröffnete die Landesregierung dem Revier den langgehegten Wunsch von Universitäten. Essen erarbeitete zugunsten eines unmittelbar an die Innenstadt angrenzenden Standortes für eine damals unpopuläre Innenstadt-Universität ein Entwicklungskonzept ‚Nordstadt', das diese ersehnte Hochschule im Süden in die nördliche Innenstadt und weiter im Norden bis nach Altenessen in umzustrukturierende Stadtteile als Impulsgeber neuer Entwicklungen einbinden sollte.

Die zwischen der Universität und der nördlichen Innenstadt liegende Güterbahn-linie sollte mit Kaufhausbebauung und Parkhäusern für die Universität überwunden werden, das Auditorium Maximum war als zugleich städtisches Kulturangebot

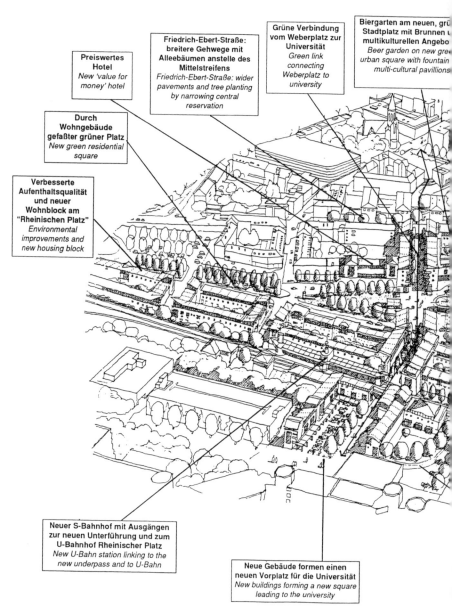

Durch Wohngebäude gefaßter grüner Platz
New green residential square

Preiswertes Hotel
New 'value for money' hotel

Friedrich-Ebert-Straße: breitere Gehwege mit Alleebäumen anstelle des Mittelstreifens
Friedrich-Ebert-Straße: wider pavements and tree planting by narrowing central reservation

Grüne Verbindung vom Weberplatz zur Universität
Green link connecting Weberplatz to university

Biergarten am neuen, grü Stadtplatz mit Brunnen u multikulturellen Angebo
Beer garden on new gree urban square with fountain multi-cultural pavillions

Verbesserte Aufenthaltsqualität und neuer Wohnblock am "Rheinischen Platz"
Environmental improvements and new housing block

Neuer S-Bahnhof mit Ausgängen zur neuen Unterführung und zum U-Bahnhof Rheinischer Platz
New U-Bahn station linking to the new underpass and to U-Bahn

Neue Gebäude formen einen neuen Vorplatz für die Universität
New buildings forming a new square leading to the university

Schaubild Essen-Innenstadtviertel.

auf der Südseite der Bahn als ein Übergang zur engeren Geschäftsstadt, Karstadt und den Resten einer in den fünfziger Jahren als Maßnahme des sozialen Wohnungsbaus entstandenen gemischten innerstädtischen Bebauung gedacht. Dieser als ‚Integrationsbereich City – Universität' bezeichnete Stadtteil sollte nach den Träumen der Planer durch innerstädtisches Wohnen und vielfältige Angebote von Kneipen, kleinen Geschäften und Jugendszene, endlich der Stadt die Qualität – zwischen Münchener Schwabing und Düsseldorfer Altstadt mit Tübinger Uni-

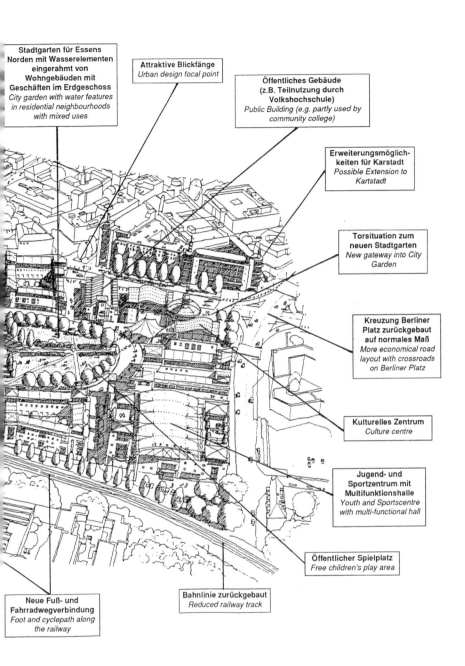

Stadtgarten für Essens Norden mit Wasserelementen eingerahmt von Wohngebäuden mit Geschäften im Erdgeschoss
City garden with water features in residential neighbourhoods with mixed uses

Attraktive Blickfänge
Urban design focal point

Öffentliches Gebäude (z.B. Teilnutzung durch Volkshochschule)
Public Building (e.g. partly used by community college)

Erweiterungsmöglichkeiten für Karstadt
Possible Extension to Kartstadt

Torsituation zum neuen Stadtgarten
New gateway into City Garden

Kreuzung Berliner Platz zurückgebaut auf normales Maß
More economical road layout with crossroads on Berliner Platz

Kulturelles Zentrum
Culture centre

Jugend- und Sportzentrum mit Multifunktionshalle
Youth and Sportscentre with multi-functional hall

Öffentlicher Spielplatz
Free children's play area

Neue Fuß- und Fahrradwegverbindung
Foot and cyclepath along the railway

Bahnlinie zurückgebaut
Reduced railway track

versitätsleben changierend - und das großstädtischen Flair geben, auf das man so lange gewartet hatte.

Die Stadt unternahm zugunsten dieser Planung in den siebziger und achtziger Jahren erhebliche Anstrengungen in der Bodenordnung, erwarb Grundstücke und abgängige Bausubstanz, verlagerte den Großmarkt, veranstaltete einen Wettbewerb – die Investoren blieben aus. Sie veranstaltete noch einen Wettbewerb, stellte in den neunziger Jahren einen veränderten Bebauungsplan auf, gewann ein Normen-kontrollverfahren – die Investoren blieben aus.

Die Stadt verteidigte ihre Vorstellung vom Wohnen gegen städtische und Essener Wohnungsbauunternehmen, die dieses Quartier nicht für einen attraktiven Standort hielten, und gegen Interessensäußerungen von dem einen oder anderen Unter-nehmen, das die Essener Wirtschaftsförderungsgesellschaft herbeinötigte und das mit deutlichem Nein zu jeglicher hochgeschossigen, weil unrentierlichen Nutzung, schon gar nicht Wohnen, reagierte. Zugunsten der ‚Europäischen Stadt' glaubten die Planer unbeirrt an ihre Vision des Innenstadtwohnens zwischen Universität, Einkaufsparadies und neuer Kinolandschaft Cinemaxx, kürzlich weiter aufgewertet durch den Musicalpalast in der alten Kruppíschen VIII. Mechanischen Werkstatt. Wissend, daß eigentlich alle großen Umstrukturierungsgebiete erst funktionierten und private Interessenten dort investiert haben, wenn die öffentliche Hand nicht nur die erforderliche Infrastruktur, sondern auch eine Impulsinvestition getätigt hatte, entschied sich die Verwaltung dazu, in etwa zurückgreifend auf die Audimax – Vorstellungen der ersten, eigentlich immer noch schlüssigen Planungskonzepte, eine Philharmonie im Eingangsbereich zu dem erhofften neuen Viertel vorzu-schlagen. Der im Süden liegende ‚Saalbau' bedurfte der Renovierung seit Jahren, seine weiterhin notwendige gemischte Nutzung als ‚gute Stube' war einem exzel-lenten, nur der Musik dienenden Architekturkonzept nicht förderlich, und ange-dachte Messekooperationen hätten zudem die Auslastung der Räume zu einer nicht lösbaren Konkurrenz werden lassen.

Dieser Grundsatzentscheidung der Mehrheitsfraktion im Rat der Stadt folgten die Minderheitsfraktionen nicht und organisierten ein Bürgerbegehren gegen den Bau einer Philharmonie am Berliner Platz. Monatelang waren die Gazetten von diesem Thema beherrscht, und in seinem Sog wurde der Bebauungsplan, wurde die Zielsetzung Wohnen und alle anderen Bemühungen in diesem Quartier in Zweifel gezogen. Angesichts dieser Stellungskriege entstand ein Bündnis der ‚Gutwilligen'. Es gab genug Menschen in der Verwaltung, in Politik und Kirchen, Universität und Einzelhandel, Wohnungsunternehmen, Firmen, Arbeitsamt, Industrie- und Handelskammer und Kulturbeirat, die sich zu einem ‚Unterstützer-kreis' zusammenfanden, um der Idee einer Verwirklichung eines gemischten, inner-städtischen Quartiers an dieser Stelle doch noch die nötigen Wege zu bereiten. Zwei ‚Helfer' wurden ebenso durch informelle Kontakte gewonnen: Prof. Gary Laurence, der als Berater der Stadt Seattle den Lokalen-Agenda-Prozeß in seiner Stadt entscheidend beeinflußt und als Professoren-Stipendiat der Sparkasse Essen an der Essener Universität mit seinen Vorträgen manches an Aufbruchstimmung bewirkt hatte, und John Thommsen /Partners (JTP), Architekten aus London, die in Berlin mit ihrem Community Planning Verfahren die Schloßplatzkontroverse moderiert hatten.

Der Unterstützerkreis organisierte gemeinsam mit der Stadt unter der Moderation eines externen Büros (‚Communio' von Prof. Dr. Barbara Mettler - v. Meibom) diesen Community-Planning-Prozeß mit den Moderatoren-Teams von JTP. In nur drei Monaten wurde die gesamte Planungsgeschichte aufbereitet, die Infrastruktur bilanziert, eine aktivierende Befragung der dort Wohnenden durchgeführt, die Geschäfte zur Beteiligung gewonnen, große Unternehmen zum Sponsoring und das Land zur Mitfinanzierung der Perspektivenwerkstatt gewonnen.

Es wurde ein Zelt gemietet, um die Schwellenangst zu vermeiden, die Presse eingebunden, der Rat um seine Unterstützung gebeten und Schulen wie Universität mit Professoren wie Studenten zum Mitmachen animiert. An einem Wochenende im April wurde an zwei Tagen mit Bürgern - organisierten wie nichtorganisierten – in zehn themenbezogenen Workshops und an zehn Tischen zum Zeichnen das Bild des Viertels entworfen, wie es sich die am ersten Tag rund 700, am zweiten Tag rund 500 teilnehmenden Menschen vorstellten. Nach Abschluß der außerordentlich anregenden und friedlich verlaufenen Perspektivenwerkstatt zeichneten die Mitarbeiter der zehn Moderatoren-Teams von JTP die Vorstellungen in einem Bild zusammen, und präsentierten es zum Abschluß in der ev. Innenstadtkirche einem Auditorium von rund 500 Leuten, die begeistert zustimmten und sich offensichtlich alle in diesem Bild wiederfanden. Wie sieht dieses Bild eines Innenstadtviertels nun aus?

Die Menschen träumen vom gemischten Wohnen im Block, von Grün vor der Haustür, von Kultur und Kneipen, von Sport und Spiel, von Volkshochschule und Einkaufen, von S - Bahn und Radwegen. Keine Einfamilienhausidylle, aber auch keine Monofunktionalität, keine Autos, aber alle Funktionen der Bildung, Kultur, Zerstreuung und Versorgung in der Nähe. Keine Trennung, sondern sehnsuchtsvolle Harmonie. Wohnen wie im bereinigten 19. Jahrhundert? Offensichtlich schleppen wir unsere Bilder viel länger mit uns herum als Gegenwarts- und Zukunftspropheten uns ständig weismachen wollen - nur, wo finden wir diejenigen, die dies auch wirklich bauen wollen, die daran glauben, daß die Menschen so leben wollen?

Wir werden sehen. Noch sind alle Beteiligten von Politik bis Unterstützerkreis, Bewohner und Presse wild entschlossen, dieses Bild umzusetzen. Es gibt zahlreiche Initiativen, die Planungswerkstatt fortzusetzen, die professionellen Akteure zum Einhalten partizipatorischer Elemente zu veranlassen, den (noch nicht vorhandenen) Investoren auf die Finger zu schauen, Qualitätsanforderungen zu formulieren und die öffentliche Hand zu veranlassen, mit dem großen grünen Platz zu beginnen, damit zum einen aus der Hinterhoflage eine angemessen gestaltete Quartierssituation wird, die diejenigen anzieht, die dort investieren sollen. Zum anderen sollen Zwischennutzungen überlegt werden, damit man nicht weiter 15 bis 20 Jahre warten muß, bis die Flächen der Bahn, die Infrastruktur und noch verbliebene abgängige Bausubstanz samt geändertem Planungsrecht so geregelt sind, daß man gebaute Ergebnisse vorweisen kann und das ersehnte Quartier Wirklichkeit geworden ist, nicht nur Träume vieler bleibt, wie es in den letzten Jahren Träume weniger geblieben war.

Hans Stumpfl

Bericht über eine Ausstellung

Die Jahrestagung der Akademie im Herbst 1999 war der Anlaß zu dem Versuch, das Thema „Wohnen in der Stadt" in lokalen Ausstellungen zu visualisieren. Ohne Einschränkungen durch hypothesengeleitetes Vorgehen sollten lokale Ausstellungen als exploratives Instrument in einfacher Form die Neugier befriedigen, die der Titel der Jahrestagung auslöst.

Ausgewählt wurden drei für das Ruhrgebiet typische Städte: Marl, Bochum und Duisburg. Marl als neue Stadt am Nordrand des Reviers, Bochum kennzeichnend für die zentralen Städte des Ruhrgebietes und Duisburg, weil unverkennbar eine Aufbruchstimmung das Bild der Stadt verändert. Nach einjähriger Vorbereitung wurden die Ausstellungen im April und Mai 1999 in Kaufhausgalerien der Städte Marl, Bochum und Duisburg eröffnet.

Die Inhalte und die Ausgestaltung der Ausstellungen wurden – wie im Konzept beabsichtigt – weitgehend durch die Art der Informationsgewinnung, durch die Teilnehmer und durch die Charakteristika des jeweiligen Durchführungsortes bestimmt. Die Darstellungen in Bochum erhielten einen Schwerpunkt durch das Thema „Kinder in der Stadt", Duisburg durch das Thema „Ältere Menschen in der Stadt" und in Marl dominierten sozialkritische Darstellungen.

Im Ergebnis wurden auf 128 Ausstellungstafeln Bild und Text von 54 Teilnehmern gezeigt. Zu den Teilnehmern gehörten die Planungsämter, die Wohnungs- und Sozialämter, die Entwicklungsgesellschaften, die Volkshochschulen sowie die Agenda-Agenturen in den Städten; die in der Stadt tätigen Wohnungsbaugesellschaften, Genossenschaften und alternative Wohngemeinschaften. Beiträge wurden in Kindergärten, Schulen, Einrichtungen der Katholischen und Evangelischen Kirchen, in freien Verbänden, Bürgergruppen und von einzelnen Bewohnern und Bewohnerinnen erarbeitet. Die Auswertung des ausgestellten Materials wird zeigen, inwieweit eine Informationsverdichtung gelingt und fachbezogene Aussagen über den Wohnraum ‚Stadt' und über den Lebensraum ‚Stadt' durch die Ausstellungsbeiträge belegt werden können.

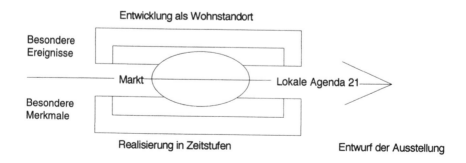

Den fachbezogenen Rahmen der Ausstellungen bildeten auf der einen Seite die Darstellungen der Planungsämter ‚zur Entwicklung der Stadt als Wohnstandort‘, auf der anderen Seite zeigten die örtlichen Wohnungsbaugesellschaften die Realisierung städtischer Wohngebiete in Zeitstufen.

Den Mittelpunkt der Ausstellung bildete ein Forum, auf dem BürgerInnen oder soziale Einrichtungen zur Bewohnbarkeit der Stadt oder zu abgegrenzten Themen des Wohnens Stellung nehmen konnten. Innerhalb eines fachbezogenen Ausstellungsrahmens entstand ein bunter Marktplatz, dessen Eingang und dessen Ausgang mit einführenden und weiterführenden Themen markiert wurde.

Einführende Themen ergaben sich aus der Analyse der eigenen Baugeschichte: in Marl eine Reportage der Marler Zeitung über besondere Ereignisse und besondere Merkmale in der Entstehung der Neuen Stadt; in Bochum dokumentierten Studenten der Universität Bochum demkmalswürdige Wohnbauten der Innenstadt; in Duisburg führten Studenten durch das historische ‚Wasserviertel‘. Sie wollten während des Rundgangs die Phanthasie des Sehens kartieren und mit den Darstellungen des Stadtplanes vergleichen.

Weiterführendes Thema waren Informationen über die Lokale Agenda 21 und über neue Formen der Bürgerbeteiligung („Weg der Duisburger Frauen in die Lokale Agenda 21“). Die Beiträge wurden durch didaktische Tafeln ergänzt.

Was geht aus den einzelnen Arbeiten hervor? – ein erstes Resümee der Ausstellungen. Die Teilnehmer unterscheiden und vergleichen mit einem Blick in die Zukunft in ihren Beiträgen Wohnraum und Lebensraum: *„Wie kann ich in der Stadt wohnen – wie kann ich in der Stadt leben“*. Ausführlich dargestellt wurden die Entwicklung als Wohnstadt und der dieser Entwicklung entsprechende soziale Kontext. Sichtbar wurde die Beeinflussung der Bestandsentwicklung durch die öffentliche Förderung, durch die Belegung der Wohnungen und durch den zunehmenden Trend zur Eigentumsbildung.

Die öffentliche Förderung wird in der gegenwärtigen Form zum auslaufenden Modell erklärt. Neubauprojekte des Sozialen Mietwohnungsbaues verlieren mit unterschiedlicher Begründung den Träger. Die Zahl der Wohnungen mit Belegungsbindung geht zurück. Im noch verbleibenden Bestand der Sozialwohnungen – dies gilt insbesondere in den städtischen Großsiedlungen ... – löst sich die sozial gemischte Zusammensetzung der Bewohner auf und nach Aussage der Wohnungsbaugesellschaften kommt es hier zunehmend zu Leerständen und zur Konzentration einkommens- bzw. sozialschwacher Haushalte. Die Caritas und der Deutsche Mieterbund belegen in ihren Beiträgen die rasche Zunahme von Dringlichkeitsfällen und machen auf eine neue Wohnungsnot in den Städten aufmerksam – *„Beim Wohnen ist eine unsichtbare Armut entstanden“*. Die Wohnungsversorgung wird mehr und mehr ein Spiegelbild der Einkommensverteilung.

In Beiträgen der Wohnungsbaugesellschaften wurde erkennbar, daß die zur Verfügung stehenden Wohnungen vielfach nicht den Bedürfnissen bestimmter

Personengruppen, insbesondere kinderreicher, alleinerziehender und junger Familien oder Single-Haushalten, entsprechen. In der Folge eines milieubedingten Wohnungswechsels und des dadurch verursachten Wohnungsbedarfs für Schwellenhaushalte wird die Ausmietung, die Umwandlung in frei finanzierte Mietwohnungen und in Wohnungseigentum in den sogenannten ‚besseren Wohnlagen' zum Regelfall. Die Bewohner selbst experimentieren in neuen Formen der Eigentumsbildung und alternativen Formen des Zusammenlebens. Die Kehrseite dieser Umorientierung ist, daß bei wachsendem Bedarf in Wohnlagen der Innenstadt der billige Wohnraum verschwindet.

Die Stadt Duisburg versucht mit dem Instrument der städtischen Entwicklungsgesellschaften, dem Trend der sozialen Entmischung zu entgegenen und stützt durch Korrektur der wohnungsnahen Infrastuktur die Qualität des Lebensraumes in den sozial abgefallenen Wohnquartieren – es soll das Wohnenbleiben ermöglicht werden. Der ‚Lebensraum Stadt' wird hier zum Gegenstand einer nachhaltigen Stadtentwicklung.

Kritisch – aber konstruktiv – wurde die Sadt aus der Position der ‚Kinder in der Stadt' dargestellt. Ein Beispiel ist die Leitidee eines Kindergartens in Bochum-Krumme, der die Kinder an der ‚gemeindebezogenen Sozialarbeit' beteiligt, in der die Lebenssituation und die Lebensqualität der Menschen im Stadtteil im Mittelpunkt steht. Ziel ist es, *„die Wahrnehmung für den eigenen Stadtteil zu sensibilisieren, ihn bewußt zu erleben und verantwortungsvoll mitzugestalten"*. Zu einem Modellversuch gehört, daß die Erzieherinnen als Lobby für die Kindergarten-, Grundschulkinder und Familien in der Öffentlichkeit agieren. Die Leitidee dieses Kindergartens beschreibt die Ziele der Lokalen Agenda 21.

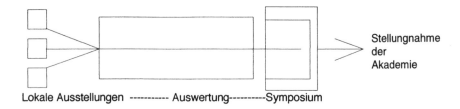

Lokale Ausstellungen ----------- Auswertung----------Symposium

Das Ergebnis der Ausstellung hat den Charakter einer Feldstudie. Das Institut für Landes- und Stadtentwicklungsforschung (ILS) hat angeboten, die Auswertung des Materials zu übernehmen und im Ergebnis zu veröffentlichen. Die Auswertung kann Grundlage eines Symposiums werden. Thema des Symposiums: „Die soziale Stabilität in den Wohngebieten der Stadt, Strategien der Kommunen und die Neuorientierung der öffentlichen Förderung im Wohnungsbau."

Christiane Thalgott

Wettbewerbe für neue Stadtteile mit Wohngebieten in München

München: Eine Stadt mit Tradition und Lebensqualität, barocken Kirchen vor blauem Himmel, Biergärten und Straßencafés, Gründerzeitvierteln des 19. Jahrhunderts wie Schwabing und Haidhausen und königlichen Schöpfungen, wie die Ludwigs- und Maximilianstraße, dem Hofgarten oder dem Englischen Garten. Eine schöne Stadt, nicht sehr aufregend, aber angenehm und geliebt von Bewohnern und Gästen. Der Wohlstand dieser Stadt gründet auf der Arbeit in den modernen Dienstleisungsberufen, in Handwerk und Industrie, Bildung und Wissenschaft,, aber auch auf der Toleranz und dem bewußten sozialen Ausgleich der Bürger.

München ist eine dichte, gemische und urbane Stadt – innerhalb des Radius von vier Kilometern um den Marienplatz wohnen etwa ein Drittel der Einwohner, d. h. 475.000, befinden sich mehr als die Hälfte der Arbeitsplätze, d. h. 360.000, kaufen täglich 150.000 Menschen in der Neuhauser Straße ein und spazieren Tausende durch den Hofgarten und den Englischen Garten.

Stadtentwicklungsplanung

München Stadtentwicklung ist planvoll als Vergrößerung der Stadt vom Zentrum aus betrieben worden und mit Theodor Fischers Staffelbauplan von 1904, der auf einem Wettbewerbserfolg von 1892 aufbaute, war die Grundlage für das 20. Jahrhundert gelegt. Offene oder geschlossene Bauweise, ohne Festlegung der Nutzung, aber mit vom Stadtkern abnehmender Geschoßzahl und Dichte prägen die Stadtquartiere.

Die großen Siedlungen der Nachkriegszeit haben sich nicht soweit wie anderswo von diesen Grundlagen entfernt, sie sind zum Teil vielfach gemischt in der Nutzung, wie z. B. Perlach und die Berliner Straße oder auch nicht so groß wie z. B. Bogenhausen und Fürstenried.

Wohnungsbauprogramme

In den Stadtentwicklungsplänen für München war immer die Schaffung von ausreichendem Wohnraum für alle Einkommensgruppen ein Schwerpunkt. Mit detaillierten Wohnungbauprogrammen, in denen die Neubauquartiere mit der mittelfristigen Finanzplanung koordiniert worden sind, wurde das Ziel der letzten Jahre, jedes Jahr 6000 Wohnungen zu bauen und davon 3000 in neuen Baugebieten, im Prinzip immer erreicht. Dabei sind jedes Jahr 1200 Wohnungen öffentlich gefördert zu realisieren, davon 900 als Mietwohnungen im ersten Förderweg; dazu kommen seit drei Jahren weitere Förderprogramme mit 500 Wohnungen für mittlere Einkommensgruppen im sogenannten ‚München-Modell‘ mit deutlich subventionierten Grundstückspreisen (von 1700 bis 1800 DM pro qm Wohnfläche auf 900 oder 600 DM pro qm). All das dient dem Ziel, ausreichend Wohnraum für die Münchener Bürger aller Einkommensgruppen bereitzustellen, die Abwanderung ins weitere Umland zu verhindern und die damit einhergehende Segregation und Verkehrsbelastung in der Kernstadt zu vermeiden.

Die neuen großen Umstrukturierungsflächen von Bahn, Post, Militär und Industrie, Messe und Flughafen liegen überwiegend in zentraler städtischer Lage. Sie haben eine überschaubare Größe. Hier bietet sich besonders gut die Chance, die Ziele der Stadtentwicklungsplanung ,Perspektive München': kompakt, urban, grün, in die Realität umzusetzen. Die neuen Entwicklungsflächen liegen überwiegend (bis auf Riem und die Panzerwiese) derart im städtischen Gefüge, daß sie die bisher fehlenden Qualitäten der angrenzenden Stadtteile mit Grün, Wohnungen oder Arbeitsplätzen ergänzen.

Neue Stadtquartiere

Der Bau neuer Stadtquartiere ist eine langwierige und komplexe Aufgabe mit baulichen, sozialen, ökonomischen und ökologischen Aufgaben.

Von der Programmformulierung bis zur Realisierung wirken viele Fachleute mit ganz unterschiedlichem Spezialwissen mit. Zu den Fachleuten mit bestimmten Spezialwissen gehören ebenso die Bürgerinnen und Bürger und Politikerinnen und Politiker, wie Verkehrsplaner, Wohnungswirtschaftler und andere.

Die Zahl der Wohnungen und Arbeitsplätze, ihre Größe und Mischung, die gewünschten öffentlichen und privaten Grünflächen, Parks und Parkplätze sind in Quadratmetern leicht aufzuzählen und auszumessen. Die gewünschten räumlichen, ökonomischen, ökologischen und sozialen Qualitäten, die Zuordnungen und Abgrenzungen sind nicht eindeutig zu verorten, zu messen und zu zählen. Die ökonomischen Ziele und die hohoe Attraktivität wird als Wunsch formuliert. Die Kosten können bewertet und geprüft werden. Der erzielbare Preis bemißt sich aus der Qualität und bleibt damit immer ein schwer zu prognostizierender Wert. Gerade aber die hohe Wohnqualität, die ökonomischen Randbedingungen und die soziale Verträglichkeit sind heute für die zügige Realisierung und Akzeptanz eines Stadtteils von höchster Bedeutung. Hier zählen Erfahrung und Vorstellungsvermögen, um räumliche Angebote bezüglich ihrer Qualität und Eignung zu bewerten. Was ein neuer Stadtteil leisten und bieten soll, ist ein gesellschaftspolitisches Thema. Wie er von wem realisiert werden kann, sagen die Immobilienwirtschaftler und Ökonomen.

Der städtebauliche Entwurf ist also nach dem ersten Schritt der Aufgabenformulierung für ein neues Wohngebiet der zweite Schritt in dem komplexen Gesamtprozeß, hier wird das formulierte Ziel in ein räumliches Leitbild für den langen Realisierungsprozeß ausformuliert.

Wettbewerbe

Städtebauliche Wettbewerbe sind das klassische Instrument, um für neue Quartiere den richtigen Entwurf, die städtebauliche und architektonische Idee zu finden. Nach Meinung der Architektenkammer in Bayern bieten nur offene Wettbewerbe wirklich gute Ergebnisse. Die anderen vielfältigen Wettbewerbsverfahren, die die GRW anbietet, wie kooperative Verfahren und beschränkte Wettbewerbe werden deutlich weniger geschätzt. Ich habe da andere Erfahrungen und möchte sie an Hand der später folgenden Beispiele darstellen.

Wettbewerbe bieten die Chance
- die Programme für einen neuen Stadtteil für Wohnen, Arbeiten, Freizeit und soziale Infrastruktur klar zu formulieren und mit Außenstehenden öffentlich zu diskutieren,
- an unterschiedlichen Lösungsvorschlägen die räumliche Umsetzung der Ziele und Programme vor Ort mit den Bürgerinnen und Bürgern und Politikerinnen und Politikern, aber auch mit der Fachöffenlichkeit zu erörtern (das gelingt z. B. bei einer beschränkten Zahl von Arbeiten mit Rückkoppelung ins laufende Verfahren am besten),
- anhand von interessanten Ergebnissen in der Stadt über Städtebau und Architektur in die Diskussion zu kommen und damit gegebenenfalls liebgewordene Traditionen und Gewohnheiten in Frage zu stellen und Neues zu ermöglichen, wie z. B. in München mit dem Olympiagelände 1972.

Wettbewerbsergebnisse zeigen
- die städtebauliche Grundlage für die Entwicklung eines neuen Stadtteils, an dem dann viele Betroffene und Akteure über einen langen Zeitraum miteinander arbeiten können,
- dem heutigen Betrachter Bilder und Ergebnisse eines in der Realität langen Prozesses, der so oder auch anders enden kann. Für Laien ist deshalb sehr viel Arbeit, Phantasie und Anstrengung zur Beurteilung der Wettbewerbsergebnisse erforderlich. Dem muß im Verfahren Rechnung getragen werden.

Wettbewerbspläne und Modelle müssen deshalb auch für Laien, Bürgerinnen und Bürger und Politikerinnnen und Politiker lesbar sein und sich mit deren Sehgewohnheiten und ihren Erfahrungen von guten und schlechten Neubauquartieren, ihren Wünschen nach Romantik, Tradition oder Großartigkeit auseinandersetzen und natürlich gut erklärt werden.

Jedes gute Wettbewerbsergebnis für ein Wohngebiet muß eine deutliche Idee vermitteln, damit ein erkennbares Gesamtwerk entstehen kann, aber auch robust und torsofähig sein, offen für gesellschaftliche und ökonomische Veränderungen.

|Wettbewerbe in München

Wir haben in München in den letzten sieben Jahren über 50 Wettbewerbe in Zusammenhang mit städtbaulichen Aufgaben durchgeführt. Davon haben sich weit mehr als die Hälfte mit Wohnungsbau oder mit Infrastruktureinrichtungen in neuen Stadtquartieren befaßt.

In den Wettbewerbsverfahren haben die unterschiedlichen Aufgabenstellungen, die ökoloschischen, ökonomischen und zeitlichen Rahmenbedingungen berücksichtigt und je nach Nachbarschaft mehr oder weniger intensive Mitwirkung der Bürgerinnen und Bürger ermöglicht. Je deutlicher die neuen Gebiete mitten in der Stadt liegen, desto intensiver war die Notwendigkeit der Mitwirkung der Bürgerinnen und Bürger an dem Verfahren gegeben.

Die Beteiligung von Ökonomen, Immobilienfachleuten und Wohnungswirtschaftlern gehört ebenso zu einem Wettbewerbsverfahren, wie die von Ökologen und Naturschutzexperten und Fachleuten, für die soziale Infrastruktur, damit die räumlichen Ideen für die Zukunft hinsichtlich ihrer alltäglichen Tauglichkeit geprüft werden können.

Wir haben neben europaweit offenen Wettbewerben kooperative Verfahren und beschränkte Wettbewerbe durchgeführt. Die Ergebnisse waren manchmal sehr gut und manchmal problematisch.

München, Übersicht der Wettbewerbsgebiete.

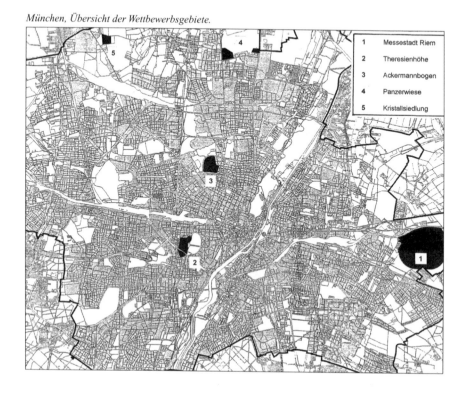

1	Messestadt Riem
2	Theresienhöhe
3	Ackermannbogen
4	Panzerwiese
5	Kristallsiedlung

Problematisch, wenn die Architekten ihre räumliche Idee gleich als gebaute Realität verstehen und sich auf den Veränderungsprozeß, auf die langsame Transformation einer städtebaulichen Idee in die Realität nicht einlassen mögen, Fragen, Einwände und Änderungswünsche von Bürgerinnen und Bürgern als Störung werten.

Erfolgreich sind Verfahren, wenn die räumliche Idee so stark ist, daß alle am Bau Beteiligten ihrer Kraft und Schönheit auf dem Weg zur Realisierung folgen. Das sollen die nachfolgenden Beispiele aufzeigen.

Messestadt Riem

• Städtbaulicher und landschaftlicher Ideenwettbewerb mit vertiefender Messeplanung für die künftige Nutzung des Flughafengeländes München-Riem, europaweiter, offener, städtebaulicher und landschaftlicher Ideenwettbewerb 1991.

Gebietsgröße: 556 Hektar

Programm: 6000 Wohnungen, 13.000 Arbeitsplätze in Gewerbe-, Misch- und Kerngebieten, das Messegelände mit der Sonderfreifläche und etwa 130 Hektar Landschaftspark.

Wettbewerb Riem 1990/91, 1. Preis: Jürgen Frauenfeld.

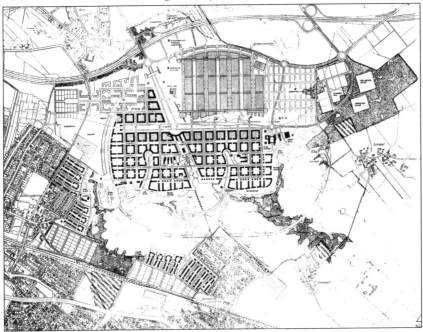

Landesgruppe Bayern

Teilnehmerzahl: 75 (von 388 Anforderungen)

Preisträger:

1. Preis: Jürgen Frauenfeld mit Landschaftsarchitekten Baer und Müller und den Verkehrsplanern Mörner und Jünger (Frankfurt)

2. Preis: Bystrup und Bregenhoj mit Landschaftsarchitekt Olsen Asger und den Verkehrsplanern Hansen und Nyvig (Kopenhagen)

Bei der beauftragten Umsetzung in einen städtebaulichen Rahmenplan ergaben sich erhebliche Probleme aus der relativ kleinteiligen und rigiden Blockstruktur. Die gewollte Nutzungsmischung von Wohn-, Kindergärten- und Arbeitsplätzen wie Freizeiteinrichtungen in einem Block war ohne Störung nur schwierig unterzubringen. Die gewünschte sehr hohe Wohnqualität bei auch kleinen und mittleren Wohnungen war nicht überall zu erreichen.

1. Bauabschnitt Neu-Riem – Mitte

Für den Bereich des 1. Bauabschnittes Wohnen, des Zentrums sowie der Kerngebiete im Bereich der Stadtteileinfahrt wurde 1993 ein beschränkter, zweistufiger, städtebaulicher und landschaftlicher Ideen- und Realisierungswettbewerb durchgeführt.

Teilnehmerzahl: 1. Stufe: 16; 2. Stufe: 8

Rahmenplan Riem, Stand 1992, Jürgen Frauenfeld.

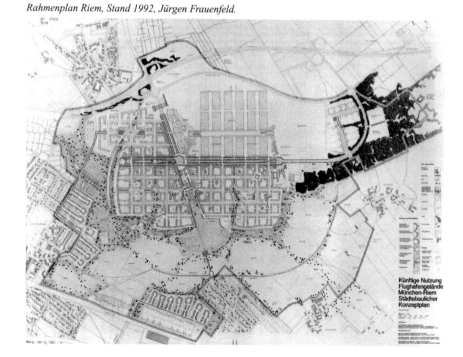

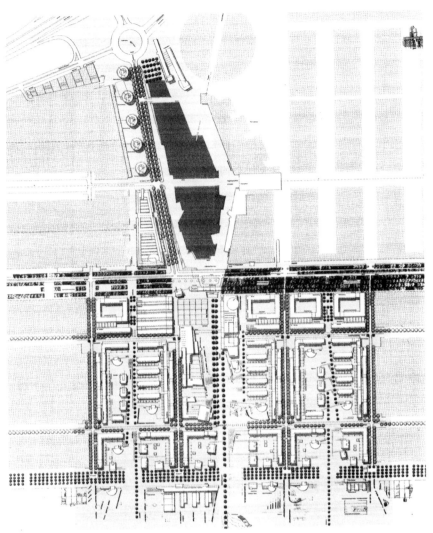

Wettbewerb Neu-Riem-Mitte, 1. BA Wohnen 1993, 1. Preis: Reiner, Weber, Hammer.

Die Teilnehmer waren überwiegend Preisträger und Ankäufe aus dem ersten Wettbewerb.

Größe des Gebiets: etwa 73 Hektar

Programm: Wohngebiet für etwa 2500 Wohnungen, Misch- und Kerngebiete, zentraler Platz und U-Bahnhof. In der 1. Stufe sollte das städtebauliche Grundgerüst erarbeitet werden und die vertiefte Planung für den zentralen Platz mit dem U-Bahnhof. Hier stand die Realisierung an.

1. Preis: Bystrup und Bregenhoj und Partner mit Landschaftsarchitekt Hansjakob
(Kopenhagen/München)

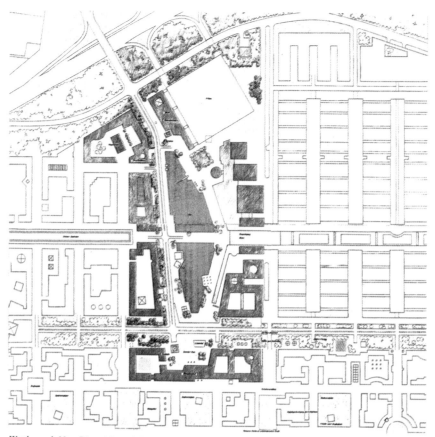

Wettbewerb Neu-Riem-Mitte, 1. Preis: Bystrup und Bregenhoj + Partner.

2. Preis: Reiner, Weber, Hammer mit Landschaftsarchitekten Valentien und Valentien (München)

In der 2. Stufe wurde das Wohngebiet und das Zentrum detaillierter ausgearbeitet.

Preisträger:

1. Preis: Reiner, Weber, Hammer mit Landschaftsarchitekten Valentien und Valentien für das Zentrum und das Wohngebiet
sowie ein weiterer

1. Preis: Bystrup und Bregenhoj und Partner mit Landschaftsarchitekt Hansjakob für das Gebiet der Stadtteileinfahrt und den zentralen Platz

Die großen Alleen der Stadtteileinfahrt, der zentrale Platz und der U-Bahnhof sind von dem Büro Bystrup/Bregenhoj und Partner weiterbearbeitet worden. Der Bebauungsplan für das Zentrum und das angrenzende Wohngebiet wurde von dem Büro Reiner, Weber, Hammer und den Landschaftsarchitekten Valenien und

Valentien erarbeitet. Der Auftrag ging bis in die Ausführungspläne für die Grünflächen, Straßen und Wege im Wohngebiet.

Dieser zweite Wettbewerb öffnete das Blockraster des städtebaulichen Rahmenplanes und nutzte die Qualität des Stadtrandes (7 km vom Zentrum) als Freiflächenangebot für alle Wohnungen mit der Verschränkung von Bauflächen und Freiflächen. Die baulich gefaßten, d. h. städtischen Straßen wurden beibehalten.

Die städtebauliche Idee überzeugte Bauträger und Bürgerinnen und Bürger. Riem ist ein attraktiver Standort im Grünen, aber stadtnah mit U-Bahnanschluß. Die ersten Wohnungen sind bezogen, weitere 850 werden zum Jahreswechsel 1999/2000 fertiggestellt sein. Die Planung ist im intensiven Dialog mit den zukünfigen Bauträgern und den örtlichen Politikerinnen und Politikern weiterentwickelt worden. Ein Beratergremium aus am Wettbewerb beteiligten Architekten und örtlichen Politikern begleitet die Realisierung des Projektes.

Landschaftspark

1995 wurde der offene Ideen- und Realisierungswettbewerb für den Landschaftspark für Landschaftsarchitektinnen und Landschaftsarchitekten mit internationalen Zulandungen ausgelobt.

Größe: etwa 210 Hektar

Programm: Ein Landschaftspark mit unterschiedlich intensiv zu nutzenden Spiel- und Sporteinrichtungen und einem Badesee.

Teilnehmerzahl: 76

Preisträger:

1. Preis: Gilles Vexlard (Paris)

Der Entwurf des Parks begeistert alle, Fachleute wie Laien, mit seiner klaren Gliederung und den schönen landschaftlichen Wiesen und Wäldern.

2005 wird eine Bundesgartenschau als Glanzlicht für den neuen Stadtteil durchgeführt werden, bis dahin wird der Park schon seine Qualitäten zeigen. Die ersten Wälder sind gepflanzt.

Hochbauwettbewerbe für die Feuerwache und die erste Schule

1995 wurde der bayernweit offene Realisierungswettbewerb für die Feuerwache ausgelobt.

Teilnehmerzahl: 90

Preisträger: 1. Preis: Dipl. Ing. Reinhard Bauer (München)

Ebenfalls 1995 wurde der Realisierungswettbewerb für die erste Schule europaweit ausgelobt.

Teilnehmerzahl: 131

Preisträger: 1. Preis: Mahler, Gumpp, Günster, Fuchs (Stuttgart)

Beide Wettbewerbe brachten sehr gute Ergebnisse für diese besonderen und herausragenden Bauwerke in dem neuen Stadtteil. Die Qualität der Gebäude setzt Maßstäbe auch für den später beginnenden Wohnungsbau. Die Bürgerinnen und Bürger müssen sich an die Modernität dieser Gebäude erst gewöhnen, aber sie schätzen sie, da mit ihnen die Infrastruktur in dem Stadtteil bereits vorhanden ist, auch wenn die Wohnungen erst im Bau sind. Nur der hohe Zaun an der Schule, der zum Wohngebiet sehr abweisend ist, obwohl doch die Schule der Treffpunkt und Veranstaltungsort für den neuen Stadtteil ist, wird laut und deutlich mißbilligt.

Zweiter Bauabschnitt Wohnen: östlicher Bereich der Messestadt Riem

Für den östlichen Bereich der Messestadt Riem wurde 1997 ein weiterer zweiphasiger Realisierungswettbewerb EU-weit mit der Schweiz ausgelobt, um auf der Basis des Grundkonzeptes für die Realisierung dieses 2. und 3. Bauabschnittes neue Ideen zu erhalten, die auch die Erfahrungen aus dem 1. Bauabschnitt berücksichtigen.

Bauplan Messestadt Riem, Stand 1998.

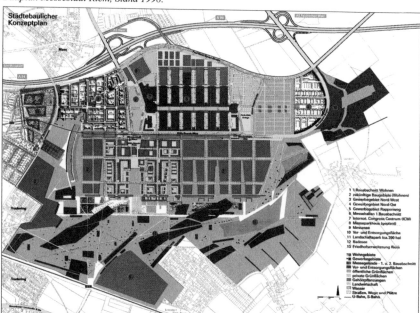

Größe: 45 Hektar

Programm: 2400 Wohnungen und Kern- und Mischgebiete, ein Schulzentrum, soziale Infrastrukur. Für den Wohnungsbau wurden wie bisher 40 Prozent freifinanzierter Wohnungsbau vorgesehen. Als zusätzliche Forderung sollten 10 Prozent der Wohnungen als Einfamilienhäuser geplant werden.

Teilnehmerzahl: 127 Büros

Preisträger: drei gleichrangige 1. Preise

- Martin Albers und Pierino Cerliani mit Landschaftsarchitekt Martin Schwarze (Zürich)
- Stefan Burger mit Landschaftsarchitekt Franz Xaver Ratzinger (München)
- Goergens und Miklauz mit Landschaftsarchitekt Rolf Lynen (München)

Die drei Büros wurden zu einer kooperativen Weiterbearbeitung 1998/1999 aufgefordert.

1. Preis dieses Verfahrens:
- Martin Albers und Pierino Cerliani (Zürich)

Die Beauftragung für die weitere Planung wird im Herbst 1999 erfolgen.

Wettbewerb Östliche Messestadt Riem, 2. BA Wohnen, 1998,
1. Preisträger und Weiterbearbeitung: Martin Albers und Pierino Cerliani.

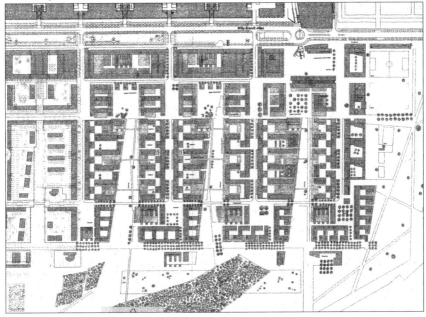

Die Erarbeitung der Planungen für den neuen Stadtteil Messestadt Riem auf der Basis von städtebaulichen und Hochbauwettbewerben hat gute Ideen und gute Ergebnisse gebracht. Die Verfahren waren zum Teil sehr aufwendig (viele Teilnehmer) und auch besonders für die Laien in den Preisgerichten deswegen sehr anstrengend. Die Preisgerichte waren groß, da neben den Sach- und Fachpreisrichtern auch noch viele Sachverständige einzubeziehen waren (hier z. B. zwei Wohnungswirtschaftler). Dennoch wurde sehr diszipliniert gearbeitet und diskutiert.

Die Ergebnisse der Wettbewerbe werden Planungsaufträge. Die städtebaulichen und gestalterischen Ziele werden mit Hilfe einer Beratergruppe aus freien Architekten und Landschaftsarchitekten und örtlichen Politikerinnen und Politikern und Vertretern der Verwaltung umgesetzt bis zur Gebäudequalität, Lichtkonzepten, Freiraumgestaltung. Ebenso sind die Broschüren ,Ökologische Bausteine' I und II zur Stadtplanung und zur Gebäudeplanung Grundlage für die bauliche Qualität der Messestadt.

Ob die Bewohner zufrieden sind, soll bei der Vergabe eines Bauherrenpreises erfragt werden.

Die Wettbewerbe für die Messestadt Riem waren neben der Suche nach der besten städtebaulichen Lösung auch Lehrstücke über Trends und ,Moden' im Wohnungs- und Städtebau.

Die Blockstrukturen boten bekannte Qualitäten wie in Schwabing oder Haidhausen und schienen deshalb auch für einen neuen Stadtteil geeignete Lösungen zu ermöglichen. Bei der weiteren Durcharbeitung zeigte sich, daß sie aber

Wettbewerb Östliche Messestadt Riem, 2. BA Wohnen, 1998,
1. Preisgruppe: Dipl.-Ing. Goergens und Miklauz.

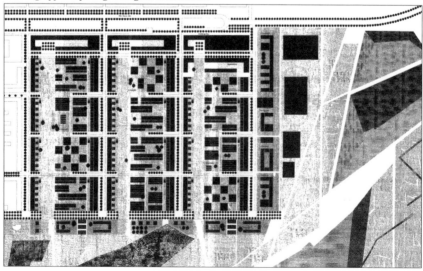

heute bei den kleineren Wohnungen und ökologischen Anforderungen an die Gebäudequalität nicht mehr so gut geeignet sind, um eine hohe Wohnqualität zu realisieren.

Mit dem klassischen Zeilenbau ist allerdings nur schwierig eine interessante städtebauliche Gestalt zu entwickeln. Die gefundene Mischung aus einer klaren Straßenrandbebauung in größeren Blöcken mit dahinterliegenden auf die Freiflächen orientierten Zeilen verspricht eine gute und tragfähige Lösung zu werden.

Manchem Architekten ist die Verbindung vom Haus zur Straße und zum Garten beim Wohnungsbau auch heute noch recht gleichgültig und oft ohne Stufen nicht zu überwinden. Auch die Wohnqualität bezüglich der Belichtung und Besonnung im Winter und ausreichende Abstandsflächen sind keineswegs selbstverständlich. Die gewünschte Freiraumqualität für verschiedene Gruppen, laute Jugendliche und friedvolle Alte, sind jedem bekannt, aber die räumlichen Vorschläge bleiben oft hinter den Anfordrungen zurück. Die hohe Dichte in München und auch in der Messestadt Riem mit Geschoßflächenzahlen bis zu 1,6 bietet sicher eine größere Schwierigkeit für die Realisierung guter Wohnqualitäten; aber bei den hohen Erschließungskosten und der U-Bahnnähe sind diese Dichten zwingend erforderlich.

Die hohe Kunst, gute Wohnungen mit schönen Gärten in einem angenehmen und attraktiven neuen Stadtquartier zu planen, wird nur von sehr wenigen Architekten und Städtebauern beherrscht. Auch gute Wettbewerbsergebnisse brauchen noch sehr viel Arbeit bei der Umsetzung und die Honorierung nach der HOAI ist gerade im Städtbau sehr knapp, oft zu knapp.

Wettbewerb Östliche Messestadt Riem, 2BA Wohnen 1998, 1. Preisgruppe: Stefan Burger.

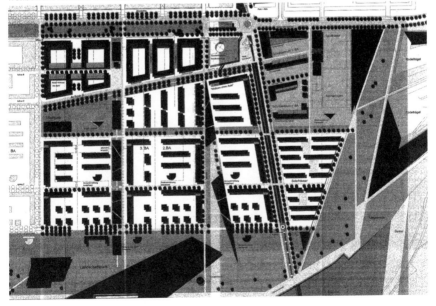

Panzerwiese

Für die ehemalige Panzerwiese, eine zum Teil unter Naturschutz stehende Heidelandschaft im Münchner Norden wurde 1993 ein städtebaulicher und landschaftsplanerischer Ideenwettbewerb offen für Süddeutschland (Bayern, Baden-Württemberg, Hessen) ausgelobt.

Größe: 100 Hektar, davon die Hälfte Bauflächen, die Hälfte Heideflächen als Park.

Programm: 3000 Wohnungen, zwei Schulen, soziale Infrastruktur und zentrale Einrichtungen

Teilnehmer: 39

Preisträger:

1. Preis: Dipl. Ing Hans Engel und Prof.Dipl. Ing. Jötten mit Landschaftsarchitektin Fink Prechter.

Die Preisträger haben den städtebaulichen Rahmenplan und darauf aufbauend in Abschnitten die Bebauungspläne erarbeitet. Seit 1998 werden die ersten Wohnungen auf der Panzerwiese gebaut. Das klare vier- bis achtgeschossige Zeilenkonzept mit darunterliegender Tiefgarage, das eine Verzahnung zwischen Bebauung und Heidelandschaft ermöglicht, läßt die heute dringend gewünschte kleinteilige Realisierung auf eigenen Parzellen für Häuser mit vier bis acht Wohnungen kaum zu. Auch die Veränderung von Geschoßbau in verdichtete Einfamilienhäuser, Reihenhäuser ist kaum möglich.

Wettbewerb Panzerwiese, 1993, 1. Preis: Hans Engel und Jötten und LA Fink Prechter.

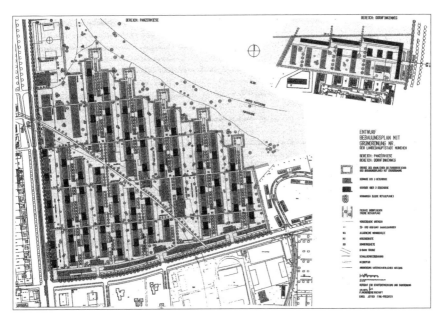

Panzerweise, Rahmenplan Stand 1994, Engel, Jötten und Fink Prechter.

Um die Variationsmöglichkeiten in der vorgegebenen Bebauungsstruktur weiter zu überprüfen, wurde ein typischer Ausschnitt aus dem Bebauungsplan Panzerwiese für den bundesweiten Initiativwettbewerb von der Bausparkasse Schäbisch Hall und der Zeitschrift Stern ‚Wohnen in der Stadt' vorgeschlagen.

Größe: etwa ein Hektar

Programm: etwa 150 Wohungen

Teilnehmerzahl: 26

Der Wettbewerb war regional für Bayern offen und hatte zwei Bearbeitungsphasen. Von den 26 eingegangenen Wettbewerbsentwürfen wurden zehn Arbeiten zur zweiten Bearbeitungsphase zugelassen.

Preisträger:

1. Preis: Büro für Städtebau und Architektur 02, München; Andreas Garkisch, Karin Schmid und Dirk Stender, Landschaftsarchitekt Gerd Aufmkolk

Ziel dieses Wettbewerbs war es, einfamilienhausähnliche Bauformen für das Wohnen in der Stadt vorzuschlagen. Der Wettbewerb hat sehr interessante Ergebnisse gebracht, aber auch die relativ geringe Flexibilität der klaren Zeilenbebauung mit Tiefgaragen noch einmal verdeutlicht. Das Ergebnis dieses Realisierungswettbewerbs wird jetzt als Änderung in die Planungen eingearbeitet, damit es auch umgesetzt werden kann.

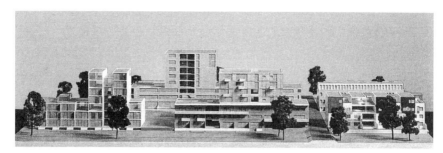

Wohnen in der Stadt, München Panzerwiese, Initiativwettbewerb von Schwäbisch Hall, Bayernkasse und Stern 1998; 1. Preis: Michael Winner, Dirk Stender, Karin Schmidt und Andreas Garkisch.

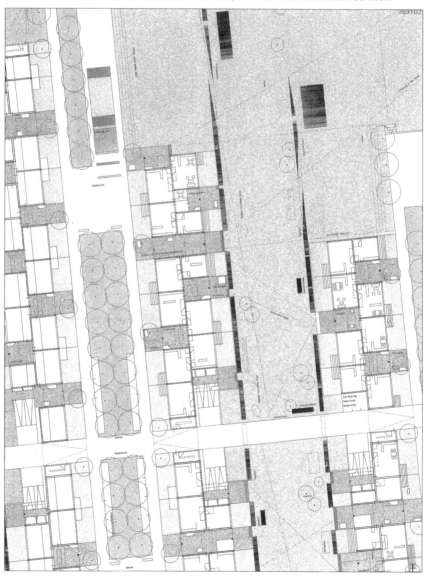

Die Entwurfsverfasser des städtebaulichen Ideenwettbewerbs bedauern die sich bei der Realisierung des Projektes ergebenden notwendigen Änderungen und sehen sie eher als Eingriff und Angriff auf ihre Idee, als eine Chance zu Dialog und zur Weiterentwicklung.

Waldmann-Stetten-Kaserne

Ackermannbogen

Der städtebauliche und landschaftliche Ideenwettbewerb für das ehemalige Kasernengelände in Schwabing wurde 1996 europaweit ausgeschrieben.

Größe: 40 Hektar

Programm: 2400–2600 Wohnungen, Dienstleistungen und zentrale Einrichtungen, hohe ökologische Qualität, Niedrigenergiestandard soweit möglich. Die ersten 1000 Wohungen sollten im Rahmen der ‚Offensive Zukunft Bayern' realisiert werden.

Teilnehmer: 57

Wettbewerb Ackermannbogen, 1997, 1. Preis: Dipl.-Ing. Vogel.

Preisträger:

1. Preis: Dipl.Ing. Vogel und Landschaftsarchitektin Lex Kerfes (München)

Die Preisträger sind mit der Erarbeitung des städtebaulichen Rahmenplans als
Grundlage für die Bebauungspläne beauftragt worden. Die Planung wird intensiv

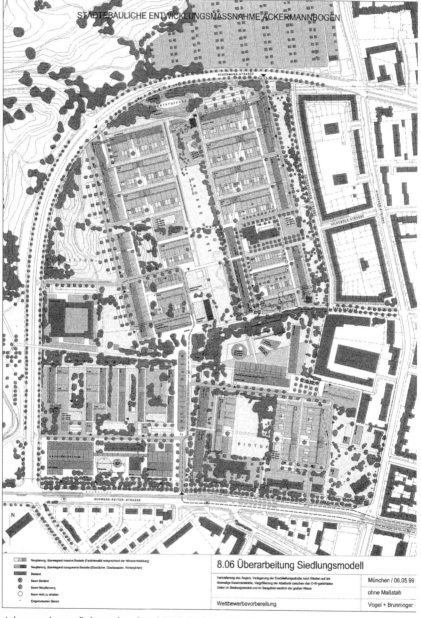

Ackermannbogen, Rahmenplan, Stand 1999, Dipl.-Ing. Vogel.

von den Bürgerinnen und Bürgern des Stadtteils, den Bezirksausschußmitgliedern und den Interessenten für Wohnungen und Büros begleitet; deren Vorstellungen vom Stadtquartier weichen zum Teil erheblich von der strengen Zeilenbebauung des Architekten ab. Immer wieder wird der Wunsch nach der Schwabinger Blockstruktur geäußert, wie sie im Wettbewerb von den 3. Preisträgerinnen (Büro Zwischenräume München) vorgeschlagen worden war. Die Stadt hat sich zwar deutlich für die Arbeit des 1. Preisträgers als Grundlage für die Realisierung entschieden, erwartet aber selbstverständlich, daß Wünsche von Bürgerinnen und Bürgern und dem Bezirksausschuß soweit wie möglich berücksichtigt werden. Es fällt dem Architekten sehr schwer, sich auf dieser Wünsche einzulassen und die Planungen entsprechend zu modifizieren.

Im Jahr 2000 soll auf der Basis von Realisierungswettbewerben, an denen die zukünftigen Bauherrinnen und Bauherren als Preisrichter mitwirken, mit dem Verkauf von Grundstücken und dem Bau begonnen werden. Die ersten 1000 Wohnungen werden im Rahmen der bayerischen EXPO-Projekte 2000 in Hannover für den ökologischen Wohnungsbau vorgestellt.

Die zukünftigen Nutzerinnen und Nutzer möchten sich ihren Stadtteil weitgehend selbst gestalten. Ob die relativ strenge städtebauliche Grundordnung des vorgeschlagenen Entwurfs diese Wünsche bündeln und ihnen die passende Form geben kann, wird sich zeigen. Es ist eine schwierige Gratwanderung, den städtebaulichen Entwurf und die Wünsche aus der intensiven Beteiligung zu einem harmonischen Ergebnis zu bringen. Der Architekt leidet dabei ebenso wie die beteiligten Gruppen. Hier wäre eine frühe Zusammenführung von interessierten Bauherrinnen und Bauherren und an solchen Verfahren interessierten und erfahrenen Architekten und einem darauf aufbauenden Wettbewerbsverfahren vielleicht richtiger und weniger anstrengend für alle Beteiligten gewesen. Jetzt prallen die unterschiedlichen Vorstellungen aufeinander und es bleibt zu hoffen, daß der gemeinsame Weg von dem städtebaulichen Grundkonzept des Rahmenplanes über die noch 1999 geplanten Realisierungswettbewerbe mit intensiver Beteiligung der späteren Bauherrinnen und Bauherren zu guten Ergebnissen führt und dabei die klare und überzeugende städtebauliche Grundstruktur erhalten kann.

Kristallsiedlung

Modellvorhaben kostengünstiger Wohnungsbau in der Smaragdstraße.

1995 wurde im Rahmen der Modellvorhaben für den kostengünstigen Wohnungsbau ein bayernweiter Realisierungswettbewerb mit einigen Zuladungen auch aus dem europäischen Ausland ausgelobt.

Größe: 1,3 Hektar

Programm: 80 Wohnungen, Geschoßflächenzahl 0,4, Preis pro qm Wohnfläche sollte unter 1800 DM pro qm reine Baukosten liegen. Die Projekte sollten im Rahmen des öffentlich geförderten Wohnungsbaus realisiert werden.

Teilnehmer. 50

Das Verfahren war dreistufig unter intensiver Beteiligung der Obersten Baubehörde organisiert worden.

Preisträger:

1. Preis: Michael Ziller (München)

2. Preis: Helmut Zieseritsch (Graz)

3. Preis: Christopher Stark (München)

Nach dem Wohnungsbauwettbewerb, bei dem bereits auf die kostengünstige Konstruktion und Baukörperausbildung großer Wert gelegt worden war, wurde die 2. Stufe des Wettbewerbs durchgeführt. Für jeden der drei Entwürfe wurden von Generalunternehmern in Preis- und Systemkonkurrenz Angebote eingeholt (Ziel war es, drei Angebote für jeden Entwurf zu erhalten).

Als 3. Stufe wurde ein kooperatives Verfahren zur Optimierung der Angebote durchgeführt mit dem Ziel, Festpreisangebote für die Entwürfe und eine Empfehlung für die Realisierung zu erhalten. Das Verfahren war zeitaufwendig und teuer. Es hat keine wesentlichen Abweichungen von der Bauordnung zur Kosteneinsparung aufgezeigt, was möglich gewesen wäre.
Der Entwurf des Architekten Zieseritsch ist aufgrund der städtebaulichen Qualität und Wohnungsqualität zur Ausführung empfohlen worden. Die geringe Gebäudetiefe, die innovativen Grundrisse und kostengünstigen Konstruktionen waren Grundlage dieser Entscheidung. Der Festpreis lag bei 1733 DM pro qm reine Baukosten; die Wohnungen wurden für etwa 4500 DM pro qm Wohnfläche Gesamtkosten verkauft. Für München war dieser Preis eine echte Sensation.

Der Bau wurde 1997 begonnen, 1998 wurden die Wohnungen an Eigentümer verkauft und an Mieter vergeben. Auf Sonderwünsche wie schräge Wände zur

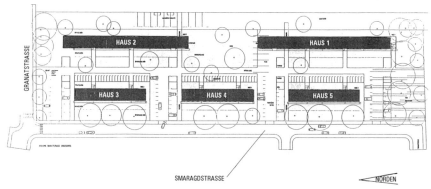

Wettbewerb Kostengünstiger Wohnungsbau Smaragdstraße, 1995,
2. Preis: Helmut Zieseritsch und LAS Maurer.

Modell

Wettbewerb Kostengünstiger Wohnungsbau
Smaragdstraße, 1995,
2. Preis: Helmut Zieseritsch und LAS Maurer.

Teilung der Wohnung, offene oder geschlossene Küchen, unterschiedliche Ausstattungen u. a. hatten sich Architekt und Bauherr eingestellt und die Zufriedenheit mit dem Ergebnis ist allseits sehr groß. Die Realisierung dieser Siedlung war ein großer Erfolg. Architekt und Bauherr haben die Chance genutzt, die die Flexibilität des Bausystems für die besonderen Wünsche der Käufer und Mieter bot. Ein Gemeinschaftsraum, der als Kinderspielraum dienen kann und die vom Landschaftsarchitekten Dr. Maurer robust und attraktiv gestalteten Gärten und Freiräume vervollständigen dieses schöne Wohnquartier im Münchner Norden.

Theresienhöhe – die Nachnutzung der Messe

Mitte 1995 wurde die europaweite Ausschreibung der Wettbewerbsaufgabe für die Nachnutzung der Thersienhöhe durchgeführt. Aus 140 Bewerbungen wurden durch eine Jury zehn Teilnehmerbüros ausgewählt (es war das Ziel, sowohl junge

Büros zu finden, als auch Münchner und ausländische Büros, die sich jeweils mit ähnlichen Aufgaben bereits befaßt hatten oder interessante Wettbewerbsergebnisse vorweisen konnten).

Der Wettbewerb wurde als kooperatives Verfahren durchgeführt. In vier Kolloquien während der Bearbeitungszeit von vier Monaten haben die Büros mit den Fach- und Sachpreisrichtern, vier sachverständigen Beratern aus der Immobilienbranche und den vier Bezirksausschußvorsitzenden der betroffenen und angrenzenden Stadtbezirke ihre jeweiligen Lösungsansätze und deren weitere Entwicklung diskutiert.

Größe: etwa 40 Hektar

Programm: 1500 Wohnungen und 1500 Arbeitsplätze bei Dichten zwischen 1,5 und 3,0. Der vorhandene Park sollte erhalten und vergrößert werden. Die gründerzeitlichen Messehallen bleiben erhalten und werden vom Deutschen Museum als ,Museum der Mobilität' genutzt werden.

Preisträger:

1. Preis: Büro Prof. Steidle und Partner (München) mit den Landschaftsarchitekten Thomanek und Duquesnoy (Berlin)

2. Preis: Hilmer und Sattler (München) mit dem Landschaftsarchitekten Lutz

3. Preis: Ortner und Ortner (Wien/Berlin) mit den Landschaftsarchitekten Burger und Tischer (München)

Das Büro Prof. Steidle und Partner und der Landschaftsarchitekt Thomanek sind mit der Rahmenplanung und der Erarbeitung der Bebauungspläne beauftragt worden. Der erste Bebauungsplan wird voraussichtlich noch im Jahre 1999 als Satzung beschlossen. Die ersten vier Grundstücke im Norden und Westen des Gebiets sind veräußert.

Zur Zeit werden Realisierungswettbewerbe für die Gebäude durchgeführt. Bei den Wettbewerben werden Prof. Steidle und Landschaftsarchitekt Thomanek als Preisrichter mitwirken um die Kontinuität zu wahren. Weitere Wettbewerbsteilnehmer der 1. Stufe sollen bei den beschränkten Verfahren beteiligt werden.

Die intensive Beteiligung der betroffenen Bezirksausschüsse und örtlichen Initiativen hat zu einer breiten Kenntnis des Projektes im Stadtteil geführt. Es hat immer wieder heftige Proteste gegen die vorgelegte Planung gegeben, die nach Meinung einer Gruppe von Anwohnern noch zu wenig Grün- und Freiflächen als Ausgleich für das dichtbebaute angrenzende Westend bieten wird, obwohl viele Wünsche und Hinweise bei der Planung berücksichtigt wurden.

Die Realisierung wird mit großem Interesse in dem Stadtteil aber auch in der Gesamtstadt verfolgt, die im Münchner Westend beheimatete Wohnungsbaugenossenschaft will auch in dem neuen Quartier Wohnungen für ihre Genossen bauen.

Die intensive Diskussion der städtebaulichen Chancen und vorgeschlagenen Lösungen für die Theresienhöhe hat zu einer breiten Akzeptanz des Projekts bei den Münchnerinnen und Münchnern ganz allgemein, aber auch bei den Investoren geführt. Das Interesse in diesem Stadtteil zu bauen, ist groß. Das koope-

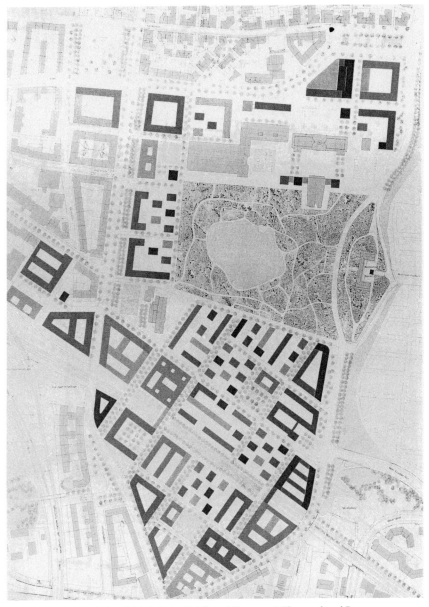

Wettbewerb Theresienhöhe, 1996, 1. Preis: Steidle und Partner mit Thomanek und Duquesnoy.

rative Wettbewerbsverfahren hat eine breite Beteiligung der ansässigen Bezirksausschüsse und über sie der Initiativen ermöglicht.

Es ist das Ziel einzelner bisher an dem Verfahren beteiligten Architekturbüros, sich auch weiterhin bei der Realisierung zu beteiligen, um die im Wettbewerb geleistete intensive Auseinandersetzung mit dem Quartier auch für die Hochbauten fruchtbar werden zu lassen.

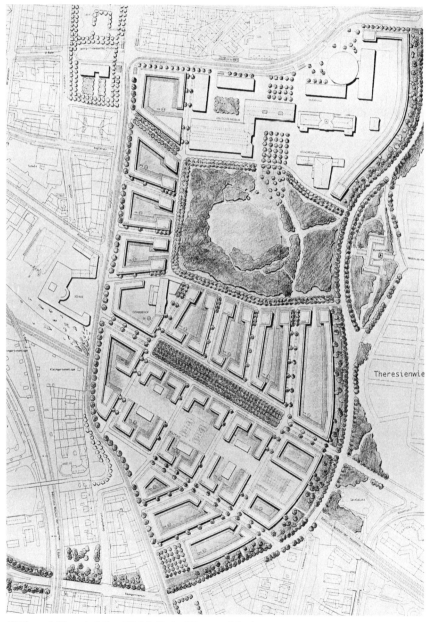

Wettbewerb Theresienhöhe, 1996, 2. Preis: Hilmer und Sattler mit Latz + Latz.

Landesgruppe Bayern

Das städtebauliche Konzept von Prof. Steidle, das unterschiedliche Bauweisen in dem Gebiet ermöglicht, geschlossen an den Straßen wie in den umgrenzenden Quartieren und eher offen auf den Park hin orientiert wie an der Theresienwiese, führt die in München traditionellen Bauformen in moderner Form weiter. Die hohe Akzeptanz des neuentwickelten Stadtquartiers zeigt die Richtigkeit der städtebaulichen Idee.

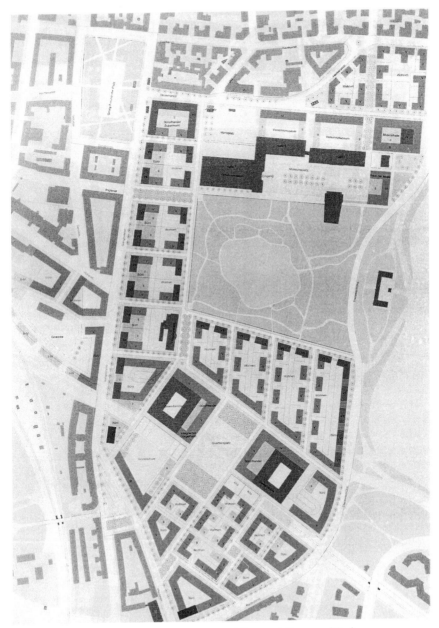

Wettbewerb Theresienhöhe, 1996, 3. Preis: Ortner und Ortner mit Burger und Tischer.

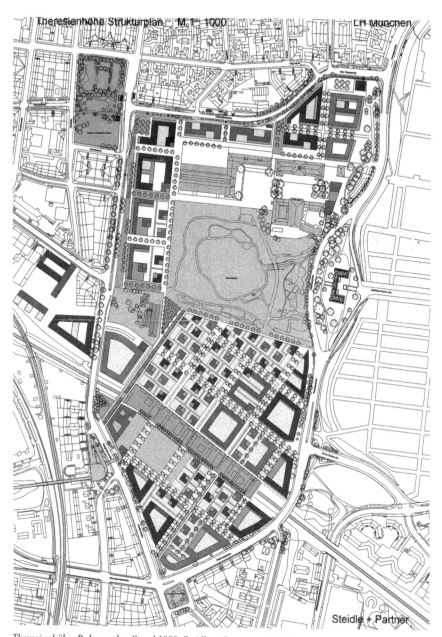

Theresienhöhe, Rahmenplan Stand 1999, Steidle + Partner mit LA Thomanek.

Zusammenfassung

Aus den dargestellten Wettbewerben für fünf Stadtquartiere mit insgesamt fast 15.000 Wohnungen läßt sich zusammenfassend feststellen:

Je intensiver der Dialog zwischen Architekten und zukünftigen Bauherrn und Nutzern ist – und in deren Vertretung auch den heutigen Nachbarn und interessierten Bürgerinnen und Bürgern und den gewählten örtlichen Politikerinnem und Politikern – desto besser werden die Ergebnisse. Anonyme Verfahren, d. h. offene Wettbewerbe für noch nicht bekannte Bauherren, bergen die Gefahr, daß Entwürfe auf der Ebene der Leitbilder bleiben und die Anpassung an die Wünsche der späteren Bewohnerinnen und Bewohner als Beeinträchtigung und nicht als Bereicherung verstanden werden.

Wettbewerbsverfahren müssen das berücksichtigen, damit gute, mutige und großartige Ideen Realität werden können. Dabei ergeben sich Preisgerichte, Gremien mit 30 – 40 Personen, mit Preisrichtern und Sachverständigen. Das sind viele Personen mit sehr unterschiedlichen Meinungen. Wir haben aber festgestellt, daß bei kluger Führung ein diszipliniertes Arbeiten möglich ist und alle voneinander zum Wohle der Stadt und der späteren Bewohner lernen, (lernen heißt auch, von liebgewordenen traditionellen Ideen abzuweichen und Neues zu akzeptieren).

Nur der Dialog zwischen Architekten und späteren Bauherren und Bewohnern läßt aus den guten Ideen auch lebendige und lebenswertere Wohngebiete in den neuen Stadtquartieren werden.

Ingrid Krau

Stadt und Wettbewerb

Anlaß zur Reflexion bot mir die Fachtagung „Das städtebauliche Wettbewerbs-wesen – neue Aufgaben, veränderte Verfahren" , die das Institut für Städtebau und Wohnungswesen München DASL im Mai 1999 veranstaltete und an die sich eine abendliche Podiumsdiskussion in Kooperation mit dem BDA Bayern und der Bayerischen Architektenkammer anschloß.

Dem Institut schien es selbstverständlich, daß die Erneuerung und Weiterent-wicklung der Stadt in neuen Konstellationen der Entscheidungsfindung und Durch-führung ursächlich zu neuen Aufgabenstellungen und neuen Verfahren führt. Es muß genauso selbstverständlich sein, daß die derzeitige Vielfalt von Verfahrensarten gleichermaßen daran zu messen ist, was sie zur Qualitätssicherung für die gebaute Umwelt beiträgt und wie sie zur Konsensfindung in einer vielschichtigen städti-schen Gesellschaft taugen. Darüberhinaus interessiert – pro domo gesprochen – wie die Architekten und Stadtplaner die neuen Ansprüche erfüllen und wie sie in den Verfahren ihre berufliche Existenz absichern können.

Bei der Fachtagung waren vor allem Referenten zu Wort gekommen, die mit der Organisation komplexer Planungsprozesse zu tun haben. Daher gab es eine weit-gehende Übereinstimmung, daß
- Planungskultur dem Austragen unterschiedlicher Interessen zu dienen habe,
- Lösungen zu suchen seien, die das Ganze der Stadtentwicklung im Auge hätten und für unterschiedliche Interessengruppen tragfähig seien,
- vor dem Bearbeiten einer Aufgabe die gewollte Zukunft zu klären sei und man sich auf Ziele im Dialog zu einigen habe.
- Weiter, daß die Vorstellungskraft der Architekten und Planer gebraucht werde, um Zukunft über bildhafte und räumliche Visionen vorstellbar und diskutierbar zu machen und daß dazu städtebauliche Ideenwettbewerbe benötigt werden,
- daß es dabei jedoch nicht die eine richtige Lösung gäbe, sondern bessere und schlechtere, was in der Regel erst durch Diskussion zwischen den verschiedenen Beteiligten sichtbar würde,
- und daß letztendlich die Wettbewerbsidee in den städtischen Diskurs eingebunden werden müsse und von den Beteiligten weiterentwickelt werden dürfe.

Davon hoben sich die abendlichen Podiumsbeiträge deutlich ab:
Aus Sicht der eingeladenen Architekten gibt es keine Notwendigkeit zu veränderten Verfahren, sie seien eher eine Gefahr für das Wettbewerbswesen. Der städtebauliche Ideenwettbewerb habe ein hartes, elitäres Ausleseverfahren zu sein, bei dem plebis-zitäre Elemente wie die Bürgerbeteiligung nichts zu suchen hätten. Auch könnten Visionen nicht dialogisch entstehen.

Das provozierte zur Gegenposition aus der Sicht der Planungsverantwortung für das Gemeinwesen Stadt: Architekten, die für ihre Ideen einen Schutz vor den Wünschen der Bürger forderten, hätten ein nicht mehr zeitgemäßes Berufsverständnis. Es gehöre zu ihren Aufgaben, Sinnstiftung und Nutzen ihrer Entwurfsvorschläge einem Laienpublikum nahe bringen zu können.

Sicher nicht von der Hand zu weisen war der Architekteneinwand, daß interessante und innovative Bauwerke wie die Fortbildungsakademie in Herne bei einer Bürgerabstimmung keine Chance gehabt hätten und daß ein guter Städtebau schon gar nicht von einem Laien zu erkennen sei. Doch wurde auch auf ein Gegenbeispiel verwiesen: die von Peter Hübner mit Schülern und Bürgern in Gelsenkirchen im Rahmen der IBA-Emscherpark geplante Schule ist ein so innovatives wie ansehnliches Gebäude geworden. Offenkundig muß die Dialogfähigkeit der Architekten die Kreativität nicht mindern, sondern kann sie durchaus auch beflügeln.

Zwischen Dialogfähigkeit und Rückzug auf den Parnass der Genies klafft eine empfindliche Lücke. Sie scheint mir auf die prekäre Situation des Berufsstandes zu verweisen, Produktverantwortung in kooperativen Herstellungsprozessen auszugestalten. Dies gilt auch für städtebauliche Aufgaben, bei denen interdisziplinäre Kooperation und Auseinandersetzung mit den Vorstellungen der Investoren, der politischen Mandatsträger und der Bürger über die Tauglichkeit der Lösung mitentscheiden. Beim industriell gefertigten Produkt entscheidet der Markt, d. h. der Nutzer, ob es weiter hergestellt wird. Bei städtebaulichen Maßnahmen muß eine erste Rückmeldung, ob die Gesellschaft damit leben kann, bereits in der Phase der Ideeenfindung erfolgen, bevor die langwierige Arbeit der Umsetzung erfolgt – auch dies gehört zur Produktveranwortung.

An den städtebaulichen Ideenwettbewerben der letzten Jahre für repräsentative Großaufgaben auf der einen und für zeitgemäßes Wohnen auf der anderen Seite ist zu sehen, wie unterschiedlich sich Produktverantwortung in beiden Bereichen darstellt. Bei den ersten wog, soweit es Staatsaufgaben betraf, der Repräsentationswille schwerer als der Sparauftrag, die Begleichung der Rechnung ist im Wesentlichen den kommenden Generationen auferlegt. Dies enthob die Beteiligten von ökonomischer Enge. Den Ausleseverfahren im Rahmen internationaler Wettbewerbe gingen zwar umfassende Auslobungsvorstellungen voraus, aber letztenendes galt doch, was die Elite der Architekten an Visionen aufzeigte. Die häufige Kurzlebigkeit von politischen Karrieren, Unsicherheiten in kulturellen Fragen und die enge Bindung der Verwaltungen an das Tagesgeschäft mögen Gründe für die enorme Anlehnungsbedürftigkeit an Eliten in Wettbewerbsverfahren sein. Der Mut zu Visionen wird jedoch häufig oder gar meist bei städtebaulichen Ideenwettbewerben nicht belohnt – aus den genannten Gründen.

Wenden wir uns der Ideenfindung und Konzeptarbeit für zeitgemäße Wohnsiedlungen zu. Der Weg zum Erfolg setzt ein umfassendes solides Wissen voraus, um kostengünstig, herstellungstechnisch optimiert, flächensparend, ressourcenschonend und auch noch energetisch optimiert, sozial- und nutzungsgerecht planen zu können. Hier stellt sich immer mehr die Frage, ob der städtebauliche Ideenwettbewerb die richtige Strategie zur Qualitätssicherung ist. Im Grunde geht es um systematische und auf Fortsetzung angelegte Forschungs- und Entwicklungsarbeit, die die Perfektionierung des Produkts von Mal zu Mal weitertreibt und auf je spezifische örtliche und soziale Situationen anwendet. Der anonyme und offene Wettbewerb hat sicher auch hier seinen Sinn, um als Newcomer-Büro hervorzutreten und zu ersten Aufträgen zu kommen. Wenn er aus diesen Gründen aufrechterhalten wird, dann muß auf anderer Ebene für den dazu notwendigen Qualifikationserwerb gesorgt werden. Mindestens genauso wichtig ist die Frage, wie Starter in der Einstiegsphase Fehler minimieren und Wissen erwerben können. Vorstellbar ist die Einbindung in professionell organisierte Netzwerke, in denen Kooperation wie Beratung als Dienstleistung abrufbar wäre. Dieser Qualifizierungsweg entspräche der heutigen Praxis, den anonymen und offenen Wettbewerb auf eine Einstiegs- und Bewerbungsphase zu beschränken und nur eine Auswahl weiterarbeiten zu lassen.

Eine weitere Kontroverse entzündete sich bei der ISW-Veranstaltung an der Frage, ob kooperative Verfahren als Verbesserung des Wettbewerbswesens anzusehen seien oder eher als eine Behinderung und Bedrohung der Wettbewerbskultur. Für die meisten lag auf der Hand, daß inhaltlich komplexe und erst in einem längeren Klärungsprozeß verschiedener Disziplinen zu durchdringende Aufgaben in kooperativen Verfahren gut aufgehoben sind.

Dies wurde unterschieden vom offenen Ideenwettstreit konkurrierender Teams. Letzterer impliziert eine härtere Konkurrenzsituation als der offene Wettbewerb, was durchaus im Sinne eines vertieften und beschleunigten interaktiven Lernprozesses förderlich sein kann. Er bedarf aber großer Fairness in der Durchführung und braucht eine frühzeitige Zuschreibung der eingebrachten Ideen zu deren Autoren. Er braucht am Ende auch eine neutrale Jury aus Personen, die in die Durchführung des kooperativen Verfahrens nicht einbezogen waren.

Schließlich ist eine weitere Art kooperativer Verfahren zu unterscheiden: das Verfahren der Konsenssuche zwischen den von einem Planungsvorhaben berührten Interessengruppen. Gemeinsame, aufeinander aufbauende und ergebnisorientierte Werkstattarbeit kann – wie von Beteiligten eingebracht wurde – ausgesprochen Spaß machen. Sie kann, wenn sie frühzeitig genug erfolgt, auch das Entstehen von verhärteten Fronten verhindern und so Verfahren beschleunigen. Dieses Verfahren ist zwischen Verwaltung, Bürgerrepräsentanten, Architekten und Investorenseite, längst auch in mehreren Städten erprobt.

BDA und Kammern täten sicher gut daran, sich der kooperativen Verfahren konstruktiv anzunehmen und zu sagen, in welchen Fällen sie angemessen sind und in welchen nicht, sich zur Ausgestaltung der Verfahren Gedanken zu machen, einen Verfahrenskodex für deren Durchführung zu erarbeiten und sich für das Verbindlichwerden einzusetzen.

Einig war man sich, daß solche Verfahren nicht zur durchgängigen Regel werden sollen, insbesondere taugen sie nicht für klar definierte städtebauliche Wettbewerbe, bei denen es um herausgehobene repräsentative Aufgaben geht. Der offene Wettbewerb soll hier durchaus der Regelfall bleiben. Er ist immer noch die beste Form, die Tauglichkeit von Ideen auf einem breitem und offenen Feld des Vergleichs zu prüfen und um neuen Büros und Arbeitsgemeinschaften eine Chance zu eröffnen.

Aber die Wettbewerbsverfahren brauchen einen neuen Impetus der Sorgfalt. Dazu gehört vorzugsweise die stärkere Einbindung der Preisrichter. Sie sollen verbindlich in die Vorbereitung der Auslobung einbezogen werden, um die Rahmenbedingungen der Aufgabe besser zu kennen und vertreten zu können. Denn die größte Sorge muß der weiteren Umsetzung gelten. Erste Preise, die nicht realisiebar sind, schaden dem Wettbewerbswesen insgesamt.

Mehr Augenmerk verdient auch die Diskrepanz zwischen dem Stellenwert des ersten Preises für den Preisträger und für den Auslober. Der Preisträger glaubt mit der kompromißlosen Zuerkennung des ersten Preises attestiert zu bekommen, daß sein Entwurf ein über alle Zweifel erhabenes fertiges Produkt sei, an dem niemand mehr Hand anlegen dürfe. Der Auslober wird im folgenden Verfahren hingegen schnell mit weitergehenden Ansprüchen konfrontiert. An ein neues Produkt- und Prozeßverständnis müssen die nächsten Architektengenerationen schon an der Hochschule herangeführt werden.

Nachbemerkung

Beteiligt an der Debatte waren:

Dr. Heidede Becker, DIFU, Berlin
Dipl.-Ing. Horst Biesterfeld, BDA Bayern, München
Dr. Dierk Ernst, Geschäftsführender Gesellschafter, Hannover Leasing und Tercon, München
BD Dipl.-Ing. Martin van Hazebrouck, Oberste Baubehörde, München
Prof. Dr. Ingrid Krau, ISW München DASL
Dipl.-Ing. Carsten Kümmerle, Architektenkammer Berlin
Ltd. BD Dieter von Lüpke, Stadtverwaltung Frankfurt am Main
Dipl.-Ing. Rudolf Scheuvens, Dortmund
Martin Stein, Projektkoordinator der EXPO 2000 Sachsen-Anhalt GmbH, Dessau
Dipl.-Ing. Christiane Thalgott, Stadtbaurätin, Landeshauptstadt München
Prof. Dipl.-Hort. Donata Valentien, Landschaftsarchitektin, Weßling

Autoren

Axel Achilles	Dipl.-Ing., Leiter des Stadtplanungsamtes der Stadt Stendal
Ute Baumbach	Dr.-Ing., Architektin in Arbeitsgemeinschaft Baumbachs + Bräuer, Rostock
Franz Johannes Bayer	Dipl.-Ing., Stadtplaner, Ltd. Städt. Baudirektor, Leiter des Stadtplanungsamtes der Landeshauptstadt Düsseldorf
Wolf Beyer	Dipl.-Ing., Referatsleiter Raumbeobachtung im Landesumweltamt Brandenburg, Potsdam
Veit Brauch	Dipl.-Ing., Baudirektor, Abteilungsleiter Sanierung im Stadtplanungsamt der Landeshauptstadt Hannover
Clemens Deilmann	Dipl.-Ing., Architekt, Abteilungsleiter Bauökologie am Institut für ökologische Raumentwicklung, Dresden
Peter Dresel	Dipl.-Ing., Architekt, Hamburg
Dorothee Dubrau	Dipl.-Architektin, Baustadträtin im Bezirk Prenzlauer Berg von Berlin
Rolf Eggeling	Dipl.-Ing., Senatsrat in der Senatsverwaltung für Stadtentwicklung, Umweltschutz und Technologie, Berlin
Rainald Ensslin	Dipl.-Ing., Ltd. Techn. Direktor im Verband Region Stuttgart
Jürgen Eppinger	Dipl.-Ing., M.Arch., M.C.P., Ltd. Baudirektor, Leiter der Planungsgruppe Weltausstellung der Landeshauptstadt Hannover
Matthias Fabich	Dipl.-Ing., Stadt- und Regionalplaner im Stadtplanungsamt der Landeshauptstadt Hannover
Helmut Feußner	Prof. Dipl.-Ing., Bauassessor, Geschäftsführer der WOHNSTADT Stadtentwicklungs- und Wohnungsbaugesellschaft Hessen GmbH, Kassel
Ursel Grigutsch	Dipl.-Ing., Oberbaurätin, Leiterin des Amtes für Planung, Vermessung und Denkmalschutz der Kulturstadt Weimar
Bernd Hunger	Dr.-Ing. Dr. phil., Stadtplaner, Stadtsoziologe, Leiter des Referats Wohnungsbau, Städtebau, Forschung und Entwicklung im GdW Bundesverband deutscher Wohnungsunternehmen e.V., Berlin
Marion Jantsch	Dipl.-Ing., Stadtplanungsamt Stendal
Eckhard Jochum	Dipl.-Ing., Stadtplaner, PEG Kassel-Unterneustadt und Konversion mbH, Kassel
Lothar Juckel	Dipl.-Ing., Architekt BDA, Wiss. Sekretär DASL, Berlin
Jochen Kirchner	Dipl.-Ing., Gebiets- und Stadtplaner, Baudezernent der Lutherstadt Wittenberg

Detlef Kniemeyer	Dipl.-Ing., Senatsrat, Leiter des Planungsamtes der Freien Hansestadt Bremen
Urs Kohlbrenner	Dipl.-Ing., Architekt, Stadtplaner SRL in der Planergemeinschaft H. Dubach, U. Kohlbrenner, Berlin
Christian Kopetzki	Prof. Dipl.-Ing., Stadtplaner, Architekt, Gesamthochschule Kassel
Ingrid Krau	Prof. Dr. rer.pol. Dipl.-Ing., Direktorin des Instituts für Städtebau und Wohnungswesen München DASL
Jochen Kuhn	Dipl.-Ing., Stadtplaner SRL, Architekt BDA, Düsseldorf
Friedemann Kunst	Dr.-Ing. Dipl.-Ing., Stadtplaner SRL, Ltd. Baudirektor in der Senatsverwaltung für Stadtentwicklung, Umweltschutz und Technologie, Berlin
Wolfgang Kunz	Dipl.-Ing., Architekt, Stadtplaner SRL, Leiter des Stadtplanungsamtes der Stadt Leipzig
Heinz Lermann	Dipl.-Ing., Architekt BDA und Stadtplaner, Freie Planungsgruppe 7, Stuttgart
Kurt Ludley	Dr.-Ing., Architekt und Stadtplaner SRL, ehem. Leiter des Stadtplanungsamtes der Stadt Halle (Saale)
Dittmar Machule	Prof. Dr.-Ing. Dipl.-Ing., Architekt und Stadtplaner, Technische Universität Hamburg-Harburg
Frank-E. Pantel	Dr.-Ing., Architekt, Stadtplaner SRL, Baudezernent der Stadt Achim
Lutz Penske	Dipl.-Ing., Architekt, Leiter des Stadtplanungsamtes der Stadt Görlitz
Eckhart Wilhelm Peters	Dr.-Ing. Dipl.-Ing., Architekt, Ltd. Baudirektor, Leiter des Stadtplanungsamtes der Landeshauptstadt Magdeburg
Uwe Reinholz	Dipl.-Ing., Leiter der Erneuerungsgesellschaft Wolfen-Nord
Cornelius Scherzer	Prof. Dipl.-Ing., Landschaftsarchitekt, Hochschule für Technik und Wirtschaft Dresden
Hans-Heiner Schlesier	Dr.-Ing., Stadtbezirksplaner, Stadtplanungsamt der Landeshauptstadt Hannover
Rainer Schöne	Dipl.-Ing., Architekt, Baudezernent der Stadt Halberstadt
Peter Schroeders	Dr.-Ing., Stadtplaner SRL, Leiter des Stadtplanungsamtes der Stadt Flensburg
Winfried Schwantes	Prof. Dipl.-Ing., Stadtplaner / Architekt, ORplan, Stuttgart
Jan Sievers	Dipl.-Ing., Architekt, Stadtbaurat der Stadt Langenhagen
Angelika Steinbach	Dipl.-Ing., Bauplanungsamt Achim
Hans Stumpfl	Dipl.-Ing., Architekt BDA, Dorsten

Christiane Thalgott	Dipl.-Ing., Architektin BDA, Stadtbaurätin der Landeshauptstadt München
Klaus Thomann	Dipl.-Ing., Architekt BDA, Leiter des Stadtplanungsamtes der Landeshauptstadt Erfurt
Jens Usadel	Dipl.-Ing., Stadtplaner, Technische Universität Hamburg-Harburg
Julian Wékel	Dipl.-Ing., Senatsdirigent in der Senatsverwaltung für Stadtentwicklung, Umweltschutz und Technologie, Berlin
Alexander Wetzig	Dipl.-Ing., Bürgermeister der Stadt Ulm
Roland Wick	Prof. Dr.-Ing., Architekt BDA, Universitätsprofessor, Stuttgart
Irene Wiese-v. Ofen	Dr.-Ing., Architektin AKNW, Beigeordnete der Stadt Essen a.D., Essen
Volker Zahn	Dr.-Ing., Stadtplaner, Senator der Hansestadt Lübeck, Dezernat Städtebau, Wohnen und Verkehr